Deutsches Energieberater-Netzwerk e. V.

20 Jahre unabhängige Energieberatung. Mit dem Deutschen Energieberater-Netzwerk die Energiewende meistern

Über die Zukunft der Energieberatung, die Ästhetik von morgen und neue Konzepte des Wohnens

Deutsches Energieberater-Netzwerk e. V.

20 Jahre unabhängige Energieberatung

Mit dem Deutschen Energieberater-Netzwerk die Energiewende meistern

Über die Zukunft der Energieberatung,
die Ästhetik von morgen und neue Konzepte
des Wohnens

Fraunhofer IRB | Verlag

Bibliografische Information der Deutschen Nationalbibliothek:
Die Deutsche Nationalbibliothek verzeichnet diese Publikation in der Deutschen Nationalbibliografie; detaillierte bibliografische Daten sind im Internet über www.dnb.de abrufbar.

ISBN (Print): 978-3-7388-0744-8
ISBN (E-Book): 978-3-7388-0745-5

Herausgeber: Dipl.-Ing. (FH) Hermann Dannecker | Dipl.-Ing. Marita Klempnow
Umschlaggestaltung: Martin Kjer
Cover Bild links: Jürgen Groß, Bild Mitte: Klaus Haars, Bild rechts: Aurèle Haupt
Druck: Westermann Druck Zwickau GmbH, Zwickau

Die hier zitierten Normen sind mit Erlaubnis des DIN Deutsches Institut für Normung e. V. wiedergegeben. Maßgebend für das Anwenden einer Norm ist deren Fassung mit dem neuesten Ausgabedatum, die bei der Beuth Verlag GmbH, Burggrafenstraße 6, 10787 Berlin, erhältlich ist.

Alle Rechte vorbehalten.

Dieses Werk ist einschließlich aller seiner Teile urheberrechtlich geschützt. Jede Verwertung, die über die engen Grenzen des Urheberrechtsgesetzes hinausgeht, ist ohne schriftliche Zustimmung des Fraunhofer IRB Verlages unzulässig und strafbar. Dies gilt insbesondere für Vervielfältigungen, Übersetzungen, Mikroverfilmungen sowie die Speicherung in elektronischen Systemen.

Die Wiedergabe von Warenbezeichnungen und Handelsnamen in diesem Buch berechtigt nicht zu der Annahme, dass solche Bezeichnungen im Sinne der Warenzeichen- und Markenschutz-Gesetzgebung als frei zu betrachten wären und deshalb von jedermann benutzt werden dürften.

Sollte in diesem Werk direkt oder indirekt auf Gesetze, Vorschriften oder Richtlinien (z. B. DIN, VDI, VDE) Bezug genommen oder aus ihnen zitiert werden, kann der Verlag keine Gewähr für Richtigkeit, Vollständigkeit oder Aktualität übernehmen. Es empfiehlt sich, gegebenenfalls für die eigenen Arbeiten die vollständigen Vorschriften oder Richtlinien in der jeweils gültigen Fassung hinzuzuziehen.

© Fraunhofer IRB Verlag, 2023
Fraunhofer-Informationszentrum
Raum und Bau IRB
Nobelstraße 12, 70569 Stuttgart
Telefon +49 711 970-2500
Telefax +49 711 970-2508
irb@irb.fraunhofer.de
www.baufachinformation.de

Deutsches Energieberater-Netzwerk
(DEN) e. V.
Berliner Straße 257, 63067 Offenbach
Telefon +49 69-138 2633-40
Telefax +49 69-138 2633-45
info@den-ev.de
www.den-ev.de

Inhaltsverzeichnis

Vorwort 7
Einleitung 9

Teil 1 20 Jahre Deutsches Energieberater-Netzwerk, 20 Jahre für Nachhaltigkeit und Klimabewusstsein!

Grußworte

1.1 20 Jahre DEN haben Wirkung gezeigt! 16
1.2 DEN – eine starke Stimme für die Energieberatung! 17
1.3 Das Wissen des DEN spielt eine zentrale Rolle bei der Umsetzung der Klimaziele 18
1.4 Wärmewende, Hauswende, Energiewende, Klimawende 19

Historie

1.5 Historie des DEN 21
1.6 Leidenschaftliche Pioniere der Energieberatung 64
1.7 Erinnerungen an die Anfänge des DEN e.V. 71
1.8 Warum ich Energieberater geworden bin 73

Teil 2 Wie wir aus Sicht der Energieberatung den Krisen dieser Zeit die Stirn bieten

Energieberatung neu denken

2.1 Energieberatung der Zukunft – wann bewerten wir Gebäude endlich ehrlich? 76
2.2 Klimaschutzberatungen für einen klimaneutralen Gebäudebestand anhand der Forderungen von Architects for Future 81
2.3 Nachhaltigkeit statt Energie: Neuer Fokus in der Energieberatung? 103
2.4 Energieberatung international 111
2.5 Energieberatung nach der Flutkatastrophe im Ahrtal 117
2.6 Innenraumklima – Kühlung aus dem alten Öltank 123

Gesellschaft nachhaltig gestalten

2.7 PV-Strom als Mittel zur Energiewende – Vision oder Utopie 128
2.8 Klimaanpassung für kleine und mittelgroße Kommunen und Unternehmen 135
2.9 Efficiency First: Wasser, ein Energiethema? 139
2.10 Tiny Houses 146
2.11 Die Zukunft des Wohnens 157
2.12 Klimaschutz: Wärmeversorgung mit flüssigen Energieträgern hat Zukunft 163

(Mit) Politik verändern

2.13	Schritte zur Gebäude-Klimaneutralität im Ordnungsrecht	169
2.14	Gebäude im Klimawandel	177
2.15	Graue Energie als Entscheidungskriterium	189
2.16	Keine Energieberatung ohne Weiterbildung?	198

Autor:innenverzeichnis 206

Vorwort

20 Jahre Deutsches Energieberater-Netzwerk: Gemeinsam Zukunft wagen!

Mit diesem Buch möchten wir das **Deutsches Energieberater-Netzwerk** (DEN) e. V. und vor allem seine Mitglieder, ihre Arbeit und ihr Engagement feiern: Wir freuen uns, dass ihr dabei seid! Wir sind dankbar, dass ihr uns, dem Verband, eure Zeit und Aufmerksamkeit schenkt. Wir sind dankbar, dass wir uns gemeinsam seit 20 Jahren für Energieeffizienz einsetzen können, dass wir als eine unabhängige(!), kompetente Stimme, Wege in eine ressourcenschonende Zukunft aufzeigen.

In den letzten 20 Jahren haben wir uns als Verband, als Netzwerk von Expert:innen einen Namen gemacht, haben uns (Kommunikations-)Wege in die Politik erarbeitet und in Kompetenzteams Wissen gebündelt und zusammengetragen. In über 300 Pressemitteilungen informierte das DEN die Öffentlichkeit über energieeffizientes Bauen und nachhaltiges Wirtschaften und argumentiert stets für mehr Weitsicht in der Politik.

Die Positionen des DEN ergeben sich aus der fachlichen Expertise und der langjährigen praktischen Erfahrung, die unsere Mitglieder in ihrer täglichen Arbeit als Energieberater:innen sammeln. Wir kennen den Förderdschungel, haben eine Vorstellung davon, wie schwierig es ist, eine nachhaltige, zielgerichtete Energiepolitik in Gesetze und Richtlinien zu gießen und was für eine Herausforderung es offenbar sein muss, deren Einhaltung zu kontrollieren.[1] Neben diesen ordnungspolitischen Fragestellungen sind unsere Mitglieder auch mit dem Alltag auf der Baustelle vertraut und wissen um Kosten- und Zeitdruck. Sie haben Einblick in die Sorgen von Kommunen und Verbraucher:innen, können absehen, welche Konsequenzen der zunehmende Fachkräftemangel, das Voranschreiten des Klimawandels hat.

Diese Arbeit in der Praxis, an der Schnittstelle von Politik, Bauphysik und Verbraucher:innenschutz und die Überzeugung, dass die Klimakrise zum Handeln zwingt, kreative Lösungen braucht sowie ein Mitdenken und Handeln der Politik bedarf, formt das politische Wirken des DEN. Nicht selten hat der Verband dabei Entwicklungen vorhergesehen: Die inzwischen in aller Deutlichkeit zutage tretende »*energiepolitische Abhängigkeit*«[2] Deutschlands von fossilen Brennstoffen hat das DEN schon vor Jahrzehnten angemahnt und sich auch damals schon für Investitionen in Speichertechnologien ausgesprochen,

---

1 Schon lange kämpft das DEN für den Vollzug energiepolitischer Gesetze. Viele Mitglieder haben viel Zeit (Arbeit) investiert, Politik und Behörden an Ihre Aufgaben zu erinnern. (PM 17/2014, vgl. Historie des DEN, S. 25–26)

2 Pressemitteilung 5/2014 (siehe Historie des DEN, S. 25–26)

den Ausbau einer dezentralen Energieversorgung gefordert.[3] Auch auf die Notwendigkeit, Anreize für die Bestandssanierung zu schaffen oder diese aus- statt abzubauen, hat das DEN immer mit Nachdruck hingewiesen.

In dem Bemühen die Qualität und Zukunft von wirtschaftsneutralen Energieberatungen zu sichern und eine nächste Generation von Energieeffizienz-Expert:innen auszubilden, hat das DEN eine eigene Bildungsinstitution, die DEN-Akademie, als Teil des Netzwerks gegründet. Diese bietet Fort- und Ausbildungsprogramme an, konnte sich in der Weiterbildungsbranche behaupten, einen Namen machen und hat seit ihrem Bestehen 8.400 Personen geschult. Es gilt den Nachwuchs in der Energieberatung zu sichern um auch weiterhin Gebäude und Prozesse nachhaltig zu gestalten.

Das Engagement für praxisnahe Lösungen, für Maßnahmen, die inzwischen unbestreitbar eine vernünftige Energiepolitik ausmachen, soll mit diesem Buch gefeiert werden. Dabei möchten wir natürlich nicht nur zurückschauen und Revue passieren lassen, wo das Deutsche Energieberater-Netzwerk Akzente hat setzen können und wo wir Entscheidungsprozesse mitgeprägt und Politiker:innen weitergebildet haben. Wir möchten auch einen Blick in die Zukunft wagen.

Wir freuen uns, Ihnen und euch auf den kommenden Seiten innovative und spannende Beiträge über ebenjene Zukunft präsentieren zu können. Wir sind gespannt auf Ihre und eure Gedanken und freuen uns darauf, sie mit euch und Ihnen zu diskutieren, einige Konzepte vielleicht gar umzusetzen? Bevor wir nun ganz viel Spaß beim Lesen wünschen, ist aber ein Dank angebracht.

Wir möchten uns herzlich bedanken bei all jenen, die dieses Buch möglich gemacht haben. Hervorzuheben sind hier Hermann Dannecker, Pamela Faber, Julia Gründel, Joachim Mahrholdt, Anna Weimar, Fabienne Wosnitzka, Simone Würz und Andreas Preising vom IRB Verlag. Ohne sie hätten Sie und Ihr heute ein anderes Buch in der Hand.

Die letzten Worte dieser kleinen Eröffnung möchten wir aber den Autor:innen widmen, die in diesem Band ihre Ideen und Konzepte vorstellen, die zurückschauen und einen Blick nach vorne wagen. Vielen Dank für eure Zeit, eure Arbeit! Wir freuen uns, so viele hochwertige Beiträge in diesem Jubiläumsbuch versammeln zu können, wir freuen uns besonders, dass sich auch viele Kolleg:innen aus dem Netzwerk entschieden haben, den »Stift in die Hand« zu nehmen und ihre Expertise, ihre Visionen mit uns teilen.

Wir wünschen viel Spaß beim Lesen, freuen uns auf an die Lektüre anschließende Diskussionen und auf die Zeit, die vor uns liegt!

Es gibt viel zu tun.

Hermann Dannecker und Marita Klempnow

---

[3] Vgl. Pressemitteilung 5/2014 (siehe Historie des DEN, S. 25–26)

Einleitung

»Über ungenutzte Potenziale und die Notwendigkeit sie zu nutzen«

Julia Gründel M.A.

In diesem Buch möchten wir über Lösungen sprechen, über einfache, effiziente Wege der Klimakrise zu begegnen und eine erfolgreiche Energiewende zu ermöglichen. Wir möchten informieren, motivieren und Mut machen und Sie, liebe Leser:innen dazu einladen, sich inspirieren und überzeugen zu lassen. Es gibt großes Potenzial die Krise(n) zu bewältigen, es gibt viele Menschen, die mit Leidenschaft und Kompetenz an und für die Zukunft arbeiten. Um sie und ihre Arbeit soll es in diesem Buch gehen. Im Fokus steht dabei – der Buchtitel verrät es – das Wirken von Energieeffizienzexpert:innen, das Bemühen Gebäude, Industrieprozesse und Mobilitätskonzepte zukunftsweisend, also, ressourcenschonend und emissionsarm, zu gestalten.

Energieeffizienzexpert:innen sind die Fachkräfte der Stunde. Sie setzen Klimaschutz – oder präziser – die Klimaschutznormen des Gesetzgebers praktisch um, begleiten Bau- und Sanierungsprojekte, optimieren Transport- und Produktionswege. Sie zeigen Bauherr:innen, Kommunen und Gewerbetreibenden, wie sich ohne Verzicht Energie und damit oft auch Emissionen einsparen lassen. Ihre Arbeit ist in vielerlei Hinsicht ein Gewinn: Gebäudeenergieberater:innen wirken beispielsweise – wenn das Gewerk es erlaubt – auf eine gute Dämmung hin. Durch sie wird der Heiz- und Kühlaufwand minimiert, was Emissionen und Kosten spart. Eine gut gedämmte Gebäudehülle verhindert Schimmelbildung und fördert darüber hinaus nachweislich die Behaglichkeit. Klimabewusstes, zukunftsweisendes Wohnen fühlt sich gut an, ist gesund. Auch an anderer Stelle zeigt sich der Gewinn einer energiebewussten Herangehensweise. Der Fokus auf bereits bestehende Gebäude, auf Möglichkeiten diese zu erhalten, sie nachhaltig zu sanieren, verdrängt den ressourcen- und emissionsintensiven Neubau. Energieberatende arbeiten mit dem, was da ist. Das macht der Beitrag von **Peter Streiff** deutlich. Er stellt ein Sanierungsprojekt vor, in dem eine alte Ölheizung vor der Verschrottung bewahrt wird und eine neue Aufgabe bekommt (Seite 123). Energieeffizienz ist natürlich auch abseits von Gebäuden von Vorteil. Das Wiener Schienennetz ist beispielsweise mit einer Technik ausgestattet, die es erlaubt, Bremsenergie wieder in das System zu speisen. Anfahrende Züge können diese Energie nutzen.[1]

---

1 https://www.climateactionstories.com/de/mobility/braking-energy-recuperation (zuletzt abgerufen am 03.11.2022)

Das Wirken von gut ausgebildeten Energieeffizienzexpert:innen ist also unbestreitbar ein Gewinn für die Gesellschaft und die Zukunft. Energieberater:innen sind dabei in der einzigartigen Position, realitätsnahe wie effiziente Wege in eine klimaneutrale Zukunft aufzuzeigen. Sie sind mit den Klimaschutznormen und den Maßnahmen der Politik vertraut, wissen wie diese in die Praxis umgesetzt werden, was – ganz unabhängig davon – sinnvollerweise umgesetzt werden sollte. Sie haben ein Verständnis davon, welche Maßnahmen am effektivsten Emissionen einsparen, wie diese am besten durch den Gesetzgeber kommuniziert und realisiert werden können.

Warum wird diese praxisnahe Expertise nicht genutzt? Warum ist der Beruf gesellschaftlich wenig bekannt, rückt erst jetzt (!) – langsam und zu spät – ins Licht der Öffentlichkeit? Warum sind Energieberater:innen nicht schon längst staatlich anerkannte Sachverständige, die vor dem (Neu-)Bau hinzugezogen werden *müssen*? Warum hält der Gesetzgeber trotz deutlich formulierter Kritik am Referenzgebäudeverfahren oder – noch grundsätzlicher – an einem politisch willkürlichen System von Förderungen fest? Warum werden Energieberatende nicht intensiv in ihr Fach betreffende Entscheidungsprozesse eingebunden?

Wir möchten diesem Unwissen, diesem ungenutzten Potenzial, begegnen. Dabei werden wir – oder besser unsere Autor:innen – die angesprochenen Fragen zwar nicht beantworten, sie doch aber spezifizieren, mit Leben füllen, um so besagte Lücken zu schließen, das Potenzial zu explizieren. Der fachliche Teil des Buchs gliedert sich in drei Teile. Dabei wird diskutiert, was eine zukunftsweisende Energieberatung ausmacht (Kapitel 2.1), welche Ideen und Konzepte sie an Gesellschaft (Kapitel 2.7) und Politik (Kapitel 2.13) herantragen kann. Dieses Buch möchte so der einzigartigen Perspektive von Energieeffizienzexpert:innen Rechnung tragen, ihr eine wohl verdiente Bühne geben. Es gibt viele gute (zum Teil auch erschreckend) einfache Emissionseinsparmöglichkeiten.

Bevor ich an dieser Stelle ins Detail gehe, ein bisschen mehr über die Fachbeiträge verrate, möchte ich hier noch bei der Krise bleiben, die so dringend Lösungen und das Wissen von Expert:innen verlangt. Ich möchte erklären, warum so viele Menschen so verzweifelt sind, warum es wichtig ist, dass wir unerkannte Potenziale nutzen und auf jene hören, die den Ernst der Lage verstehen und praktische Lösungen anbieten können.

Lösungsorientiert über den Klimawandel sprechen: Was Deutschland bis 2050 erwartet

Die Details des Klimawandels zu erklären, ist nicht so einfach. Viele möchten sich *verständlicherweise* nicht mit den nach wie vor steigenden Emissionen, den erwartbaren Konflikten, dem Aussterben von Ökosystemen und dem politischen Unwillen, diese Dinge ernst zu nehmen, auseinandersetzen. Viele Menschen verdrängen, was kommt, verorten die Krise – mehr oder minder bewusst – in einer Zukunft, weitab von unserem westlichen, energie- wie ressourcenfressenden Alltag. So nachvollziehbar es ist, sich in dieser Situation hoffnungslos zu fühlen, so notwendig ist es doch, das Thema anzusprechen, Strategien zu erarbeiten, mit dem Wandel umzugehen und Wege in eine ressourcenschonende Lebensweise auszuprobieren.

Wie sind also die Veränderungen so zu beschreiben, dass das Publikum sich zum Handeln veranlasst sieht, dass es die Hoffnung nicht verliert? Wie lassen sich Menschen motivieren, ihre Wohnungen energieeffizient zu gestalten, vegane Gerichte auszuprobieren und Kleidung im Second-Hand-Laden zu kaufen? Welche Informationen, welche Art der Ansprache brauchen wir, Sie und ich, damit wir unsere Lebensgewohnheiten umstellen, damit wir uns vernetzen und Wege finden, das Leben klimafreundlich zu genießen? Kurz: Wie sieht eine lösungsorientierte Kommunikationsstrategie aus, eine, die die Gesellschaft nachhaltig verändert, die motiviert und Politiker:innen wie Behörden zu einem entschiedenen Handeln bewegt?

Eine gute Klimakommunikation konzentriert sich – so der aktuelle Forschungsstand – auf Lösungen, auf Wege, die Krise zu bewältigen, macht diese darüber hinaus erfahrbar, zeigt auf, wo sie unseren Alltag hier in Deutschland schon heute beeinflusst.[2] Diesem Hinweis folgend möchte ich kurz darlegen, was uns, Sie und mich, in Deutschland erwartet, um danach jene Expert:innen zu Wort kommen zu lassen, die Lösungen anbieten können.

Nicht erst unsere Nachfahren sind vom Klimawandel betroffen, wir alle, die wir jetzt über diese Zeilen nachdenken, werden intensivere Sommer erleben, Überflutungen, Waldbrände. Wir werden Zeug:innen von extremen, sich verstetigenden Wetterverhältnissen, davon, wie diese unsere Infrastruktur, unsere gesellschaftliche Ordnung vor neue Herausforderungen stellen. Und die Crux ist: Unser Planet wird sich weiter erwärmen, selbst wenn wir fähig wären (!) von heute auf morgen auf klimaschädliche Emissionen zu verzichten.[3] Das Klimasystem ist träge: CO_2 baut sich nur langsam ab, hat – einmal ausgestoßen – lang anhaltende, unumkehrbare Effekte.[4] Die klimatischen Verhältnisse von morgen, die der nächsten 30 Jahre, sind bereits gesetzt durch die Menge an klimaschädlichen Gasen, die **aktuell** in der Erdatmosphäre vorhanden sind.

---

2   Vgl. Cristopher Schrader: »Über das Klima sprechen« (2022) oekom verlag, München.
3   Es gibt zwar Technologien, die versuchen, die Emissionen aus der Luft zu filtern, doch verbrauchen sie enorm viel Energie (vgl. https://www.rechargenews.com/energy-transition/the-amount-of-energy-required-by-direct-air-carbon-capture-proves-it-is-an-exercise-in-futility/2-1-1067588 (aufgerufen am 07.10.2022)
4   Vgl. Nick Reimer, Toralf Staud: »Deutschland 2050« (2021) Kiepenheuer & Witsch, Köln, S. 34.

Im Kampf gegen den Klimawandel, gegen jene Kräfte, die ihn herbeiführen (daran verdienen), geht es also um eine Begrenzung der Erhitzung, um ein Einhegen des Problems, darum planetare Grenzen, die begrenzte Anpassungsfähigkeit menschlicher Zivilisationen im Blick zu behalten. Eine erhöhte Temperatur von 1,5 Grad kann der Planet aushalten. Doch jedes Grad mehr erhöht das Risiko, dass sogenannte »Kipppunkte« erreicht werden. Das sind Grenzwerte, die einen Prozess anstoßen, der nicht mehr umzukehren ist.[5] Ist eine globale Temperatur erreicht, bei der beispielsweise die Permafrostböden auftauen oder der Amazonas »kippt«, setzen beide Systeme große Mengen an Kohlenstoff und Methan frei. Das beschleunigt die Erderwärmung enorm und wird gleichzeitig unseren Handlungsspielraum deutlich verkleinern.[6] Moderne Gesellschaften können und werden sich auf unglaubliche und beeindruckende Weise an die Veränderungen anpassen. Und doch hat diese Fähigkeit mit Veränderungen umzugehen, die Kreativität und Widerständigkeit des Menschen ihre Grenzen.

Ich will mich hier aber nicht im großen Bild verlieren, sondern – wie versprochen und passend zu einer aktivierenden Klimakommunikation – jene Entwicklungen in den Blick nehmen, die wir, Sie und ich, (in unserem Alltag) erwarten dürfen. So möchte ich deutlich machen, wie umfassend die Veränderungen sind, die sich am Horizont abzeichnen, wie abhängig wir von dem Gleichgewicht uns umgebender biologischer und physikalischer Systeme sind, wie wichtig es ist, dass wir **jetzt** handeln, dass wir uns **jetzt** gemeinsam für eine klimagerechte Zukunft einsetzen.

Nun aber zu einem greifbaren Beispiel: In den vergangenen Sommern hat sich abgezeichnet, dass **Wasser** auch bei uns knapp(er), wertvoller wird, dass wir als Gesellschaft an Konzepten arbeiten müssen, um nachhaltig jene Bedarfe abzudecken, die wir priorisieren möchten. Nicht wenige Kommunen haben zuletzt Abnahmeverbote erlassen müssen, weil sie einen Rückgang des Grundwasserspiegels messen konnten. Neuere Studien bestätigen diese Tendenz. Sie deuten sogar darauf hin, dass Deutschland zu jenen Regionen der Welt gehört, die am meisten Wasser verlieren. Das kann zu einem Problem werden, da 70 % der Wasserversorgung über das Grundwasser organisiert wird.[7] So sorgenvoll diese Informationen stimmen, so ermutigend ist es, sich vor Augen zu führen, dass es viele Ideen und auch Technologien gibt, die

---

[5] https://www.br.de/nachrichten/wissen/pariser-klimaabkommen-warum-das-1-5-grad-ziel-so-wichtig-ist,SLxzhFV (aufgerufen am 07.10.2022)

[6] http://www.pik-potsdam.de/~stefan/Publications/Kipppunkte%20im%20Klimasystem%20-%20Update%202019.pdf (aufgerufen am 07.10.2022) Das Beispiel Permafrost habe ich gewählt, weil es sehr einleuchtend ist. Ich will hier aber genau sein: Der Bericht macht auch auf Prozesse aufmerksam, die die oben beschriebene Entwicklung ein stückweit ausbremst. Nichtsdestotrotz prognostizieren die Forscher:innen hier einen Anstieg von 0.13–0.27 °C bis 2100.

[7] https://www.tagesschau.de/wissen/klima/wasserknappheit-deutschland-101.html (aufgerufen am 07.10.2022) und https://www.zdf.de/nachrichten/panorama/klima-wasser-knappheit-deutschland-100.html (aufgerufen am 07.10.2022)

jenes Problem angehen könnten. **Matthias Meevissen** erinnert in seinem Beitrag »*Efficiency First: Wasser, ein Energiethema?*« (Seite 139) daran, dass wir in einem Land leben, in dem die Toiletten mit Trinkwasser gespült werden. Es gibt Raum, ohne Verzicht und Priorisierung zu sparen.

Die Klimakrise setzt nicht nur unserer Wasserversorgung zu, sie hat Einfluss auf jeden(!) Bereich des modernen westlichen Lebens, auf unsere Gesundheit, Ernährung, auf die Verteilung der Güter. Ich möchte hier nur einen letzten Punkt ansprechen und mit diesem zu einem Kernthema des Buchs kommen, zu den Gebäuden. Auch diese werden nämlich durch die veränderten klimatischen Bedingungen vor neue Herausforderungen gestellt. Mit den sich verstetigenden Wetterverhältnissen ist mit Überschwemmungen, lang anhaltenden Hitzeperioden und auch mit sich aufheizenden Städten zu rechnen. Altersheime, Kindergärten, Büroräume und auch Wohnhäuser müssen mit Blick auf die veränderten Bedingungen, mit Blick auf die veränderten Nutzungsweisen aus- und umgebaut werden. Wie? Wie sieht eine Bauweise aus, die dem Klimawandel Rechnung trägt, die Katastrophen antizipiert, die den sommerlichen Wärmeschutz in den Fokus rückt? Welche Normen müssen hier auf welche Weise umgeschrieben werden? Und wie lassen sich diese Ideen, diese Anpassungsstrategien so umsetzen, dass die enormen Emissionen des Gebäudesektors (derzeit machen sie 40 % des deutschen Budgets aus) gesenkt werden? Wie sieht das gesunde, klimafreundliche Wohnen in Zukunft aus?

All diese Fragen werden wir in diesem Buch ansprechen und diskutieren. Unsere Autor:innen setzen sich mit Ordnungspolitiken und Normen auseinander, beschreiben die Prämissen einer zukunftsbetonten Energieberatung, sprechen über alternative, konsumarme Wohnkonzepte. Sie bieten Lösungen an, zeigen auf, wie sich Emissionen einsparen lassen, wie ein Weg in die Zukunft (mit Blick auf den Gebäudesektor) aussehen kann.

Über die Zukunft der Energieberatung, die Ästhetik von morgen und neue Konzepte des Wohnens

Ich möchte diesen Weg genauer beleuchten und deswegen nun den Aufbau des Buchs vorstellen. Ausgangspunkt ist das Deutsche Energieberater-Netzwerk, das hier sein Jubiläum feiert und sich seit seiner Gründung professionell wie kompetent für eine erfolgreiche Energiewende einsetzt. Dem feiernden Verband ist das erste Kapitel mit dem Titel **»20 Jahre Deutsches Energieberater-Netzwerk, 20 Jahre für Nachhaltigkeit und Klimabewusstsein!«** gewidmet. Es öffnet mit den Grußworten von einigen Wegbegleiter:innen des Netzwerks. Martin Pfränger, Britta Großmann, Jan-Peter Hinrichs und Andreas Holm blicken auf die gemeinsame Arbeit zurück, ziehen Resümee. Daran schließt die Historie des DEN an, ein Überblick über das Wirken des Vereins. Neben wichtigen Daten sind hier wegweisende Pressemitteilungen gesammelt, die einen Einblick in das politische Wirken des Vereins ermöglichen. Mit ihnen lässt sich noch einmal nachvollziehen, wie lange das DEN sich schon für eine ressourcenschonende, nachhaltige Energiepolitik einsetzt, wie lange seine Mitglieder schon darauf verweisen, dass der Vollzug des Gebäudeenergiegesetzes (GEG) nicht gewährleistet wird, wie wichtig unabhängige Energieberater:innen für die Bestandssanierung, für das Erreichen der Klimaziele sind. Darauf folgt ein Interview mit den führenden Köpfen des DEN. Sie erinnern sich zurück an die Gründung des Vereins, an das lange Arbeiten am Wochenende, tauschen sich über die Ziele ihrer Arbeit aus. Auch die Hoffnungen auf politischen Einfluss in der EU und die Überzeugung, qualifizierten Nachwuchs für die Energieberatung zu gewinnen, werden diskutiert. Das Bild vom DEN runden **Jutta Maria Betz** und **Peter Uenning** mit zwei persönlichen Beiträgen ab. Betz legt dar, wie sie die Gründung des DEN erlebt hat. Sie erinnert sich an ein »*düsteres Bürogebäude aus der Schwerindustrie-Zeit*« und an inspirierende Gespräche in einer Kantine. Auch Uenning wirft einen Blick in die Vergangenheit, zeichnet nach, wie und warum er sich für die Energieberatung entschieden hat, macht dabei auch deutlich, dass Amortisationsprognosen in einer sich so schnell wandelnden Zeit kritisch zu betrachten sind.

Der zweite Teil dieses Bandes vereint die bereits angesprochenen Fachbeiträge und ist in drei Themenfelder gegliedert. Das erste Kapitel **»Energieberatung neu denken«** (Kapitel 2.1, ab Seite 76) eröffnen **Stefanie Koepsell** und **Jörg Geißler**. Sie diskutieren in ihrem Beitrag »*Energieberatung der Zukunft – wann bewerten wir Gebäude endlich ehrlich?*« anhand eines Neubaus, die Schwächen des Referenzgebäudeverfahrens, machen deutlich, dass Energieberater:innen bereits in der Planung eines jeden Gebäudes involviert sein müssen. Ihr Beitrag liest sich auch als eine Kritik an den oft viel zu leichtfertig vergebenen Nachhaltigkeitssiegeln im Bauwesen. Dass diese neu gedacht und politisch ganz anders begleitet werden müssen, fordern **Christiane Roth** und **Christina Patz** im Namen von »*Architects for Future*«. Mit ihrem Artikel zeigen sie auf, wie Energieberater:innen ihren Einfluss geltend machen können, um eine ressourcen- wie klimaschonende Sanierung zu ermöglichen. Die Initiative plädiert für einen ganzheitlichen Ansatz, begreift die Stadt als »Rohstofflager der Zukunft«, als Ort für Biodiversität und gesellschaftlichen Austausch. Energie – oder wie die beiden Autorinnen vorschlagen – Klimaberater:innen können diese Vielschichtigkeit mitdenken und auf eine klimaresistente Stadt hinwirken. Auch das DEN-eigene **Kompetenzteam »Ressourceneffizienz«** setzt sich unter der Leitung von **Aiko Müller-Buchzik** mit besagtem Berufsbild auseinander, diskutiert die vielfältigen Herangehensweisen unterschiedlicher Energieberater:innen. Er prognostiziert einen neuen Fokus auf klimaschädliche Gase. Wie weitreichend – diesmal im geografischen Sinne – die Arbeit von Energieberatenden ist, zeigen auch die daran anschließenden Beiträge. **Klaus Haars** stellt ein Projekt vor, das er zusammen mit der Kreditanstalt für Wiederaufbau (KfW) in Jordanien realisiert hat und macht so deutlich, dass Klimaschutz und Energieeffizienz international gelebt werden. **Annett Keith** hat Sanierungsmaßnahmen im dem Ahrtal betreut. Sie erklärt, mit welchen Instrumenten Effizienzexpert:innen den Wiederaufbau begleiten konnten, berichtet von einer zukunftsweisenden Tiny House Siedlung, die nach der Katastrophe umgesetzt wurde. Auch **Peter Streiff** bleibt in der Praxis. Er stellt ein Sanierungsprojekt vor, das kreativ mit einem altem Öltank umgeht.

Im zweiten Teil finden sich Artikel zum Thema **»Gesellschaft nachhaltig verändern«** (Kapitel 2.7, ab Seite 128). Er wird von **Siegfried Mayr** eröffnet, der ein Plädoyer für Photovoltaik-Module formuliert und sich darüber wundert, warum sie noch nicht als neues ästhetisches Feature erkannt wurden. **Dr. Martina Hofmann** und **Dr. Simone Häußler** zeigen in ihrem Beitrag, wie größere Akteur:innen, Unternehmen und Kommunen Klimaschutz organisieren können. Sie diskutieren grüne Fassaden und zeigen, dass eine Kühlung durch Geothermie wesentlich klimafreundlicher, ist als eine mit herkömmlichen Klimaanlagen. **Matthias Meevissen** diskutiert Technologien effizienter Wassernutzung. **Aurèle Haupt** und **Sabine Mahl** setzen sich mit alternativen Wohnkonzepten auseinander. Haupt untersucht, ob und inwieweit Tiny Homes Wärmeschutzrichtlinien erfüllen. Sabine Mahl diskutiert in ihrem Beitrag die Chancen von »*Co-Living ab 55+*«. **Adrian Willig** schließt das Kapitel mit einem Plädoyer für flüssige, CO_2-neutrale Future Fuels.

Der dritte und letzte Abschnitt **»(Mit) Politik verändern«** (Kapitel 2.13, ab Seite 169) nimmt die Möglichkeiten des Gesetzgebers in den Blick und diskutiert, auf welche Weise dieser Treibhausgase einsparen kann. Er wird von einer **Expert:innengruppe** aus dem **ifeu-Institut**, dem **Energie Effizienz Institut** und dem **Architekturbüro Schulze Darup** eröffnet. Sie zeigen auf, durch welche ordnungspolitischen Maßnahmen ein klimaneutraler Gebäudebestand zu erreichen ist. **Dr. Anton Maas** und **Mario Vukadinovic** setzen sich danach mit sich erhitzenden urbanen Zentren auseinander, untersuchen, welche Konsequenzen sich daraus für die Gebäudehülle, für Modernisierung und Neubau ergeben. Auch **Dr. Andreas H. Holm** bleibt bei der Gebäudehülle. Er erklärt, dass Dämmmaßnahmen gesamtenergetisch immer ein Gewinn sind. Erzielbare Einsparungen sind in jedem Gebäudetyp größer, als die Aufwendungen zur Herstellung des Dämmstoffs. Das Buch schließt mit dem Artikel »*Keine Energieberatung ohne Weiterbildung?*« von **Pamela Faber**. Sie spannt einen Bogen über das gesamte Buch und erklärt, wie der Beruf des Energieberaters entstanden ist, wie wichtig es ist, dass nun ein Berufsbild etabliert wird, dass Gesellschaft und Politik Gebäudeeffizienz ernst nehmen.

Lieber Leser, liebe Leserin, ich wünsche Ihnen nun viele neue Perspektiven und Anknüpfungspunkte für Lösungen: für eine erfolgreiche Energiewende und eine Zukunft mit genutzten Potenzialen.

> Grußworte

1.1 20 Jahre DEN haben Wirkung gezeigt!

Dipl.-Ing (FH) Martin Pfränger | Umwelttechnik BW GmbH

Wenn ich an 20 Jahre DEN denke, fällt mir zuerst die konstituierende Sitzung am 1. Februar 2002 in Frankfurt ein. Mit einem überschaubaren Grüppchen von 36 Energieberatern wollten wir das noch junge Feld der Energieberatung in Deutschland auf Verbandsbeine stellen, um allen in Deutschland in der Gebäude-Energieberatung tätigen Ingenieuren, Architekten, Technikern etc. eine gemeinsame Stimme und Vertretung – seinerzeit hauptsächlich den Fördermittelgebern gegenüber (BAFA, BMWI) – zu bieten. Aber es ging uns auch um politische Teilhabe und Anerkennung des Gebäude-Energieberaters als eigenständiges Berufsbild sowie die Qualität einer unabhängigen und hochwertigen Energieberatung und ihre Überprüfbarkeit über z. B. Zertifizierungen und Nachweise.

Martin Pfränger
(Quelle: Pfränger)

Ist das gelungen? Ganz entschieden: Ja! Denn heute besteht das DEN in der Verbändelandschaft dank einer guten Struktur sowie einem Führungs- und Verwaltungsteam, das selbst aus der Praxis der Energieberatung kommt. Die breite Fachkompetenz, die sich auch in der DEN-Akademie als qualifizierter Einrichtung mit einem hochwertigen Seminarangebot wiederspiegelt, bestätigt dies. Inzwischen hat das DEN hierdurch ein ›Standing‹ erreicht, mit dem es in wichtigen Gremien aktiv die Themen ′Gebäudeenergieeffizienz und Energieberatung′ vertritt, z. B. in Anhörungen und in politischen und verordnungs- und gesetzgebenden Prozessen. All das habe ich sowohl rund zehn Jahre lang als energieberatender »Einzelkämpfer« als auch danach in der Projektleitung für Fachkongresse und -messen und aktuell als Projektleiter des Kompetenzzentrum Abwärme bei der Landesagentur für Umwelttechnik und Ressourceneffizienz Baden-Württemberg schätzen gelernt. Hierbei war und ist das DEN immer ein verlässlicher, kompetenter und äußerst angenehmer Kooperationspartner. Gratulation also zu dieser Entwicklung zu einem inzwischen auf über 700 Mitglieder angewachsenen Netzwerk – die 20 Jahre DEN haben Wirkung gezeigt!

Grußworte

1.2 DEN – eine starke Stimme für die Energieberatung!

Dipl. Ing. Britta Großmann | Umwelttechnik BW GmbH

20 Jahre DEN – vieles hat sich in dieser Zeit getan beim energiesparenden Bauen und Sanieren: angefangen bei der Einführung der ersten Energieeinsparverordnung über zahlreiche Novellen bis zum heutigen Gebäudeenergiegesetz, parallel dazu die vielen Neuerungen und Änderungen bei Fördermitteln von BAFA und KfW oder auch im Normenbereich. All das hat das Deutsche Energieberater-Netzwerk nicht nur begleitet und an die Mitglieder kommuniziert, sondern sich auch im Entscheidungsprozess aktiv eingebracht. Mit leidenschaftlicher Vehemenz und praxisnaher Fachkompetenz hat das DEN immer wieder die Stimme für »seine« Energiebe-

Britta Großmann
(Quelle: Großmann)

raterinnen und Energieberater erhoben. In den zurückliegenden 15 Jahren meiner Tätigkeit als Chefredakteurin der Fachzeitschrift Gebäude-Energieberater war mir der konstruktive Austausch mit DEN-Mitgliedern und dem Vorstand immer sehr wertvoll – ganz gleich, ob es um eine fachliche Einschätzung oder Meinungen und Branchentrends ging. Deshalb freue ich mich, zum DEN auch in meiner aktuellen Tätigkeit bei der Landesagentur Umwelttechnik BW wieder Anknüpfungspunkte zu haben. Dem DEN wünsche ich, dass das gute Miteinander im Verband erhalten bleibt und die starke Stimme für die Energieberatung an den richtigen Stellen gehört wird!

Grußworte

1.3 Das Wissen des DEN spielt eine zentrale Rolle bei der Umsetzung der Klimaziele

Jan Peter Hinrichs | BuVEG e. V.

20 Jahre – das ist eine lange Zeit. Oder auch eine kurze, je nachdem, aus welchem Blickwinkel man es betrachtet. Für die Sanierung des Gebäudebestands ist das nicht viel. Das Deutsche Energieberater-Netzwerk DEN bringt seit 20 Jahren die Energieeffizienz in Gebäuden voran. Zu diesem Jubiläum möchten wir unserem Kooperationspartner herzlich gratulieren.

Genau im gleichen Zeitraum in die Zukunft gedacht, soll bis 2045 der gesamte Gebäudesektor klimafit gemacht werden. Das ist eine riesige Aufgabe, die ohne die Energieberater:innen nicht zu schaffen sein wird. Bei der Umsetzung der Klimaschutzziele spielen sie eine entscheidende Rolle. Ohne diese Expertinnen und Experten werden es Millionen von Menschen in diesem Land nicht schaffen, das große CO_2-Einsparpotenzial ihrer Immobilie zu erkennen und sinnvoll Schritt für Schritt umzusetzen.

Jan Peter Hinrichs
(Quelle: Hinrichs)

Als der BuVEG im vergangenen Jahr eine große Umfrage unter Energieberater:innen durchgeführt hat, wurde ersichtlich, dass der große Engpass zur Erreichung der Einsparziele die ineffiziente Gebäudehülle ist. Mehrheitlich wurden die Maßnahmen und Fortschritte der damaligen Bundesregierung bei der effizienten Modernisierung des Gebäudebestands als mangelhaft bewertet. Auch dass die Klimaneutralität im Gebäudesektor bis 2045 erreicht werden könne, konnte sich die Mehrheit der Befragten nicht mehr vorstellen (vielleicht schaffen wir es ja doch).

Nun, seitdem ist nur ein knappes Jahr vergangen. Was hat sich verändert? Die Dringlichkeit hat sich nochmals verschärft und die Notwendigkeit eines stark aufgestellten Energieberater-Netzwerks hat zugenommen. Die Uhr läuft. Und wir alle rennen hinterher. Dabei spielt das Wissen des DEN – mehr denn je – eine zentrale Rolle bei der Umsetzung der Klimaziele. Denn ohne eine fundierte Beratung kann das enorme CO_2-Einsparpotenzial des Gebäudesektors nicht gehoben werden. Nicht vor 20 Jahren, nicht heute, und erst recht nicht in Zukunft.

Vor diesem Hintergrund kann es eigentlich nur heißen: 20 Jahre DEN sind nicht genug. Es müssen noch mal 20 Jahre drauf. Mindestens. Und darauf freue ich mich sehr.

> Grußworte

1.4 Wärmewende, Hauswende, Energiewende, Klimawende…

Prof. Dr. Andreas Holm | Forschungsinstitut für Wärmeschutz e.V.

Die Begriffe signalisieren es: Es muss sich etwas ändern. Wenn Deutschland mit dieser Geschwindigkeit weitermacht, werden die klimaspezifischen Ziele für das Jahr 2030 im Gebäudesektor nur schwer erreicht werden. Das ist verwunderlich! Deutschland und die Welt haben sich in den letzten Jahren stark verändert. Technologien zur Steigerung der Energieeffizienz wurden weiterentwickelt bzw. sind erst neu aufgekommen. Auch hat sich die Baukultur gewandelt und Baustile haben sich an die modernen Gegebenheiten angepasst. Die Einstellung des Menschen zu Themen wie Umweltschutz und Klimawandel ist heute eine ganz andere als noch vor 30–40 Jahren. In einem energetisch ineffizienten Haus zu wohnen, passt nicht in eine moderne Gesellschaft.

Prof. Dr. Andreas Holm
(Quelle: Holm)

Auch das Urteil des Bundesverfassungsgerichts zum Klimaschutzgesetz der Bundesregierung hat den Klimaschutz in Deutschland deutlich gestärkt. Und diverse Studien haben gezeigt, dass dies technisch sowie finanziell möglich ist. Aber dafür müssen wir uns erheblich mehr anstrengen und mehr einfallen lassen als bisher. Die Technologien dafür sind heute schon bekannt und bestens erprobt. Die Energiewende im Gebäudesektor lässt sich am besten realisieren, wenn alle verfügbaren Effizienztechnologien wirtschaftlich eingesetzt und genutzt werden. Investitionen in Gebäudesanierung und effiziente Anlagentechnik auf Basis erneuerbarer Energien sind die Grundlage für die Erreichung der Klimaziele. Dazu müssen wir aufhören, auf eine einzelne Technologie zu setzen, sondern der Dreiklang aus Effizienz, direkter Nutzung erneuerbarer Energien und Sektorkopplung ist der Schlüssel zum Erfolg. Dafür steht das Deutsche Energieberater-Netzwerk e.V.

Auch müssen die bestehenden Instrumente auf ihre Wirksamkeit überprüft werden, damit sie einfacher, schneller und zielgerichteter ihre Wirkung entfalten. Das heißt, dass das Ziel sein muss, deutlich mehr energetisch hochwertige Sanierungsmaßnahmen in der Anlagentechnik und an der Gebäudehülle auszulösen als heute, ohne dabei die Leistungsfähigkeit der investierenden Gebäudeeigentümer und der Nutzer bzw. Mieter zu überfordern. Förderrecht und Ordnungsrecht bieten eine gute Basis für konkrete Maßnahmen, die jetzt weiterentwickelt werden müssen.

Wir sollten dabei nicht vergessen, dass wir immerhin fast 90 % unserer Zeit in Gebäuden verbringen. Die wohl wichtigste Forderung an einen modernen Wohn- und Arbeitsraum ist maximaler Komfort und ideale Wohnhygiene bei gleichzeitig minimalem Energieeinsatz. So kann zum Beispiel der Effekt eines guten Wärmeschutzes z. B. von Außenwänden im Innenbereich gar nicht hoch genug eingeschätzt werden. Im gedämmten Haus lebt es sich einfach viel behaglicher. Bei ungedämmten oder nicht ausreichend gedämmten Gebäuden ist besonders in Außenwandnähe mit Komforteinschränkungen zu rechnen. Wollen wir denn wirklich eine Einschränkung des Komforts?

Hier liegt die große Aufgabe für Energieberatende. Sie müssen zeigen, dass sich energiesparendes Bauen und Sanieren nicht nur rechnet, sondern sich auch lohnt. Mit einem optimalen Wärmeschutz erreicht man eben mehr. Der Wert eines Hauses steigt, das Outfit kann sich sehen lassen und der Wohnkomfort wächst.

Also nicht nur aus Umweltschutzgründen muss es gelingen, die Wärmewende zu einer Hauswende, die Hauswende zu einer Energiewende und die Energiewende zu einer Klimawende werden zu lassen. Denn Energieeinsparung und der Klimaschutz sind das übergeordnete Thema, davon wird ständig gesprochen, aber die durch Dämmung gewonnene Behaglichkeit ist das wichtige Thema. Darüber sollten wir mehr diskutieren. Darin sehe ich eine wichtige Aufgabe für das Deutsche Energieberater-Netzwerk e. V.

Historie

1.5 Historie des DEN

Die Geschichte des Deutschen Energieberater-Netzwerks

Das Gründungsmoment des DEN beschreibt Jutta Betz in Ihrem Beitrag (Seite 71). Hier möchten wir uns darüber hinaus an die großen Meilensteine unseres Wirkens erinnern, auf jene Menschen blicken, die den Verein prägen und begleiten.

09.11.2001	Ein erster Newsletter wird geschrieben und verschickt.
01.02.2002	Gründung des DEN e. V. als offizieller Verein und Eintragung ins Vereinsregister mit Sitz in Frankfurt am Main: 47 Gründungsmitglieder. Vorstand: Martin Kutschka und Hermann Dannecker  **Abbildung 1:** Die Gründer:innen des Vereins, Hermann Dannecker, Sandra Limke und Martin Kutschka 2022 (v. l.) Foto: DEN
11.07.2003	93 Mitglieder – das DEN wächst und hat seine Mitgliederanzahl schon im Folgejahr fast verdoppelt.
28.06.2004	Die Vernetzung in der Branche beginnt – Das DEN wird Mitglied im Verband für Luftdichtigkeit im Bauwesen (FLiB) e. V.
01.01.2004	DEN wird Mitglied im Institut für Bauforschung e. V.

Historie des DEN

08.02.2006	Gründung der DEN-Akademie, der bundesweiten Bildungsinstitution des DEN für Energiethemen mit dem ersten Grundausbildungslehrgang zum Gebäudeenergieberater.
11.10.2007	Das DEN-Qualitätssiegel für Wohngebäude wird eingeführt.
03.01.2008	Versand der ersten Pressemitteilung: Das DEN begrüßt es, dass die Bundesregierung endlich einen Weg gefunden hat, den Energieausweis auch für Bestandsgebäude verbindlich zum 01.01.2008 einzuführen.
13.02.2009	Das DEN gewinnt sein 500. Mitglied.
01.07.2009	Mit einer Förderung des Bundes kann das DEN das Projekt »Klimaschutz konkret« umsetzen. Ins Auge gefasst wird dabei der Beruf der Klimaschutzberater:in und die Frage, wie diese ausgebildet sein müssen, um Kommunen gut in eine klimaresiliente Zukunft begleiten zu können. Das DEN baut dabei eine Datenbank von Klimaschutzberater:innen auf und erarbeitet in einer Qualitätsrichtlinie, welche Kenntnisse und Fertigkeiten in dem Beruf notwendig sind. Außerdem beginnt die DEN-Akademie Klimaschutzberater:innen auszubilden und Weiterbildungen im Bereich kommunaler Klimaschutz anzubieten.
5.12.2009	Gründung des Tochterunternehmens DEN GmbH als Vermittler von Aufträgen für die Mitglieder des DEN: Unternehmen wie Bausparkassen und Hersteller können nun im Rahmen von Aktionen Aufträge an Mitglieder vermitteln.
21.05.2010	Veröffentlichung der DEN-Qualitätsrichtlinie für die Anerkennung von Klimaschutzberater:innen, die im Rahmen des BMU geförderten DEN-Projekts Klimaschutz konkret entwickelt wurde.
11.06.2010	Mitgliederversammlung 2010: Das DEN wirkt deutschlandweit wie regional und organisiert die Vereinsarbeit nun mithilfe von Landessprecher:innen.
01.12.2010	**DEN e.V. kritisiert die Fördermittelkürzung der KfW** Mit Unverständnis hat das Deutsche Energieberater Netzwerk e.V. die Mittelkürzung des KfW Gebäudesanierungsprogramms zur Kenntnis genommen. Es ist für die Mitglieder des DEN nicht nachvollziehbar, warum gerade die Mittel zur Sanierung von Wohngebäuden, die bekanntermaßen zu 40 % am bundesweiten CO_2 Ausstoß beteiligt sind, im Vergleich zu den Vorjahren (2009 rd. 2,2 Mrd €, 2010 rd. 1,5 Mrd €) nochmals um mehr als 37 % auf 936 Mio € reduziert werden. Die Klimaschutzziele der Bundesregierung, mit den entsprechenden Vorgaben zur Einsparung des CO_2 Ausstoßes, werden durch diese Entscheidung eher gebremst als angeschoben.

> Schon in den letzten Monaten, seit Änderung des KfW Gebäudesanierungsprogramms im August 2010, sind die bei unseren Mitgliedern eingegangenen Beratungsanfragen stark rückläufig. Dementsprechend ist auch die Sanierungsquote und Beantragung von KfW Mitteln rückläufig. In ein paar Monaten wird dieser Trend auch bei den Handwerkern ankommen. Aus Sicht des DEN ist es zwingend erforderlich, diesem Trend entgegenzuwirken, um den Aufschwung, nach Abschluss der Maßnahmen aus dem Konjunkturpaket 2, nicht in einen Abschwung zu verwandeln.
>
> Die Hoffnung liegt nun bei den jeweiligen Landesregierungen, die noch die Möglichkeit haben, entsprechend der eigenen Vorgaben und Ziele, die notwendigen Förderprogramme auf den Weg zu bringen, (Presseinformation 2010).

13.05.2011	Vertreter des DEN werden für den Beirat der Bundesstelle für Energieeffizienz (BMWi) berufen - das DEN gewinnt politischen Einfluss.
08.02.2012	Das DEN wird Kooperationspartner der Energieeffizienz-Expertenliste des Bundes.
15.06.2012	Mitgliederversammlung 2012 Neuer Vorstand: Hermann Dannecker und Hinderk Hillebrands

Abbildung 2: Vorstand: Hermann Dannecker und Hinderk Hillebrands (2016), Foto: DEN

03.08.2012	Rückblick auf eine Erfolgsgeschichte: Zehnjähriges Bestehen des Deutschen Energieberater-Netzwerks e. V.

Historie des DEN

14.09.2012	**Die geplante Energiewende benötigt qualifizierte Energieberater**
	Die Meldungen über energetisch falsch sanierte Gebäude häufen sich. Die erwarteten Energieeinsparungen werden nicht erzielt bzw. die Heizkosten steigen sogar nach der energetischen Sanierung. Über solche katastrophalen Zustände berichtete zum Beispiel am 05.09.2012 die ARD Sendung Plusminus.
	Die Berichterstattungen zeigen deutlich, dass die Qualität der Energieberater mittlerweile sehr weit auseinander geht. Ein Energieberater ist nicht gleich ein Energieberater, aber der potenzielle Auftraggeber kann dies leider nicht erkennen. Unterschiedliche Ausbildungen und kein Qualitätssicherungssystem im Bereich der Energieberatung tragen dazu bei.
	Das Deutsche Energieberater-Netzwerk hat schon vor einigen Jahren Qualitätsstandards für Energieberatungsdienstleistungen im Bereich der Wohngebäude entwickelt. Dabei werden die Wahrung der Neutralität und Unabhängigkeit sowie ein zuverlässiges Qualitätsniveau in den Energieberatungsdienstleistungen sichergestellt. Die Anforderungen gehen weit über die Anforderungen der Deutschen Energieagentur (dena) sowie der Fördergeber hinaus. [...], (Pressemitteilung 07/2012)
21.06.2013	Mitgliederversammlung 2013: Marita Klempnow wird Vorstandssprecherin.
06.03.2014	**Lernen aus der Krim-Krise! – Energiesparen entschiedener fördern!** DEN verlangt Investitionen in Energieeffizienz statt in Öl- und Gas-Importe
	Mit großer Verwunderung beobachtet das Deutsche Energieberater-Netzwerk DEN e.V. die energiepolitischen Reaktionen auf die Krise in der Ukraine und auf der Krim.
	Dipl.-Ing. Hermann Dannecker, Vorsitzender des DEN: »Es ist erstaunlich, wie locker manche Politiker und Kommentatoren die Frage nach der Versorgungssicherheit der Verbraucher mit Öl und besonders mit Gas abtun.« Das gelte nicht nur für deutsche Politiker, sondern sogar für EU-Energiekommissar Günther Oettinger. Der sieht einem Interview zufolge mit Blick auf den milden Winter, die bisherige russische Vertragstreue und die ausreichend gefüllten Gasspeicher in Deutschland »im Augenblick« keinen Grund zur Beunruhigung.
	»Solche Aussagen leisten den Verbrauchern, der Energiepolitik und dem Klimaschutz in Deutschland und in Europa einen Bärendienst«, hält Dannecker dagegen. »Es ist nicht einzusehen, warum nicht gerade jetzt Initiativen stärker gefördert werden, die unsere energiepolitische Abhängigkeit – vor allem bei den fossilen - verringern. Dazu gehören neben erneuerbaren Energieträgern vor allem Techniken der Energieeffizienz, insbesondere im Gebäudebereich.«

1.5 Historie des DEN

Mit Sorge blicken Dannecker und seine Kollegen im DEN auf Bestrebungen in der Bundesregierung, die dezentrale Energieversorgung und den gleichzeitigen Vor-Ort-Verbrauch zu belasten. »Strom und Wärme, die dezentral und umweltfreundlich erzeugt werden, gehören im Gegenteil unterstützt. Sie leisten einen wichtigen Beitrag zur Minderung von Importen«, sagt Dannecker: »Jeder Euro, der nicht für Öl- oder Gas-Einfuhren ausgegeben werden muss, stärkt die heimische Wirtschaft.« Unabhängig vom aktuellen politischen Konflikt um Ukraine und Krim prognostiziere die EU-Kommission selbst steigende Energiepreise bis 2020, besonders bei den fossilen Trägern.

»Deshalb sollte Berlin ab jetzt Maßnahmen zur Energieeinsparung und Energieeffizienz entschiedener fördern«, meint Dannecker. Die derzeitige Sanierungsquote von unter 1 Prozent im Gebäudebereich reiche bei weitem nicht aus, die vereinbarten Klimaziele zu erreichen. 2 bis 3 Prozent seien nötig. »Wenn dann noch ein politisch-ökonomisches Argument hinzukommt, fragt man sich, warum dieser schlummernde Schatz nicht endlich gehoben wird.«, (Pressemitteilung 05/2014)

11.03.2014	**Offener Brief des DEN** Das DEN e.V. hat Bundeswirtschafts- und Energieminister Sigmar Gabriel in einem Offenen Brief aufgefordert, seinen Entwurf für eine Novellierung des Erneuerbare-Energien-Gesetzes zu korrigieren. […] *»Wir befürchten, dass sich Brüssel und Berlin von den Klimaschutzzielen verabschieden und die Bundesregierung den konventionellen Energieversorgungsunternehmen RWE, EON, Vattenfall und EnBW ihren verloren gegangenen Einfluss zurückgeben will.«* […] *Dannecker und Hillebrands […] sprechen sich vielmehr dafür aus, Energie dezentral zu erzeugen und zu verbrauchen: »Nur so kann ein überdimensionierter Ausbau der Übertragungsnetze vermieden werden.« Eigenerzeugung und Eigenverbrauch dürften nicht zusätzlich besteuert werden. Es gelte jetzt, bei der Reform des EEG Betreibern von Anlagen der Erneuerbaren Energien Planungs- und Investitionssicherheit zu geben.* (Pressemitteilung 2014)
11.08.2014	**Unabhängige Sachverständige für den Vollzug der EnEV 2014 nötig!** DEN: »Bundesländer müssen Umsetzung der Verordnung jetzt klug organisieren« Das Deutsche Energieberater-Netzwerk DEN e.V. fordert die Bundesländer auf, bei der Umsetzung der neuen Energie-Einsparverordnung EnEV 2014 jetzt aktiv zu werden und sich auf praktische Richtlinien zu verständigen. »Notwendig ist es, dass speziell geschulte Energiesachverständige den Vollzug der Verordnung kontrollieren«, sagt der Vorsitzende des DEN, Dipl.-Ing. Hermann Dannecker. […]

	Der Landessprecher des DEN in Rheinland-Pfalz, Dipl.-Ing. Dietmar Rieth, stimmt dem zu. »Einige Bundesländer wie etwa Bremen, Hessen und Nordrhein-Westfalen, aber auch Brandenburg und Berlin, sind bereits weit bei der praktischen Organisation des EnEV-Vollzugs. Diese Bundesländer greifen auf frühere Verordnungen zurück und adaptieren sie. Andere Länder wie etwa Rheinland-Pfalz haben da noch grundsätzlichen Nachholbedarf.« […] Man müsse die EnEV 2014 durchaus gleichwertig ernst nehmen wie andere Bestimmungen am Bau und dürfe man sie nicht als eine Verordnung unter vielen abtun. »Beim Brandschutz und bei der Statik werden ganz selbstverständlich Gutachter auf Kosten der Bauherren hinzugezogen. Das ist unstrittig. Beim Energiesparen und beim Klimaschutz jedoch tun viele noch so, als handele es sich um eine Luxusvorgabe. Das ist falsch. Das Bewusstsein für die eigene energie- und klimapolitische Verantwortung auf Seiten der Bauherren, aber auch auf Seiten der Politik, muss sich sehr schnell und sehr deutlich entwickeln«, so Rieth. […], (Pressemitteilung 17/2014)
02.07.2015	In Göttingen findet der 1. Netzwerktag des DEN statt. Eingeladen sind Mitglieder, Fördermitglieder und Kooperationspartner.
26.01.2016	Delegation aus Qinghai (China) zu Besuch – die Mitarbeiter:innen aus den Behörden informieren sich zum Thema Energieberatung beim DEN.
18.02.2016	1. Parlamentarischer Abend in Berlin, das DEN lädt Politiker:innen und Entscheidungsträger:innen ein, um im persönlichen Gespräch deutlich zu machen, wie wichtig die Arbeit unabhängiger Energieberater:innen ist.
22.02.2016	**Deutsches Energieberater-Netzwerk für abgestimmte Beratungsangebote** DEN schafft mit Parlamentarischem Abend neue Dialogplattform. Für eine Neuorganisation und bessere Übersichtlichkeit des Angebotes an Energieberatungen in Deutschland hat sich das Deutsche Energieberater-Netzwerk DEN e. V. bei seinem ersten Parlamentarischen Abend in Berlin eingesetzt. Auf diese Weise ließen sich Ratsuchende zu Umbau- und Sanierungsmaßnahmen eher motivieren als bisher und die Qualität der Beratung erhöhe sich. Außerdem sollte eine einheitliche Honorarordnung für Energieberater eingeführt werden, die den Kunden vermittelt, welche Leistungen für Fördermittel unabdingbar sind und was sie kosten. […]

Rund 100 Gäste aus Politik, Wirtschaft und Verwaltung, aber auch Architekten und Energieberater, diskutierten in der Berliner Vertretung des Landes Baden-Württemberg über das Thema: »Ein Jahr NAPE – Plan zwischen Aktion und Aktionismus?« Aus verschiedenen Perspektiven versuchte man, das bisher Erreichte zu beschreiben und gleichzeitig den noch zurückzulegenden Weg zu erfassen. Trotz unterschiedlicher Ansätze und Auffassungen war man sich einig: gemeinsam geht es am besten, durch mehr Energieeffizienz – besonders im Gebäudebereich – die Klimaschutzziele Deutschlands zu erreichen. [...]

[Der Vorstand des DEN,] Hillebrands, beklagte in seinem Vortrag eine für Laien völlig unübersichtliche, aber öffentlich geförderte Beraterlandschaft. Hier sollte die Politik schnellstens für Klarheit sorgen und neue, transparente Angebote schaffen, die aufeinander aufbauen. Denn es sei für den Erfolg der Energieeffizienz- und damit der Klimaschutzpolitik unabdingbar, Ratsuchende zu motivieren. Bauherren und Sanierer müssten sicher sein können, in Energieberatern kompetente Partner mit klaren Strategien zu finden, so wie sie das DEN anbiete. [...], (Pressemitteilung 05/2016)

Abbildung 3: Bild: Parlamentarischer Abend des DEN in Berlin, Foto: DEN, Fotografin Kerstin Kater

08.03.2016	Gründung verschiedener Kompetenzteams. In diesen organisieren sich Mitglieder des DEN, um zu einem Thema zu arbeiten. Sie machen sich mit neuen wissenschaftlichen Erkenntnissen und Innovationen vertraut, stehen dem Vorstand so mit Fachwissen und Expertise zur Seite: • Berufsbild • Energiepolitik • Gewerbe/Energieaudit • Landwirtschaft • Historische Bauten • Nichtwohngebäude • Wohngebäude • Internationale Energieberatung • Thermografie/Luftdichtheit • (später folgen weitere Teams)
21.04.2016	DEN und GRE (Gesellschaft für rationelle Energieverwendung im Bauwesen) verabreden enge Zusammenarbeit und fachlichen Austausch.
29.04.2016	Das DEN organisiert eine Regionalkampagne in Bremen zur Vernetzung der Mitglieder.
12.05.2016	Eine zweite Regionalkampagne findet in Leipzig statt.
13.07.2016	**EEG-Novelle fördert weder die Energiewende noch den Klimaschutz** DEN: »Neues Gesetz verzögert den Abschied von klimaschädlichen Energieträgern!« Mit Enttäuschung nimmt das Deutsche Energieberater-Netzwerk DEN e. V. die nunmehr vom Deutschen Bundestag und vom Bundesrat verabschiedete Novelle des Erneuerbare-Energien-Gesetzes (EEG) zur Kenntnis. Trotz intensiver Warnungen und Proteste der Verbände der Erneuerbare-Energien-Branche, aber auch der IG Metall, hat das Parlament im neuen Gesetz Ausschreibungsverfahren oder Deckelungen des Zubaus bei Neuanlagen beschlossen. »Es ist bedauerlich, dass dieses Gesetz hinter seinen Möglichkeiten zurückbleibt. Es wird die Energiewende nicht beschleunigen – im Gegenteil. Es wird den baldigst nötigen Ausstieg aus den fossilen Energieträgern wie etwa der Kohleverstromung eher verzögern. Damit fragt sich aber, ob die kürzlich ebenfalls vom Parlament bekräftigten Klimaziele von Paris erreicht werden können.« So kommentiert der Vorsitzende des DEN, Dipl.-Ing. Hermann Dannecker, die Entscheidung. Zwar sei es durchaus sinnvoll und begrüßenswert, wenn versucht werde, die Strompreise nicht unbegrenzt durch immer höhere EEG-Umlagen steigen zu lassen. [...] Gleichzeitig aber hätte der Gesetzgeber auch im steuerlichen Bereich Signale setzen können. Und es ist schwer einzusehen, warum nach wie vor die viel zu großzügigen Ausnahmeregelungen für energieintensive Betriebe beibehalten werden, meint Dannecker.

	Das neue Gesetz wolle den Zubau von Windkraft und Photovoltaikanlagen begrenzen. Damit aber bremse es die Erfolgsgeschichte der Erneuerbaren und unterstütze indirekt die längere Nutzung fossiler Energieträger zur Stromerzeugung. [...], (Pressemitteilung 17/2016)
09.09.2016	Japanische Delegation zu Besuch: Wissenschaftler:innen und Umweltschützer:innen aus Japan besuchen das DEN in Offenbach, um sich ein Bild davon zu machen, wie die Energieberatung in Deutschland organisiert ist. Sie sind beeindruckt von der Struktur und den Aktivitäten des DEN, möchten sich das Netzwerk.
23.09.2016	Das DEN organisiert eine 3. Regionalkampagne in Ulm.
19.09.2016	Die Geschäftsstelle zieht in die Berliner Straße 257 in 63067 Offenbach um und ist nach wie vor dort zu finden.
03.11.2016	**Deutschland darf Klimaschutz nicht auf die lange Bank schieben** DEN: »Verzögerungen beim Klimaschutzplan 2050 geben das falsche Signal« Die Verschiebung der Kabinettsentscheidung über den zwischen einzelnen Ressorts noch umstrittenen Klimaschutzplan 2050 des Umweltministeriums ist nach Auffassung des Deutschen Energieberater Netzwerks DEN e.V. das falsche Signal. »Kurz vor der in wenigen Tagen im marokkanischen Marrakesch beginnenden Weltklimakonferenz hätte Deutschland als eine der führenden Industrienationen noch einmal ein deutliches Zeichen setzen können«, kritisiert der Vorsitzende des DEN, Dipl.-Ing. Hermann Dannecker. »Diese Chance hat man jetzt verpasst.« Stattdessen zeige man sich mutlos und drücke sich davor, konkrete Zeitvorgaben zu machen, etwa beim Kohleausstieg. Dannecker: »Jeder weiß, dass wir uns zwei Energieerzeugungssysteme – eines mit erneuerbaren Quellen und eines mit fossilen - parallel nicht leisten sollten. Das ist teuer, wie man an der stetig steigenden EEG-Umlage sieht. Und es verzögert die Energiewende. [...] Der Ingenieur fürchtet, dass die laufenden Verhandlungen mit den CSU-geführten Ministerien für Verkehr und für Landwirtschaft sowie mit dem Wirtschaftsministerium Deutschlands Position bei der am 07. November 2016 beginnenden Weltklimakonferenz schwächen: »Erstmals gelingt es mit dem auch von den USA und von China akzeptierten Klimaschutzabkommen von Paris eine weltweit gültige Strategie gegen die Erderwärmung aufzuzeigen. Und dann zeigt sich ein für die Akzeptanz eines solchen Abkommens so wichtiges Land wie Deutschland zögerlich bei der Umsetzung der Ziele in praktische Politik. Das macht uns nicht glaubhafter.«

> Der DEN-Vorsitzende weist auf das enorme technische und wirtschaftliche Potenzial praktischer Klimaschutzpolitik hin: »Wenn man bedenkt, dass China ab dem übernächsten Jahr seinen Autobauern Quoten für die Produktion von Elektroautos vorschreiben will, dann sollte man hier aufwachen. Ein Klimaschutzplan mit konkreten Zielvorgaben bietet der hiesigen Industrie große Chancen, denn er gibt Planungssicherheit. Selbst der Bundesrat plädiert inzwischen dafür, ab 2030 nur noch emissionsfreie PKW zuzulassen.«
>
> Dannecker wünscht sich von der Berliner Politik mehr Mut und mehr Engagement beim Klimaschutz: »Umweltministerin Barbara Hendricks hat Recht, wenn sie ein ressortübergreifendes Vorschlagsrecht verlangt. Und sie hat Recht, wenn sie für ihren Klimaschutzplan 2050 ein Machtwort der Kanzlerin fordert, die übrigens auch einmal Umweltministerin war.« (Pressemitteilung 23/2016)

08.11.2016	Das DEN umfasst mittlerweile bundesweit 729 Mitglieder.
01.02.2017	Das DEN feiert sein 15-jähriges Jubiläum.

03.02.2017	Stellungnahme des DEN e. V. zum Entwurf des Gebäudeenergiegesetzes

Vorschläge des DEN:
- kosten- und barrierefreier Zugang zu den zitierten DIN- Normen und Regelwerken (Open-Data)
- Verordnung zu den Randbedingungen für Wirtschaftlichkeitsberechnungen
- Barrierefreier Normenzugang, Vereinheitlichung des Nachweises, alternative Simulationsberechnungen/Referenzverfahren beibehalten, Bewertung nicht veröffentlichter Normenteile ist nicht möglich
- Rechtsverordnung (VO) zu Primärenergiefaktoren für die wirkliche Zusammenführung von EnEV und EEWärmeG nutzen
- Verbrauchsausweise bei Nutzerwechsel und/oder nach 3 Jahren, keinen zusätzlichen Erfüllungsnachweis, Klärung der XML Schnittstellen und Datennutzung bei Registrierung der EA
- Berufsbild Energieberatung, Wahrung des 4-Augen-Prinzips Planung/Ausführung, Qualifizierungs-/Weiterbildungsanforderungen, Zulassungsprüfung
- Vorbildwirkung der öffentlichen Hand durch Förderung stärken

14.02.2017 **Qualität und Unabhängigkeit wichtigste Prinzipien der DEN-Energieberatung**
Eigenes Berufsbild gefordert - Deutsches Energieberater-Netzwerk wird 15 Jahre alt

Das Deutsche Energieberater-Netzwerk (DEN) e. V. spricht sich nachdrücklich für ein eigenes Berufsbild für Energieberater aus. »Die Tätigkeiten von Energieberatern sind inzwischen so umfangreich und so komplex geworden, dass wir dringend ein eigenes Berufsbild brauchen«, sagt der Vorsitzende des Netzwerks, Dipl.-Ing. Hinderk Hillebrands. »Unsere Tätigkeiten und unsere Dienstleistungsangebote gehen inzwischen ja weit über die eigentliche Energieberatung hinaus. Sie umfassen immer öfter auch die Planung bis zur Fertigstellung bzw. Umsetzung der Maßnahmen sowie die Baubegleitung.«

Sein Vorstandskollege Dipl.-Ing. Hermann Dannecker ergänzt: »Entscheidend für eine gute Energieberatung sind Unabhängigkeit und Qualität der Experten. Die können wir im DEN sicherstellen.«

Hillebrands und Dannecker sind überzeugt, dass sich der Dialog des DEN mit Politikern in Bund und Ländern, aber auch mit Behörden und Förderinstitutionen auszahlt: »Das DEN wird geschätzt, wenn es um Diskussionen zu fachpolitischen Themen geht, sowohl bei dem BAFA und der KfW als auch in den zuständigen Ministerien.« Man bringe bei der Erarbeitung von Regelwerken frühzeitig die Erfahrungen aus der Praxis ein, etwa bei Auslegungsfragen der Energieeinsparverordnung (EnEV) oder bei der Qualifizierung von Sachverständigen. [...]

Vorstandssprecherin Dipl.-Ing. Marita Klempnow sagt: »Das DEN hat beispielsweise einige Vorschläge zum Nationalen Aktionsplan Energieeffizienz (NAPE) eingebracht, die dann auch akzeptiert wurden. Die Förderung der Baubegleitung auch für Neubauten im Rahmen des KfW Programms 153 etwa war ein Vorschlag des DEN. Ebenfalls die dritte Stufe der KMU-Beratung im Mittelstand. Wir sind auch intensiv eingebunden in die Diskussionen zum Gebäudeenergiegesetz und die Entwicklung des individuellen Gebäudesanierungsfahrplanes.« [...], (Pressemitteilung 03/2017)

1 Historie des DEN

16.05.2017 Das DEN organisiert einen 2. Parlamentarischen Abend in Berlin mit dem Schwerpunkt: Klimaschutz und Baupraxis.

Abbildung 4: Vorstand und Geschäftsstellenmitarbeiterinnen des DEN: Parlamentarischer Abend in Berlin, (v.l.) Hermann Dannecker, Pamela Faber, Melanie Scherer, Anna Weimar, Marita Klempnow, Hinderk Hillebrands. Foto: DEN, Fotografin: Kerstin Kater

15.05.2017 **Neue Förderstrategie des Bundes – ein guter Anfang für weitere Schritte**
DEN: »Zusammenlegung von KFW- und BAFA-Förderungen war schon lange fällig«

Die jetzt vom Bundesministerium für Wirtschaft und Energie (BMWi) vorgestellte neue Förderstrategie »Energieeffizienz und Wärme aus Erneuerbaren Energien« begrüßt das Deutsche Energieberater-Netzwerk DEN e. V. als einen ersten und wichtigen Schritt zu mehr Transparenz und Vereinfachung des bislang komplizierten Systems an Förderangeboten. »Die neue Förderstrategie des BMWi sorgt u. a. für eine neue Ordnung in einem historisch gewachsenen, aber bislang für Außenstehende schwer durchschaubaren System von Zuständigkeiten. Es ist gut und nachvollziehbar, künftig die Fördermittelangebote für die Adressaten zu bündeln. Das erhöht die Akzeptanz bei allen Beteiligten«, so der Vorsitzende des DEN, Dipl.-Ing. Hinderk Hillebrands.

Die Vorstandssprecherin des Netzwerks, Dipl.-Ing. Marita Klempnow, stimmt ihm zu: »Einige Maßnahmen, die jetzt in die Förderstrategie des BMWi aufgenommen wurden, hat das DEN immer wieder als Verbesserung bei der Umsetzung der Förderprogramme gefordert, u. a. konkret in den Vorschlägen zum Nationalen Aktionsplan Energieeffizienz (NAPE). Umso mehr freut es uns natürlich, wenn sich diese Erkenntnisse und Forderungen nun durchsetzen. Allerdings kann dies nur ein Anfang sein. Es gibt noch weitere Förderprogramme des Bundes, und auch die gehören von einer einzigen Institution koordiniert und verwaltet.«

Lobenswert finden die beiden Ingenieure, dass nunmehr auch das BMWi eine zentrale Auskunftstelle für Fördermittel ins Leben rufen will, einen sogenannten »One-Stop-Shop«. [...] Wichtig sei, dass neben einer solchen Kundenfreundlichkeit aber weiter neutral und unabhängig beraten werde.

Die neue Förderstrategie begreift das DEN als Chance. Hillebrands: »Wenn man die Bündelung der Förderzuständigkeiten innerhalb des BMWi weiter denkt und auf sämtliche Förderangebote des Bundes ausdehnen würde, könnte man auf überflüssige und teure Parallelstrukturen verzichten. Manche für den Gebäudebereich wichtigen Förderprogramme etwa sind im Bundesministerium für Umwelt, Naturschutz, Bau und Reaktorsicherheit (BMUB) angesiedelt, [...] Hier könnte man überlegen, eine Ministerien übergreifende Institution zu schaffen, welche für alle Förderprogramme der Bundesrepublik Deutschland zuständig wäre.« [...]

Als ausgesprochen lobenswert bewerten die beiden Ingenieure, dass die Qualitätssicherung durch eine Ausweitung der Baubegleitung durch qualifizierte Fachleute gewährleistet werden soll: »Nur so können wir sicherstellen, dass die geförderten Maßnahmen auch wirklich die gewünschten ökonomischen und ökologischen Effizienzeffekte erzielen«, sagen beide. »Das DEN steht für den vom BMWi angeregten Dialog gerne zur Verfügung und kann die intensiven Praxiserfahrungen seiner unabhängig beratenden Mitglieder zielorientiert einbringen.«, (Pressemitteilung 08/2017)

02.06.2017	Das DEN nimmt eine Satzungsänderung zur Aufnahme außerordentlicher Mitglieder, wie z. B. Studierende oder Berufseinsteiger:innen vor.
30.06.2017	Eine 4. Regionalkampagne findet in Gießen statt.
04.07.2017	Zur Vernetzung der Mitglieder findet ein erstes Netzwerktreffen für Hessen, NRW und Rheinland-Pfalz in Gießen statt.
11.07.2017	**DEN sieht Verbesserungsbedarf bei energetischer Sanierungsberatung: Forderung nach einem eigenen Berufsbild für Energieberater erneuert** Deutlichen Verbesserungsbedarf bei den Beratungen zu energetischen Sanierungen in Deutschland sieht das Deutsche Energieberater-Netzwerk DEN e. V. »Immer wieder kommt es vor, dass Bauherren und Sanierern Leistungen angeboten werden, die den hohen Ansprüchen einer qualifizierten Energieberatung nicht entsprechen« kritisiert der Vorsitzende des DEN, Dipl.-Ing. Hermann Dannecker. »Besonders bei den inzwischen vorgeschriebenen Energieausweisen für Immobilien gilt es genauer hinzuschauen. Hier gibt es immer wieder Ausweise, welche den Mindestanforderungen nicht genügen und die deshalb unbrauchbar sind.«

> Die Unterschiede zwischen qualifizierten und nicht qualifizierten Energieausweisen seien für Laien nur schwer zu erkennen, erläutert Dannecker. »Besonders bei Billigangeboten aus dem Internet ist Misstrauen angebracht. Deshalb kann man nur raten, gleich eine kompetente Energieberaterin oder einen Energieberater hinzuzuziehen. Ein guter Energieberater schaut sich das Objekt persönlich an und überprüft die Daten, die ihm der Eigentümer oder Vermieter zu Verfügung stellt.«
>
> Dannecker betont, dass eine qualitativ hochwertige Energieberatung immer produktneutral und unabhängig sein muss. »Ein guter Energieberater wird eine Immobilie immer als Gesamtsystem betrachten und nicht einzelne Gewerke bevorzugen. Die Zusammenhänge von Gebäudehülle, Gebäudetechnik und erneuerbaren Energiequellen etwa sind alles andere als trivial. Hier bedarf es eingehender Kenntnisse der Physik sowie der Gebäude- und Prozesstechnik.« […]
>
> Deshalb sei die Beauftragung eines unabhängigen Energieberaters eine Investition, die sich auf jeden Fall lohne. Hilfreich sei in einem ersten Schritt die Expertenliste der dena, die bundesweit viele tausend Kontaktdaten enthalte. Wer ganz sichergehen wolle, nehme gleich eine Energieberaterin oder einen Energieberater des DEN.
>
> Der Ingenieur erneuert vor diesem Hintergrund die Forderung seines Netzwerks nach einem eigenen und einheitlichen Berufsbild für Energieberater. Dannecker: »Der Titel ›Energieberaterin‹ oder ›Energieberater‹ ist leider immer noch nicht gesetzlich geschützt. Wichtig wäre es, eine intensive und hochwertige Ausbildung zu definieren und sicherzustellen. Dann würde sich schnell die Spreu vom Weizen trennen. Und die Kunden – private Bauherren genauso wie kommunale – könnten sich der Beratungsqualität sicher sein, für die sie zahlen.«, (Pressemitteilung 12/2017)

21.12.2017	Der Vorstand des DEN und die Feuerwehr Frankfurt am Main betonen nach einem Gespräch, dass Wärmedämmung und Brandschutz sich nicht ausschließen.
02.02.2018	**DEN-Positionierung zu den Ergebnissen der Sondierungsgespräche** Das Deutsche Energieberater-Netzwerk (DEN) e.V. fordert grundsätzlich die Zusammenführung der geltenden Verordnungen und Gesetze zur effizienten Energienutzung in Gebäuden durch Einführung eines Gebäudeenergiegesetzes (GEG). Politische Leitlinien, wie beispielsweise der Referentenentwurf zum GEG vom 23.01.2017, sind zwingend erforderlich. Der Referentenentwurf erfüllt jedoch nur im Ansatz die notwendigen Vorgaben, um die Klimaschutzziele zu erreichen und die Umsetzung der Energiewende zu begünstigen. Hier sind noch viele Aspekte offen und ungeregelt. [s.o. »Stellungnahme des DEN e.V. zum Entwurf des Gebäudeenergiegesetzes«], (Positionspapier vom 02.02.2018)

15.02.2018	Das DEN organisiert eine Veranstaltung zum Thema: Hocheffiziente Energetische Sanierung mit Passivhauskomponenten im sozialen Wohnbau in Gießen.
22.03.2018	Auf einem gemeinsamen Kongress von DEN und GRE tauschen sich Praktiker:in und Wissenschaftler:innen aus, schließen neue Kontakte. Er findet in Kassel statt.
28.03.2018	**Vom Mindestwärmeschutz zum Plusenergiehaus** Wissenschaftler der GRE und Praktiker des DEN mit gemeinsamem Kongress Einige Blicke zurück in die Vergangenheit und viele in die energietechnische und klimapolitische Zukunft – die Referenten aus Wissenschaft und Praxis der Energieeffizienz im Gebäudebereich spannten den thematischen Bogen weit beim gemeinsamen Kongress der Gesellschaft für Rationelle Energieverwendung e. V. (GRE) und des Deutschen Energieberater-Netzwerks DEN e. V. Zum 40-jährigen Bestehen der GRE hatten beide Organisationen zu der zweitägigen Veranstaltung in die Orangerie in Kassel geladen. Sie konnten über 140 Teilnehmer begrüßen unter dem Motto der Tagung: »40 Jahre Gebäudeenergieeffizienz - vom Mindestwärmeschutz zum Plusenergiehaus«. Das DEN erneuerte bei der Tagung seine Forderung nach einem eigenen Berufsbild für Energieberater. »Nur im Austausch von Wissenschaft und Praxis werden Energiewende und Klimaschutz gelingen« – darin waren sich die beiden Vertreter der Vorstände, Prof. Dr.-Ing. Andreas Holm (GRE) und Dipl.-Ing. Hinderk Hillebrands (DEN), einig. Zwei Jahre lang hatten ihre Organisationen diesen gemeinsamen Kongress vorbereitet, um ihren intensiven Austausch in Fragen der Gebäudeeffizienz auch nach außen sichtbar zu machen. [...] Die derzeitige Gebäudesanierungsrate von ca. 1 % reiche bei weitem nicht aus, wenn die Klimaschutzziele der Bundesregierung erreicht werden sollen, sagte Prof. Dr.-Ing. habil. Dr. hc. mult Dr. E. h. mult. Karl Gertis, emeritierter Lehrstuhlinhaber am Institut für Akustik und Bauphysik der Universität Stuttgart und Mitbegründer der GRE e. V. Die Sanierungsrate müsse deutlich auf mindestens 2 bis 3 % pro Jahr angehoben werden, um die gesteckten Ziele zu erreichen. Wichtig sei gleichzeitig, dass die Qualität der Vorbereitung und Umsetzung der energetischen Baumaßnahmen sichergestellt werde. [...], (Pressemitteilung 04/2018)

Abbildung 5: Dipl.-Ing. (FH) Hinderk Hillebrands (DEN e.V.), Prof. Dr.-Ing. Andreas Holm (ehemals GRE e.V.), Dipl.-Ing. Marita Klempnow (DEN e.V.), Dipl.-Ing. (FH) Hermann Dannecker, Prof. Dr.-Ing. Anton Maas (ehemals GRE e.V.), (v.l.), Fotograf: Blafield

25.04.2018 **DEN fordert einheitliches Berufsbild für Energieberater**
Kunden müssen auf Qualität und wirtschaftliche Unabhängigkeit vertrauen können

Das Deutsche Energieberater-Netzwerk DEN e.V. erneuert seine Forderung nach einem einheitlichen Berufsbild für Energieberater und legt erstmals ein umfassendes Konzept vor, wie dieses gestaltet werden könnte. »Die bundesweite Einführung eines einheitlichen Berufsbildes für Energieberater ist seit langem eine der zentralen Forderungen, für die sich das DEN stark macht«, sagt Dipl.-Ing. Hinderk Hillebrands, Vorsitzender des Netzwerks. »Wir fordern, die Berufsbezeichnung ›Energieberater‹ bundesweit gesetzlich zu schützen, um später auf eine europäische Regelung hinwirken zu können. Immer mehr energiepolitische Themen werden auf europäischer Ebene verhandelt und entschieden. Deshalb wäre es nur folgerichtig, auch die professionelle Begleitung und Umsetzung von Maßnahmen zur Energieeffizienz und -einsparung gemeinsam zu organisieren und zu gestalten«, unterstreicht Hillebrands' Kollege und DEN-Landessprecher von NRW, Dipl.-Ing. Jürgen Lange.

1.5 Historie des DEN

Dazu strebe das DEN zunächst in Deutschland ein Energieberatungsgesetz an, so der Ingenieur. Das Steuerberatungsgesetz biete ein Beispiel, wie eine solche Regelung grundsätzlich aussehen könnte. Inhalte wie Grundsätze der Berufsethik in Form eines Leitbildes, eine Aufstellung von Voraussetzungen für die Berufszulassung und die Berufsausübung sowie die Festlegung bestimmter Rechte und Berufspflichten von Energieberatern sollten sich dort wiederfinden. Ein System mit Berücksichtigung verschiedener Qualitätsstufen könnte so eingeführt werden, erläutert Hillebrands.

Hierbei sollten Erfahrungen aus vorhandenen und bewährten Qualitätsanforderungen berücksichtigt werden, wie etwa die Energieeffizienz-Expertenliste für Förderprogramme des Bundes – so die Vorstellungen des Netzwerks. Praxiserfahrungen sollte ein hoher Stellenwert zukommen. Auch Transparenz für »Quereinsteiger« aus anderen Disziplinen über die Zulassungsprüfungen müsse gegeben sein. Die Berufsbezeichnung sollte generell für den Auftraggeber von hoher Aussagekraft sein: »Kunden müssen auf Qualität und wirtschaftliche Unabhängigkeit vertrauen können«. Schließlich müsse es eine einheitliche Honorarordnung für Energieberater geben.

Das DEN schlägt diese Bedarfspyramide für den beispielhaften Berufsweg eines Energieberaters vor:

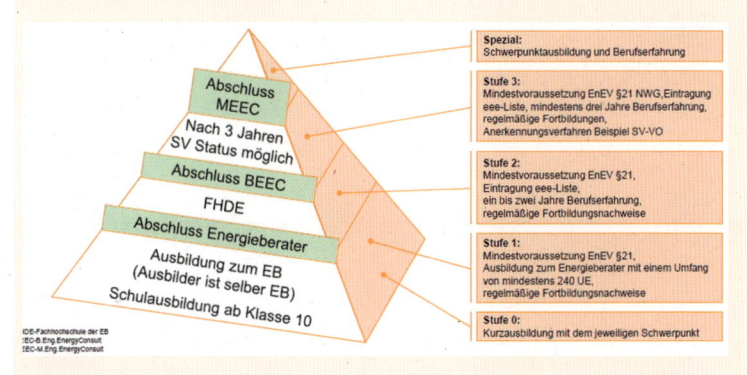

Abbildung 6: Grafik: DEN, erstellt von Jürgen Lange

Die Definition des DEN verstehe einen Energieberater allgemein als einen Energieeffizienzexperten, der aufgrund der fachübergreifenden Kenntnisse durch seine Aus- und Weiterbildung integrale und optimierte Energiekonzepte entwickeln könne, so Jürgen Lange. Hierzu würden rechnerische Elemente angewandt, wie beispielsweise energetische Bilanzierungen und Lebenszykluskostenberechnungen. Im Sinne des Auftraggebers und zum Wohl der Umwelt berate ein Energieberater wirtschaftlich unabhängig und vertrete die Belange der Energieeffizienz als Person und im Team mit weiteren Projektbeteiligten.

	Energieberatungen müssten immer nach den verschiedenen Anwendungsgebieten unterschieden werden, erläutert Lange. Hierzu zählten Energieberatungen für Wohngebäude, für Nichtwohngebäude, in der Fertigungstechnik, in der Verfahrenstechnik und im Verkehr. [...] (Pressemitteilung 07/2018)
01.06.2018	Das Projekt »Rapid U« (hocheffizientes Messgerät für den U-Wert) startet. Das DEN bearbeitet mit dem FIW und einem finnischen Partner die Erforschung und Erprobung des Messgerätes.
06.08.2018	**Bundesregierung muss endlich ernst machen beim Klimaschutz** DEN: »Sommerlichen und winterlichen Wärmeschutz als Einheit begreifen!« Das Deutsche Energieberater-Netzwerk DEN e. V. verfolgt vor dem Hintergrund der außerordentlichen Hitzewelle und der Dürre mit Spannung die Reaktionen von Seiten der Bundesregierung. »Eigentlich müssten in Berlin die Alarmglocken schrillen«, sagt der Vorsitzende des Netzwerks, Dipl.-Ing. Hermann Dannecker. »Wochenlang erleben wir in ganz Deutschland Temperaturen und eine beispiellose Trockenheit von deutlich über 30 Grad Celsius und nur wenigen Litern Niederschlag seit April. Ernteausfälle in Milliardenhöhe sind die Folge, aber auch Schäden auf Straßen, Wald- und Flächenbrände, gesundheitliche Beeinträchtigungen vieler Menschen. Was muss eigentlich noch geschehen, damit die Regierung konsequent ernst macht mit einer ambitionierten Klimaschutzpolitik und dies auch unmissverständlich vermittelt?« Der Klimawandel, so Dannecker, sei spürbar in Deutschland angekommen. »Wir können nicht einfach zur Tagesordnung übergehen und hoffen, dass alles nicht so schlimm kommen wird«, mahnt der Ingenieur. »Der Klimawandel wird nicht irgendwann kommen – er ist da! Wir sollten endlich ehrlich die Zusammenhänge erkennen und zugeben, dann aber auch handeln.« Regierungsbeschlüsse und Gesetze seien allerdings nur ein Faktor, so der Architekt und Energieberater. Das Bewusstsein in der Bevölkerung um die massiven Konsequenzen des Klimawandels gelte es wieder zu wecken. »Was die Klimadiskussion in der Öffentlichkeit angeht, waren wir vor Jahren schon einmal weiter«, sagt er. »Wir haben allgemein das Thema hintangestellt und eher auf Themen wie Migration und Durchsetzung nationaler Interessen durch viele Staaten geblickt. Dabei haben wir nur vergessen, [...] und der Klimawandel der Auslöser für zahlreiche Probleme dieser Entwicklungen ist. Die aktuelle Dürre und die für manche Landwirte existenzgefährdenden Folgen sollte man jetzt nutzen, um endlich wieder die Klimapolitik in den Fokus zu rücken.«

Damit spreche er vielen seiner Kollegen unter den Energieberater*innen in Deutschland aus dem Herzen, meint Dannecker. »Viele fragen sich, warum nicht genügend Fördergelder abgerufen und energetische Sanierungen unternommen werden. Millionenschwere Werbekampagnen des Bundeswirtschaftsministeriums haben wenig gebracht. Jetzt müsste man die Menschen vor dem Hintergrund der jüngsten Ereignisse wieder motivieren, etwas gegen die allgemeine Klimaerwärmung zu tun. Und da könnte der Bund mit einer konsequenten Klimapolitik Zeichen setzen, im Gebäudebereich, aber nicht zuletzt in der Landwirtschaftspolitik und im Verkehrssektor.«

Spürbar sei in dieser Dimension erstmals, dass der sommerliche Wärmeschutz durch aktive und passive Maßnahmen an Gebäuden denselben Stellenwert erfahren müsse wie der Wärmeschutz bei Gebäuden in der Heizperiode, erläutert Dannecker. [...] (Pressemitteilung 12/2018)

05.10.2018	BuVEG und DEN unterschreiben eine Kooperationsvereinbarung.
29.03.2019	**Positionspapier des DEN e. V.** **Für eine ehrliche und mutige Energie- und Klimapolitik! [...]** **Was wir brauchen** Eine zukunftsfähige Energie- und Klimapolitik erfordert einen Strukturwandel, der zum Teil schmerzlich sein wird. Er hat soziale, wirtschaftliche und regionale Aspekte, wird weh tun und gesellschaftliche Konsequenzen haben. Insbesondere Arbeitsplätze in alten und früher oder später hinfälligen Industriezweigen werden betroffen sein. Dafür entstehen Arbeitsplätze in neuen, modernen und klimafreundlichen Industriezweigen. Es müssen vor allem Antworten gefunden werden, die den technischen und politischen Zusammenhängen Rechnung tragen. Der Kohleausstieg ist beispielsweise komplizierter als das einfache Abschalten von Kraftwerken. Für die chemische Industrie sind Grundstoffe aus der Braunkohleförderung unverzichtbar. Für die Versorgung mit Gips sind Rauchgasentschwefelungsanlagen nötig. Fällt der Nachschub aus diesen Quellen weg, müsste mehr Naturgips gefördert werden. Der Import von solchen bislang im eigenen Land erzeugten Rohstoffen wäre unehrlich und klimapolitisch kontraproduktiv. Deshalb muss eine Politik der Gesamtschau mit Mut und Ehrlichkeit an die Probleme gehen. Gremien wie die Kohlekommission sind nötig, um gesellschaftlich und politisch umsetzbare Zukunftsentwürfe zu entwickeln, welche über die nationale Tagespolitik hinausgehen. Gleichzeitig aber müssen wir wieder Wert darauf legen, ganz konkret und vor Ort zur Energiewende beizutragen und das Klima schützen zu helfen.

1 Historie des DEN

> **Wofür das DEN steht**
>
> Im Gebäudebereich lassen sich vergleichsweise schnell Energieverbrauch und damit der Ausstoß von Treibhausgasen senken. Das gilt für Wohn- als auch für Nichtwohngebäude. Beim Neubau muss auf modernste Standards geachtet werden. Bei Bestandsimmobilien lassen sich mit den verschiedensten technischen Mitteln ausgezeichnete klimafreundliche Werte erzielen.
>
> Beispiele sind:
> - der konsequente Austausch maroder und energiefressender Heizungen und die Einregulierung der Systeme,
> - die nachträgliche Dämmung von Fassaden, oberen Geschossdecken etc.,
> - der Einsatz energieeffizienter Geräte im Haus,
> - die einfache Nutzung erneuerbarer Energien und deren Eigenproduktion.
>
> Dies erfordert eine Gesamtschau der jeweiligen Immobilie, im privaten wie im gewerblichen Bereich. Energieberater*innen des DEN sind dafür ausgebildet. Sie sind nicht nur in der Lage, die neuesten und modernsten Techniken vorzuschlagen und anzuwenden, sondern ihren Kunden auch die entsprechenden Förderprogramme zu empfehlen und zu vermitteln.
>
> DEN-Energieberater*innen arbeiten und beraten wirtschaftlich unabhängig. Das heißt, ihre Kunden können darauf vertrauen, produktneutral die besten für ihr Projekt möglichen Sanierungsvorschläge zu bekommen. Zu solcher Neutralität haben sich die DEN-Energieberater*innen selbst verpflichtet. Hohe Qualität (DEN QS) und die durch konsequente Weiterbildung erworbenen Kenntnisse schaffen Vertrauen. Gute und kollegiale Kommunikation auch untereinander sichern Energieberater*innen des DEN ein kompetentes Netzwerk. [...]

03.04.2019	1. KfW-DEN-GRE-Forum zum energieeffizienten Bauen und Modernisieren: Kernfragen waren Nachhaltigkeit, Ressourcenschutz und Graue Energie.
23.04.2019	Baumpflanzaktion des DEN e. V. – das DEN setzt sich auch für den Klimaschutz auf anderer Ebene ein.
23.04.2019	**DEN-Mitglieder pflanzen Bäume für mehr Klimaschutz** Energieberater laden jedermann ein zu ihrer bundesweiten Baumpflanzaktion »Bäume pflanzen für mehr Klimaschutz!« – Unter diesem Motto startete das Deutsche Energieberater-Netzwerk DEN e. V. eine erste Baumpflanzaktion, zu der es seine Mitglieder und Fördermitglieder, aber auch jeden am Natur- und Klimaschutz Interessierten einlädt. [...]

So pflanzten etwa die Mitglieder des DEN-Verwaltungsrates im Rahmen ihrer jüngsten Sitzung in Winterberg auf dem Grundstück der Uerdinger Hütte einen Baum. [...] Wir Energieberater beschäftigen uns beruflich vorwiegend mit technischen Lösungen, um Energie sparen zu helfen und die Effizienz zu fördern. Das alles ist auch gut für das Klima. Aber die ganz einfachen, alt hergebrachten, natürlichen Methoden und Tugenden sind uns keineswegs fremd. Und deshalb pflanzen wir Bäume.« [...]

Dannecker: »Mit unserer Baumpflanzaktion wollen wir auch symbolisch unsere Sorge und unsere Entschlossenheit demonstrieren, denn Energiewende, Klimawende und Naturschutz verfolgen letztlich ein gemeinsames Ziel. Deshalb laden wir unsere Mitglieder und deren Freunde dazu ein, Bäume zu pflanzen. Eine alte Idee, die aber niemals aus der Mode kommen sollte.«, (Pressemitteilung 04/2019)

Abbildung 7: Winterberg / Sauerland – auf dem Gelände der Uerdinger Hütte pflanzen die Mitglieder des DEN-Verwaltungsrates symbolisch einen Baum. Foto: DEN

06.06.2019	Das DEN organisiert einen Netzwerktag in Kassel.
06.06.2019	**Energieberater fordern bessere Klimaschutzpolitik** Mut zu Veränderungen angemahnt - Netzwerktag des DEN in Kassel Mit deutlichen Worten hat das Deutsche Energieberater-Netzwerk DEN e. V. die Bunderegierung zu einer besseren und entschiedeneren Klimaschutzpolitik aufgefordert. Dipl.-Ing. Hinderk Hillebrands, einer der beiden Bundesvorsitzenden des DEN, mahnte auf dem Netzwerktag in Kassel mehr Mut zu Veränderungen an: »Die Politik reagiert nicht angemessen auf Proteste und Forderungen nach mehr Klimaschutz, wie sie aktuell besonders auf den Fridays-for-Future-Demonstrationen erhoben werden.« [...]

Historie des DEN

Dem stimmte sein Kollege im Amt des DEN-Bundesvorsitzenden, Dipl.-Ing. Hermann Dannecker, mit Hinweis auf die alltägliche Praxis zu. Man müsse wieder Vertrauen schaffen in die Energieberatung: »Wir müssen unsere Kunden so beraten, dass sie sicher sein können, für Jahrzehnte eine gute Investition in die Sanierung ihres Gebäudes getan zu haben.« Für mehr Motivation zu Gebäudesanierungen und damit zu besserer Klimaverträglichkeit zu sorgen sei eigentlich Aufgabe der Politik, argumentierte Dannecker. Allerdings könne diese bislang nicht auf große Erfolge verweisen. Trotz millionenschwerer Werbekampagnen verharrten die Sanierungsquoten nach wie vor bei 1 % der Bestandsgebäude pro Jahr. Nötig wären mindestes 1,4 %, besser 2 %. Dannecker schlug vor, Förderungen bei Neubau und bei Sanierungen stärker differenziert zu vergeben. Wer über dem EnEV-Standard liege und deutlich Energie spare, solle Höchstförderungen bekommen. […]. (Pressemitteilung 6/2019)

Abbildung 8: Zahlreiche Vorträge prägten auch in diesem Jahr wieder den Netzwerktag des Deutschen Energieberater-Netzwerks DEN e. V. in Kassel. Foto: DEN

12.06.2019	Die Gewinner im KfW-Award Bauen 2019 vertrauten auf Energieberatung durch DEN-Mitglieder.
28.06.2019	**Stellungnahme des DEN e.V. zum Gesetzentwurf der Bundesregierung** Der zur Stellungnahme vorliegende Ressortentwurf des BMWi und BMI vom 28.05.2019 (ohne die Abstimmung mit dem Bundesumweltministerium) verdeutlicht die Zerrissenheit und klimapolitische Blockade der Bundesregierung in dramatischer Weise.

Der Entwurf ist handwerklich seriös und auf Basis von Studien aus 2018 in einigen Punkten gegenüber dem Referentenentwurf aus 01/2017 nachgearbeitet worden und berücksichtigt teilweise Hinweise (z. B. Begehung zur Datenaufnahme bei Energieausweisen im Bestand) und technische Änderungen.

Die grundsätzliche Kritik an der Struktur der Zusammenlegung (Verdoppelung der Paragrafenanzahl gegenüber bestehendem Ordnungsrecht) und die fehlende Perspektive für klimaneutralen und zukunftsfähigen Gebäudebestand 2050 aus der Stellungnahme aus 2017 bleibt von Seiten des DEN e. V. unverändert bestehen.

Der wenig ambitionierte EFH 55 Standard aus dem Entwurf 2017 ist aufgegeben worden (obwohl bereits heute über 50 % der Neubauten im Wohngebäudebereich in diesem Standard errichtet werden) und um den Vorgaben der EU-Gebäuderichtlinie zu entsprechen wird der bisherige EnEV-Standard (2016) als zukünftiger Niedrigstenergiestandard festgelegt. Der Gebäudebestand bleibt von jeder Anforderung über das bestehende Niveau hinaus »verschont«. Damit steht der vorliegende Entwurf des GEG im Widerspruch zum Ziel des GEG in § 1: dem möglichst sparsamen Einsatz von Energie in Gebäuden.

Der im Gesetzentwurf auf Jahre fixierte Neubaustandard mit dem Effizienzniveau von 2016 ist weit von technisch und ökonomisch realisierbaren Effizienzstandards entfernt. Das EU-Ziel Nearly-Zero-Energy mit wesentlicher Energieversorgung aus regenerativen Quellen wird weit verfehlt. Aufgrund langer Lebenszyklen und der hohen Veränderungsträgheit, sollten zukunftsfähige energetische Standards gefordert werden, damit nicht die heutigen Neubaustandards vorzeitig zu energetischen Sanierungsfällen werden.

03.07.2019	DEN legt Fünf-Punkte-Plan für mehr Klimaschutz im Gebäudebereich vor.
03.07.2019	**Entwurf des Gebäudeenergiegesetzes geht in die falsche Richtung** DEN legt Fünf-Punkte-Plan für mehr Klimaschutz im Gebäudebereich vor Das Deutsche Energieberater-Netzwerk DEN e. V. lehnt den von der Bundesregierung vorgelegten Entwurf für ein Gebäudeenergiegesetz (GEG) in weiten Teilen ab. […] Deshalb legt das DEN einen Fünf-Punkte-Plan vor, der die klimarelevanten Benchmarks im Gebäudebereich schärfen und neu justieren soll. Er sollte die Grundlage für eine neuerliche Überarbeitung des vorliegenden Entwurfs oder eine generelle Neuerarbeitung eines künftigen GEG sein.

Abbildung 9: Fünf-Punkte-Plan des Deutschen Energieberater-Netzwerkes e. V. für ein GEG Bild: DEN e. V.

Die Anforderungen der bisherigen EnEV und des bisherigen EEWärmeG sollten in folgenden Anforderungen zusammengefasst werden:
1. Begrenzung des mittleren U-Wertes als Anforderungswert an die Gebäudehülle und Begrenzung des Fensterflächenanteils (um in klimatischer Hinsicht zukunftsfähige Gebäude zu bauen und dem sommerlichen Wärmeschutz gerecht zu werden)
2. Anforderungswert für den maximalen Primärenergiebedarf unter Berücksichtigung des nichterneuerbaren und erneuerbaren Anteils als Maßstab für den Ressourceneinsatz (perspektivisch sind ggf. neue Kennwerte erforderlich, deren Entwicklung durch Forschungsprojekte untersucht werden muss)
3. Mindestwert für die Deckung des Primärenergiebedarfs durch Erneuerbare Energien (ggf. Vorgaben für die Effizienz der Anlagentechnik)
4. Einführung eines Maximalwertes für den CO_2-Ausstoß als Maßstab für die Klimaverträglichkeit (ähnlich dem Schweizer Modell), perspektivisch ergänzt z. B. durch Mobilitätsfaktoren u. a.
5. Monitoring der Verbrauchsdaten zur Erfolgs- und Qualitätssicherung.

[...] Das DEN kritisiert, dass ohne GEG weiter Gebäude nach dem Normenstand 2011 bzw. 2003 geplant werden müssen und innovative Technik (Brennstoffzellen etc.) nicht adäquat berechnen werden kann. Im Falle von Fördermitteln sind die EnergieberaterInnen zur doppelten Nachweisführung gezwungen.

Ohne GEG wird es weiterhin keine Zulassung von qualifizierten Beratern geben, die keinen akademischen Abschluss haben. Damit verschärft sich die angespannte Personalsituation und es verlängern sich Bauzeiten. Letzteres erhöht den Aufwand und damit die Kosten der Planung und steht ebenfalls im Widerspruch zu den Zielen des kostengünstigen Bauens. Ohne GEG gibt weiterhin keine Identifizierungs- und Plausibilitätsprüfung bei der Erstellung von Energieausweisen und damit keinen ausreichenden Verbraucherschutz.

1.5 Historie des DEN

	Das DEN weist darauf hin, dass bereits heute mindestens 50 % der Wohngebäude und ein erheblicher Teil der Nichtwohngebäude nach einem besseren Standard gebaut werden, als im vorliegenden GEG-Entwurf vorgesehen ist. Zusätzlich zu seinem Fünf-Punkte-Plan fordert das DEN seit Jahren die dem Ordnungsrecht zugrundeliegenden und im GEG zitierten DIN-Normen barriere- und kostenfrei und vor allem online zugänglich zu machen. Dieses Vorgehen ist schon aus Verbraucherschutzgründen zwingend erforderlich. [...], (Pressemitteilung 8/2019)
12.07.2019	DEN fordert steuerliche Vorteile bei Gebäudesanierungen – Energieberater:innen unterzeichnen Brief von 40 Verbänden an die Ministerpräsident:innen.
28.08.2019	Die Satzung wird mit Blick auf die Aufnahme von Forschungsvorhaben geändert: Das DEN möchte vermehrt wissenschaftliche Projekte durchführen.
19.09.2019	Das DEN diskutiert mit Kooperationspartnern die Energiewende. Man findet sich zu einem runden Tisch in Offenbach ein.
28.09.2019	Das DEN organisiert ein Landestreffen für die hessischen Mitglieder in Gießen.
14.10.2019	In Berlin findet ein DEN-GRE Abendforum statt.
12.11.2019	Stellungnahme des DEN e. V. zur Energieeffizienzstrategie 2050 der Bundesregierung mit diesen Forderungen: • Mittelfristiges Energieeffizienzziel 2030 nach den Anforderungen der EU-Governance-Verordnung festlegen, • Energieeffizienzmaßnahmen in einem neuen Nationalen Aktionsplan Energieeffizienz (Nape 2.0), zur Erreichung des Energieeffizienzziels 2030 bündeln und konkretisieren. Hauptteil der Energieeffizienzmaßnahmen der EffSTRA sind bereits Bestandteil des Klimaschutzporgramms 2030 • Dialogprozess (Road Map) für einen langfristigen Fahrplan zur Halbierung des Primärenergieverbrauchs bis 2050 starten.
11.12.2019	**Vielsprachige Antworten auf gemeinsame Herausforderungen** DEN-Energieberater trafen französische Kollegen: Fachdialog über Grenzen hinweg [...] Jeweils vier Kolleginnen und Kollegen aus den beiden Ländern tauschten sich erstmals aus. Modernes Energiemanagement angesichts des Klimawandels ist in beiden Ländern eines der wichtigsten Themen. Allerdings– so wurde klar - unterscheiden sich die Antworten auf die Herausforderungen deutlich. [...] »Wenn wir es schaffen, gemeinsame Standards, vielleicht sogar auf europäischer Ebene, zu finden und zu definieren, wäre allen geholfen« – da sind sich Martina Kost und Peter Uenning einig.

Insofern stellte man nicht nur gegenseitig die einzelnen Organisationen und ihre Herausforderungen vor, sondern achtete aufmerksam auf Unterschiedliches, Neues, Adaptierbares. Dazu gehörte insbesondere das Qualitätssiegel des DEN. Das könnte man sich bei CINOV auch vorstellen, so wurde deutlich. [...], (Pressemitteilung 20/2019)

Abbildung 10: Energieexperten des Deutschen Energieberater-Netzwerks DEN e.V. und vom CIVOM aus Frankreich trafen sich erstmals zum gemeinsamen fachlichen Austausch. Foto: DEN

10.01.2020	DEN unterbreitet Petition für längere Einspeisevergütungen bei Photovoltaikanlagen.
06.03.2020	Bei der Verbändeanhörung des BMWi zur Bundesförderung Effiziente Gebäude verschafft sich auch das DEN Gehör.
09.03.2020	Das DEN nimmt am 10. Aktionsbündnis Klimaschutz teil.
24.03.2020	**»Fortbildung der Energieberater geht trotz Corona-Krise weiter«** DEN-Akademie verstärkt mit Online-Seminaren

Das Deutsche Energieberater-Netzwerk DEN e.V. reagiert auf die enormen Herausforderungen durch den grassierenden Corona-Virus und hat seine Geschäftstätigkeit wie auch sein Seminarangebot angepasst. [...] Die DEN-Akademie stellt ihr Angebot auf Online-Live-Seminare zunächst bis Anfang Mai um. [...] |

Informations-vorsprung

»Die DEN-Akademie ist weiterhin für die Energieberaterinnen und Energieberater da. Allerdings finden unsere Seminare und Kurse nicht mehr vor Ort statt, sondern wir bieten sie online an.« Die DEN-Akademie stelle ihre Lernplattform für alle Beteiligten zur Verfügung. Dannecker: »Hier treffen sich die ReferentInnen und die TeilnehmerInnen im virtuellen Lernraum und können mittels der Live-Übertragung den Präsentationen folgen und zudem über den Chat und die Sprachfunktion miteinander kommunizieren. Zeit und Raum für Fragen und Diskussion bleiben bestehen.« Nötig seien lediglich Internetzugang, Headset und ggf. eine Kamera. [...], Pressemitteilung (7/2020)

Abbildung 11: Rechte: DEN e. V. / Johanna Wagner

20.04.2020	DEN unterstützt offenen Brief an Bundeskanzlerin Angela Merkel: **188 Verbände und Organisationen treten für klimabewusste Konjunkturpolitik ein:** Der Aufruf an die Bundesregierung beinhaltet insbesondere: <ul><li>unbedingt an den Klimazielen festzuhalten und Planungssicherheit zu schaffen, damit Investitionen in die Energiewende fortgesetzt werden können.</li><li>mit Konjunkturinvestitionen die Krisenfestigkeit der deutschen und europäischen Wirtschaft zu stärken, auch im Rahmen des Europäischen Green Deals sowie</li><li>die notwendigen staatlichen Investitionen und Investitionshilfen für eine schnelle wirtschaftliche Erholung zu beschließen, inklusive Anreizprogrammen für Energieeffizienz, erneuerbaren Strom, Wärme und Kälte, klimafreundliche Mobilität, klimaneutrale Gebäude und hocheffiziente Industrieprozesse.</li></ul>
27.04.2020	DEN-Energieberater:innen sehen sich trotz Corona-Krise weiterhin ausgelastet.
26.05.2020	Das DEN befürwortet europäischen Fonds für Gebäudesanierung.
15.06.2020	Workshop mit der deutschen Umwelthilfe (DUH) »Graue Energie«. Im Kontext dessen wird ein gemeinsames Positionspapier über den Lebenszyklus im Gebäudebereich erarbeitet.
23.06.2020	Mitgliederversammlung 2020: Mitglieder bestätigen Marita Klempnow und Hermann Dannecker als Vorstände.
07.07.2020	Das DEN tauscht sich mit dem Bundesamt für Wirtschaft und Ausfuhrkontrolle (Bafa) zur Administration der »Bundesförderung für effiziente Gebäude« (BEG) aus.
13.07.2020	Das DEN veröffentlicht eine Stellungnahme zum Gebäudeenergiegesetz (GEG) aus Sicht der Energieberatung, Marita Klempnow (s. PM 20/2020)

1 Historie des DEN

08.09.2020	**EEG-Novelle sollte Stromerzeugung vereinfachen!** DEN: »Hausdächer könnten mehr als bisher für PV-Anlagen genutzt werden«

Mit Sorge betrachtet das Deutsche Energieberater-Netzwerk DEN e. V. die Diskussion um die Novellierung des Erneuerbare Energien Gesetzes EEG. »Wir fürchten, dass mit den nunmehr auf dem Tisch liegenden Entwurf eine Chance verpasst werden könnte, das enorme Potenzial an Dachflächen für die Erzeugung von Strom durch Photovoltaikanlagen zu nutzen«, sagt der DEN-Vorsitzende Hermann Dannecker. Die vorgeschlagenen Ausschreibungsmodelle für größere Dachanlagen, die nach und nach auch auf weniger leistungsfähige angewandt werden sollen, verkomplizieren die ganze Sache. Was wir brauchen, ist vielmehr eine Vereinfachung bei der Erzeugung von eigenverbrauchtem Strom als auch beim Mieterstrom.

Dannecker verweist darauf, dass viele Hauseigentümer angesichts komplizierter steuerlicher Regelungen auf die Installation einer Photovoltaikanlage verzichten: »Es darf nicht sein, dass dieses Potenzial ungenutzt bleibt«, sagte [der] Ingenieur. Gleiches gelte für Gewerbetreibende und mittelständische Unternehmen, die ihre Dachflächen zur Stromerzeugung nutzen wollen: »Wir brauchen Motivation durch einfache Regelungen und den Verzicht auf Bürokratie. Die EEG-Novelle könnte dazu eine Gelegenheit bieten.«

Die derzeit innerhalb der Koalition geführten Diskussionen über Beibehaltung oder Abschaffung der EEG-Umlage zeige Dannecker zufolge, dass noch vieles offen ist bei der Novelle des EEG: »Mir scheint, da ist noch nichts in Stein gemeißelt. Wir sollten jetzt die Chance nutzen und insbesondere die Stromerzeugung auf Hausdächern vereinfachen und attraktiver machen. Der Gebäudebereich ist ohnehin ein schlafender Riese, welcher der Energiewende ausgesprochen nützlich sein kann.«

Einfachere Regelungen fordert Dannecker auch, wenn es um den Mieterstrom geht: »Auch hier schrecken komplizierte und bürokratische Hürden Vermieter davon ab, ihren Mietern auf einfache und nachvollziehbare Weise Strom vom eigenen Dach anzubieten. Gerade beim Mieterstrom bieten die in Deutschland vorhandenen Dachflächen enormes Potenzial. Eine eigene Arbeitsgruppe des Deutschen Energieberater-Netzwerks beschäftigt sich mit Vorschlägen, wie ein künftiges Mieterstrom-Modell aussehen könnte.«, (Pressemitteilung 17/2020)

09.10.2020	Workshop Berufsbild: Nach verschiedenen Impulsvorträgen diskutieren Mitglieder über die Frage, was wichtig für eine gute, unabhängige Energieberatung ist, wie sich dieses Ziel erreichen lässt.
30.10.2020	Das DEN veröffentlicht eine Stellungnahme zu den Technischen Mindestanforderungen zum Programm »Bundesförderung für effiziente Gebäude«.

30.10.2020 **GEG – ein Gesetzeswerk mit Licht und Schatten**
Stellungnahme des DEN zum bevorstehenden Gebäudeenergiegesetz

Am 1. November 2020 tritt das neue Gebäudeenergiegesetz (GEG) in Kraft. Das bisherige Energieeinsparungsgesetz (EnEG), die bisherige Energieeinsparverordnung (EnEV) und das bisherige Erneuerbare-Energien-Wärmegesetz (EEWärmeG) werden durch dieses Gesetz ersetzt.

Dazu nimmt der Vorstand des Deutschen Energieberater-Netzwerks DEN e. V. aus Sicht der Energieberatung Stellung.

Das GEG ist ein Lehrbeispiel dafür, dass Politik sich schwertut, konsistente Entscheidungen zu treffen. [...] Trotz des im Grunde sehr soliden Vorgehens hat die Politik es jedoch verpasst, die Dynamik der Klimabewegung aufzunehmen und mutige Entscheidungen zu treffen für einen zukunftsfähigen Gebäudebestand.

Gebäude verursachen nicht nur 30 % der klimarelevanten Treibhausgasemissionen, sondern auch einen erheblichen Teil der privaten [...] Lebenshaltungskosten. Zusätzlich ist Bauen und Sanieren ein erheblicher Wirtschaftsfaktor, mit einer starken lokalen Wertschöpfung, aber auch einer mit erheblichem Ressourcenverbrauch. [...]

Fazit aus Sicht des DEN:
1. Gut, dass endlich seit 5 Jahren überholte Normen nicht mehr Bilanzierungsgrundlage im Ordnungsrecht sind.
2. Bei der Ausstellungsberechtigung von Energieausweisen in NWG wurde endlich unsere langjährige Forderung umgesetzt, auch Menschen ohne akademische Grundausbildung, aber mit Praxiserfahrung und gleichwertiger Qualifikation zuzulassen.
3. Sanierungsfahrpläne werden einen entscheidenden Beitrag zur Erreichung der Klimaziele leisten müssen. Die Umsetzung durch kostenfreie (eigentlich aber honorarpflichtige Beratungsleistungen) ist jedoch nicht optimal. Hier wird es entscheidend auf die Ausgestaltung der Umsetzung und es Vollzuges ankommen.

Das Deutsche Energieberater-Netzwerk hat bereits vor einem Jahr einen Fünf-Punkte-Plan für ein GEG vorgeschlagen. (s. o.) [...] Ganz praktisch hoffen wir vor allem darauf:
- dass es eine Möglichkeit gibt, die über 10.000 Normenseiten, die im GEG als Grundlage in Bezug genommen sind, barrierefrei – also kostenfrei – zugänglich zu machen,
- dass die Softwarehersteller zeitnah alle Änderungen einpflegen können und die Kosten unserer Softwarelizenzen dafür nicht überproportional steigen,
- dass der Bund die Bedeutung der Qualifizierung erkennt und alle Planer, Bauherren und vor allem die Bauaufsichten mit zielgruppenadäquaten Weiterbildungshilfen unterstützt und

- dass kostenlose Energieberatung staatlich finanzierter Institutionen nicht zu einer Entwertung der hochqualifizierten Arbeit von Architekten, Ingenieuren und unabhängigen Energieberatern füht.

Im Grunde ist ein so kleinteiliges Gebäudeenergiegesetz entbehrlich. Klimaschutz zielt auf den Erhalt unserer Lebensgrundlage ab, und deren Schutz ist im Grundgesetz verankert. Es verdeutlicht also den Stellenwert des Gebäudebestandes für die Klimaziele, wenn die Politik dafür ein eigenes Gesetz erlässt. (Pressemitteilung 20/2020)

30.10.2020	Fachliche Stellungnahme des DEN e. V. zu den Richtlinien zum Programm »Bundesförderung für effiziente Gebäude (BEG) «

»Das DEN begrüßt die Absicht die Gebäudeförderung zu harmonisieren und steht dem grundsätzlichen Ziel dabei auch ambitionierte technische Standards zu formulieren, die deutlich über die ordnungsrechtlichen Anforderungen aus dem GEG hinausgehen positiv gegenüber. Zu den Technischen Mindestanforderungen […] nimmt das DEN […] [gesondert] Stellung.«

10.11.2020	DEN-Mitglied Siegfried Mayr unterbreitet eine Petition an den Deutschen Bundestag, Ziel ist die Förderung regenerativen Stroms.

Die EEG-Umlage auf regenerativ erzeugten Strom sollte abgeschafft werden. […] »Das bedeutet, dass die EEG-Umlage nur noch auf fossil erzeugten Strom erhoben werden sollte. Somit würde umweltfreundlicher Strom im Vergleich zu fossilem Strom günstiger und die umweltschädliche Art der Stromerzeugung würde aus dem Markt gedrängt«, schlägt Mayr in seiner Petition vor. (Pressemitteilung 21/2020)

13.11.2020	**Deutschland soll bei EU-Renovierungswelle vorangehen** DEN unterstützt Appell von 48 Verbänden an Bundesregierung

Deutschland soll bei der EU-Renovierungswelle vorangehen und sich im Rahmen seiner EU-Ratspräsidentschaft für die Umsetzung der »Renovation Wave«-Strategie der EU-Kommission einsetzen. Dabei sollte die Bundesrepublik von europäischen Investitionshilfen für energetische Gebäudemodernisierung Gebrauch machen. Das fordern in einem offenen Brief an die Bundesregierung 48 Verbände. Unterzeichnet hat den Appell eine breite Koalition aus Immobilienverwaltern, Baugewerbe, Handwerk und Industrie, ebenso Verbraucherschützer und Umweltverbände. Zu ihnen gehört auch das Deutsche Energieberater-Netzwerk DEN e. V.

[…] Bis Ende 2020 koordiniert Deutschland die Verhandlungen um den künftigen EU-Haushalt, das 750 Milliarden Euro schwere EU-Investitionspaket zur Konjunkturbelebung und die Verhandlungen zu einer möglichen Anhebung des CO_2-Ziels im Rahmen eines EU-Klimaschutzgesetzes.

Auch habe Deutschland noch keine Ideen vorgelegt, welche zusätzlichen grünen Investitionsprogramme sich für eine Ko-Finanzierung aus den dafür vorgesehenen EU-Konjunkturtöpfen eignen würden, heißt es weiter. [...]

»Wir dürfen im Rahmen der deutschen EU-Präsidentschaft nicht die Chance verpassen, die Weichen zu stellen in Richtung einer verstärkten und nachhaltigen Gebäudesanierung«, sagt die DEN-Vorsitzende Dipl.-Ing. Marita Klempnow. »Sowohl mit Blick auf besseren und langfristigen Klimaschutz als auch auf eine insbesondere vor dem Hintergrund der Corona-Pandemie nötige Wirtschaftsförderung sind verstärkte Investitionen in diesem Bereich sinnvoll und nötig. Deutschland sollte schnellstens ein entsprechendes Konzept entwickeln und die finanziellen Möglichkeiten der Europäischen Union nutzen. Dies wäre auch ein gutes Beispiel für andere Mitgliedsländer der EU.«, (Pressemitteilung 22/2020)

04.12.2020	DEN-Mitglied Robert Staiger veröffentlicht eine Untersuchung über »Geschäftsmodellkonzepte mit grünem Wasserstoff: Wirtschaftliche und ökologische Auswirkungen für H_2 als nachhaltiger Energieträger«.
20.01.2021	Die DEN-Akademie weitet Seminarprogramm deutlich aus.
26.04.2021	**Stellungnahme des DEN e. V. zu den technischen Korrekturen zur Richtlinie für die Bundesförderung für effiziente Gebäude (EM, WG und NWG)** Das DEN begrüßt [...] das Ziel, die Förderung investiver Maßnahmen als Anreiz zur CO_2-Reduzierung im Gebäudebereich einfacher und effizienter zu gestalten. Wir haben bereits in der Vergangenheit betont, dass wir die grundsätzliche Ausrichtung und Zielstellung der BEG für geeignet halten die Herausforderungen bei der Umsetzung eines klimaneutralen Gebäudebestandes anzugehen. Die praktische Umsetzung der Förderrichtlinie, die erst kurz vor dem Start beim BAFA veröffentlicht wurde, ist allerdings alles andere als hilfreich. Auch in den vorliegenden technischen Korrekturen vom 16.04.2021 sehen wir die besonders gravierenden und praxisrelevanten Fragen und die seit Januar 2021 bestehenden Unzulänglichkeiten und bürokratischen Hemmnisse, die uns in unserer Arbeit behindern und den Aufwand und die Kosten deutlich erhöhen, nicht gelöst. Wir werden deshalb nicht die einzelnen Änderungen zur Richtlinie kommentieren. Allein die Widersprüchlichkeit der Definition zu Wochenend- und Ferienhäusern, als wahlweise NWG oder WG ist beispielgebend.

Folgende Punkte sehen wir als besonders kritisch und nach wie vor nicht praxisgerecht umgesetzt:
1. **Definition des Vorhabensbeginns**
2. Die **Regelungen zum individuellen Sanierungsfahrplan (iSFP)**
3. Die **Anwendung und Rechtsverbindlichkeit FAQ**
4. In der Richtlinie sind keinerlei Regelungen zu einem transparenten Monitoring des Förderprogrammes enthalten.

Wir sind ernsthaft besorgt bezüglich des Erreichens der Klimaschutzziele im Gebäudesektor. Es ist für uns nicht nachvollziehbar, warum bestehende und praxisbewerte Randbedingungen der Förderung von der KfW nicht beim BAFA übernommen und weiterentwickelt werden, sondern ein völlig neues Parallelverfahren entwickelt wird.

Wir halten den gegenwärtigen Zustand für nicht tragbar und fordern deshalb umgehend eine Verbesserung der Umsetzung und insbesondere auch eine Unterstützung der mit der Umsetzung beauftragten Institutionen hinsichtlich Qualifikation und technischer Ausstattung.

17.05.2021	Offener Brief an die fachlich beteiligten Ministerien des Bundeskabinetts zu den gravierenden fachlichen Mängeln des geplanten Gebäudeeffizienzerlasses gemeinsam mit NABU, Natureplus, DUH, DGNB, BDA und Architects For Future.
25.10.2021	**DEN-Energieberater unterstützen Sanierungen an der Ahr** Elf Büros garantieren Qualität bei Sanierungsfahrplänen für Wohngebäude [...] Elf dem Netzwerk angeschlossene Büros stehen ab sofort zur Verfügung, um beim Wiederaufbau und insbesondere bei der fachgerechten Sanierung der betroffenen Gebäude zu helfen. »Diese Initiative ist ausgesprochen wichtig, weil sie die Hausbesitzer einerseits über die umfangreichen Fördermöglichkeiten informiert, dann aber auch den richtigen Weg markieren hilft, seine Immobilie fachgerecht wieder instand zu setzen und für die Zukunft klimatechnisch fit zu machen«, kommentiert Dipl.-Ing. Dietmar Rieth, DEN-Landessprecher Rheinland-Pfalz, die Aktion der Energieagentur des Landes. »Es ist ausgesprochen wichtig, kompetente und wirtschaftlich unabhängige Energieberater frühzeitig hinzuzuziehen. Sowohl, um die zahlreichen angebotenen Förderungen zu nutzen, als auch um sicherzustellen, dass diese nicht bei fehlerhafter Bauausführung später möglicherweise zurückgezahlt werden müssen.« [...]

Der Ingenieur weist auf die Möglichkeit hin, Nachwuchskräfte von den Universitäten und Fachhochschulen des Landes durch diese umfangreichen Aktionen an die Energieberatung und die Gebäudesanierung heranzuführen: »Für die beteiligten Büros ist die Sanierung so vieler Gebäude eine enorme Herausforderung. Es bieten sich hier ausgesprochen attraktive Möglichkeiten für Studierende, junge Bauingenieurinnen und -ingenieure oder Architektinnen, in ein hochinteressantes Berufsfeld einzusteigen. Gebäudesanierung wird mit Blick auf künftige Klimaschutzmaßnahmen eines der zentralen Themen sein«, sagt Rieth.

Rieth lobt das Engagement der Energieagentur Rheinland-Pfalz, welche koordinierend hilft, die konkreten Maßnahmen vor Ort in Angriff zu nehmen. Gleichzeitig bedauert er, dass das Land keine Unterstützung in Aussicht stellt, wenn wegen nicht vorhandener Pläne Gebäude digital aufgemessen werden müssen. Rieth: »Auch Baupläne sind oftmals den Fluten zum Opfer gefallen. Dann muss ein Gebäude digital neu vermessen werden. Die topmodernen Instrumente dafür sind bei den Softwareherstellern der Energieberater vorhanden, kosten aber als Erstausstattung (Hardware, Software, Lizenzen) für einen Arbeitsplatz etwa 20.000 Euro: Geld, das in den knapp bemessenen Beratungsbudgets nicht vorgesehen ist. Hier sollte man flexibel nachbessern und im Interesse der Hausbesitzer den Energieberatern behilflich sein, wenn man es wirklich ernst meint mit der Digitalisierung und der schnellen Hilfe für die Betroffenen.«

Für den DEN-Landessprecher ist neben der raschen Hilfe für die betroffenen Hausbesitzer die Qualitätskontrolle und Qualitätssicherung der Sanierungsmaßnahmen von entscheidender Bedeutung: »Wir müssen diese Projekte vom Ende her denken«, sagt er. »Es stehen derzeit hohe Geldbeträge bereit, die auch rasch zugeteilt und mobilisiert werden. Sollten die Sanierungsmaßnahmen aber nicht den zugrunde liegenden Richtlinien entsprechen, könnte es durchaus sein, dass Hausbesitzer Fördermittel zurückzahlen müssen. Dann wäre nicht nur Ärger vorprogrammiert, sondern so manche Existenz eventuell noch einmal gefährdet. Das sollte unbedingt vermieden werden«

Durch den Einsatz kompetenter Energieberater/innen, wie sie etwa im Deutschen Energieberater-Netzwerk DEN organisiert sind, könne man solch böse Überraschungen vermeiden. Rieth: »Die Menschen sollen ihre Fördermittel behalten können, zu 100 % wie beantragt auch nach Jahren!«, (Pressemitteilung 15/2021)

09.11.2021	**Neue Energiesparmodelle statt neuer Vorschriften!** DEN: »Novelle der Heizkostenverordnung lindert den Sanierungsrückstand nicht«

	»Die Novelle sieht im Wesentlichen die Fernablesbarkeit von Messgeräten vor, welche den Wärmeverbrauch erfassen. Gleichzeitig verpflichtet sie Gebäude-Eigentümer und Vermieter, während der Heizperiode in regelmäßigen Abständen Mieter umfangreich über deren Verbrauch zu informieren. […] [Dipl.-Ing. Hermann] Dannecker [Vorstand des DEN] begrüßt zwar das die Novelle der Heizkostenverordnung, die auf allen Seiten zu größerer Transparenz bei den Verbräuchen führen könnte. Er fürchtet allerdings, dass entstehende Mehrkosten letztlich auf die Mieter abgewälzt werden. […] Schimmelbildung und Feuchteschäden können bei ungenügendem Heizen die Folgen sein.[…] Der Schlüssel nach wie vor in der energetischen Sanierung von Bestandsgebäuden.«, (Pressemitteilung 16/2021)
26.11.2021	»Effizienz der Gebäudehülle ist von zentraler Bedeutung!« In einer gemeinsamen Presseerklärung haben mehrere Verbände aus den Bereichen der Gebäudesanierung und Energieberatung die jüngsten Beschlüsse der Bauministerkonferenz [zur Abkehr von der Gebäudeeffizienz] kritisiert. »Die Effizienz der Gebäudehülle ist ein wesentlicher Faktor für dauerhaft niedrige Betriebs- und Energiekosten. Es reicht nicht aus, die benötigte Energie nur «sauber» zu machen, den Verbrauch aber nicht zu senken.«, [so der Vorstand des DEN], (Pressemitteilung 17/2021)
16.12.2021	Förderungen und iSFP-Regelungen dringend nachsteuern! DEN: »Neue Bundesregierung muss Missbrauch bei Zuschussförderung stoppen« »Dringenden Korrekturbedarf sieht das Deutsche Energieberater Netzwerk DEN e. V. an den individuellen Sanierungsfahrplänen (iSFP) im Gebäudebereich und der damit verknüpften Förderungsmechanik. Hier bestehe ein Missverhältnis zwischen fachlich seriösen Zielen der Energieeffizienz bei Gebäudesanierungen und den Möglichkeiten, hohe Fördersummen zu beziehen, selbst wenn die letztlich umgesetzten Sanierungsziele diese gar nicht rechtfertigten. So würden die geltenden Vorschriften [5 Prozent Bonus] zu Mitnahmeeffekten führen. […] Dies binde unnötig Beratungskapazitäten.«. (Pressemitteilung 20/2021)
04.01.2022	Atom- und Gaskraftwerke stoppen den Klimawandel nicht! DEN: »EU setzt in der Taxonomie-Debatte falsche klimapolitische Zukunftssignale«

Mit Bestürzung nimmt das Deutsche Energieberater-Netzwerk DEN e. V. die Pläne der EU-Kommission zur Kenntnis, moderne Atom- und Gaskraftwerke im Rahmen der sogenannten Taxonomie als grüne Energiequellen einzustufen. »Wir erleben gerade, wie die EU auf einen energie- und klimapolitischen Sündenfall zusteuert«, sagt der DEN-Vorsitzende Dipl.-Ing. Hermann Dannecker. »Mit einer durch europäische Fördergelder unterstützten Renaissance der Kernkraft mögen wir zwar rechnerisch unsere CO_2-Bilanzen schönen können, verschaffen uns aber dabei einen hochgefährlichen Schrotthaufen an strahlendem Müll aus Brennstoff- und Anlagenresten.« Damit könne von Nachhaltigkeit und Verantwortung für zukünftige Generationen keine Rede sein. Dannecker: »Dies ist ein Rückschritt um über 40 Jahre in der Atomdiskussion!«

Dannecker und seine Kolleginnen und Kollegen beobachten schon seit längerem die Diskussion um eine wieder zunehmende Akzeptanz von Kernkraft als vermeintlich CO_2-neutraler Energiequelle: »Diese Debatte ist das Ergebnis von äußerst geschicktem Lobbying der Atomindustrie auf nationaler und internationaler Ebene angesichts von Akzeptanzproblemen und zunehmenden Konflikten, wenn es um die Errichtung von Wind- oder Solarparks geht. Auch vor dem Hintergrund eines ungenügenden Ausbaus von Stromtrassen in Deutschland präsentiert sich die Nuklearbranche als Heilsbringerin. Dabei tut man so, als gehe es nur um den Ausstoß von Treibhausgasen bei der Energieproduktion. Betrachtet man die Errichtung der Kraftwerke sowie die Gewinnung von spaltbarem Material aber insgesamt, so ergibt sich ein erheblicher CO_2-Fußabdruck. Er ist nur nicht so offensichtlich wie etwa bei Kohlekraftwerken. Es handelt sich hier also um geschickte Täuschungsmanöver und Taschenspielertricks«, meint der DEN-Vorsitzende.

Dannecker hält den Zeitpunkt der anstehenden Entscheidung über grüne Energiequellen aus Sicht der Atomlobby für ausgesprochen geschickt gewählt: »Frankreich hat zum Jahresbeginn 2022 den Vorsitz im EU-Ministerrat übernommen. Die Grande Nation als Atomstaat und Betreiberin viele Dutzend Kernkraftwerke hat bei dieser Entscheidung ein bedeutendes Wort mitzureden. Hier wird ein grundsätzlicher Konflikt zwischen kernkraftfreundlichen Staaten und kernkraftkritischen wie Deutschland, Österreich, Dänemark und Portugal. unübersehbar deutlich. Ob und wie es hier eine gemeinsame Linie geben soll, steht in den Sternen.«

Der Ingenieur hält insbesondere die als neue Technologien angedienten Pläne für kleinere Nuklearanlagen für bedenklich: »Hier wird der Anschein erweckt, als wären kleinere Anlagen harmlos und weniger gefährlich als die großen Zentralen. Das ist mitnichten der Fall. Die Frage nach der Entsorgung des anfallenden Atommülls ist weiterhin ungeklärt. Die Gefährdung der Bevölkerung durch eine Vielzahl kleinerer Anlagen würde deutlich erhöht. Schutz vor kriminellen und terroristischen Angriffen wäre deutlich aufwendiger zu gewährleisten. Kernkraftwerke – egal welcher Größe – führen allein aus diesen Gründen schon in Sackgassen.«

1 Historie des DEN

> In den Augen des DEN-Vorsitzenden machen die EU-Pläne deutlich, wie zerrissen die Europäische Union atom- und klimapolitisch ist: »Langsam dürfte klar werden, dass die Debatte über die Zukunft der Atomkraft weder in Europa noch weltweit vorbei ist – im Gegenteil. In Frankreich entsteht derzeit unter Beteiligung der EU und einiger finanzstarker Staaten der Fusionsreaktor ITER. Solche Technologien werden nicht ohne öffentliche Subventionen und nur mit erheblichen Geldmitteln verwirklicht werden können. Deshalb freuen sich insbesondere Großinvestoren, wenn Staaten – aus welchen Gründen auch immer – auf Nukleartechnologien setzen.«
>
> Für Dannecker markiert die anstehende Entscheidung auch eine erste große Belastungsprobe für die neue Berliner Koalition: »Gaskraftwerke übergangsweise als grüne Technologie einzustufen, wie es die neue Koalition tut, ist schon schlimm genug«, sagt der Ingenieur. »Aber beim Thema Atomkraft sollte die deutsche Regierung deutlich zusammenstehen und ein klares Nein formulieren.«
>
> Aufgabe sei es jetzt, umso schneller und intensiver wirklich grüne Energiequellen zu erschließen und Forschungsinvestitionen in diesem Bereich zu erhöhen, meint Dannecker: »Es darf nicht sein, dass eine kernkraftfreundliche Entscheidung der EU-Kommission die Entwicklung wirklich grüner und ›harmloser‹ Techniken zeitlich zurückwirft. Atom- und Gaskraftwerke stoppen den Klimawandel nicht!«, (Pressemitteilung 1/2022)

01.02.2022	Das DEN feiert sein 20-jähriges Bestehen.

Abbildung 12: Grafik: DEN [Agentur: Pixabay, Bildnummer: 4788603]

09.03.2022	Appell des DEN: Solidarität mit der Ukraine – Raus aus unserer Komfortzone: Einfache Sparmaßnahmen könnten Energieverbrauch schnell senken.
30.05.2022	Mit wenig Aufwand viel Energie sparen: DEN veröffentlicht Liste mit zahlreichen und einfachen Einsparmöglichkeiten (Siehe Anlage am Ende dieser Historie.)

21.-22.06.2022 **Delegationsreise nach Brüssel: Das DEN auf dem langen Weg nach Europa**
Gespräche mit Parlamentariern der Grünen und Vertretern internationaler Verbände

Delegationsreise nach Brüssel: Das DEN auf dem langen Weg nach Europa: Gespräche mit Parlamentariern der Grünen und Vertretern internationaler Verbände

Das Deutsche Energieberater-Netzwerk DEN e. V. setzt seine Bemühungen fort, zusammen mit Kolleginnen und Kollegen aus weiteren Ländern der Europäischen Union ein gemeinsames Verständnis und eine grenzüberschreitende Plattform für Energieberatungen zu entwickeln. Dazu trafen sich unter der Leitung des DEN-Vorsitzenden Dipl.-Ing. Hermann Dannecker zwölf Energieberaterinnen und Energieberater des DEN mit den grünen Europaabgeordneten Jutta Paulus und Malte Gallée in Brüssel. [...] Die Abgeordnete, die im Umweltausschuss und im Ausschuss für Industrie, Forschung und Energie mitarbeitet, sieht großen Bedarf und enorme Chancen in einem internationalen Austausch zwischen Energieberatungsspezialisten. Dieser sei bestimmt im Sinne der europäischen Effizienz- und Klimaziele, betonte sie. Ein solcher Dialog würde Energieberatung an sich aufwerten und die Qualität dieser Dienstleistungen über Grenzen hinweg sicherstellen. Er sei auch hilfreich, wenn es darum gehe, EU-Vorgaben in den einzelnen Ländern in praktische Regelungen umzusetzen. Ihr grüner Abgeordneten-Kollege Malte Gallée stimmte ihr zu: Er will die DEN-Anregungen mit Blick auf eine größere Konferenz in politische Kanäle einfüttern.

Der DEN-Vorsitzende Dannecker unterstrich, dass es angesichts der sehr heterogenen Aus- und Vorbildung bei Energieberaterinnen und Energieberatern vor allem gelte, ein einheitliches Berufsbild nicht aus den Augen zu verlieren. »Allein in Deutschland gibt es in der Energieberatung höchst unterschiedliche berufliche Lebensläufe« erläuterte er. »Da sind einmal die akademisch ausgebildeten Architekten, Bauingenieure oder Techniker, wie man sie mehrheitlich im DEN findet. Viele Energieberaterinnen und Energieberater besitzen jedoch einen anderen, handwerklichen Hintergrund, manche auch eigene Betriebe. Ein einheitliches Berufsbild würde allen helfen, wenn es um hochwertige und unabhängige Beratung geht. Insbesondere die Kunden – also Bauherren und Sanierer – könnten dann sicher sein, dass sie Qualität bekommen, und dies nicht nur in Deutschland.« [...], (Pressemitteilung 11/2022)

Der DEN-Vorsitzende Herman Dannecker zieht ein ausgesprochen positives Resümee der Brüssel-Reise: »Das DEN hat in der Hauptstadt der EU deutlich gemacht, dass wir durch eine grenzüberschreitende Vernetzung von Expertinnen und Experten der Energieberatung und gemeinsame Standards erhebliche Potenziale für mehr Energieeffizienz und besseren Klimaschutz erzielen könnten.

Dabei kommt es immer darauf an, eine hohe Beratungsqualität produktunabhängig und neutral zu gewährleisten. Jetzt hoffen wir, dass von Seiten unserer Gesprächspartner unsere Signale nicht nur verstanden wurden, sondern auch zu gemeinsamen Anstrengungen führen. Die im DEN organisierten Energieberaterinnen und Energieberater jedenfalls machen sich gerne auf den Weg nach Europa, egal wie lang und mühsam er sein wird.«

Abbildung 13: Fotograf Mahrholdt, Foto: DEN.

07.07.2022	Die DEN-Akademie verzeichnet Teilnahmerekord. Die Aus- und Weiterbildung zur Energieberater:in traf 2021 auf großes Interesse.
13.07.2022	Stefanie Koepsell wird auf der Mitgliederversammlung zur neuen Vorstandssprecherin des DEN gewählt.
26.07.2022	DEN und Sto arbeiten zusammen: Im Rahmen einer Fassadensanierung bekommt der/die Verbraucher:in eine kostenlose Erstberatung.
27.07.2022	**Neue BEG Regelungen senden falsches Signal** DEN: »Frist zur Bestätigung von KfW-Förderanträgen bis 14.08.2022 verlängern« Mit scharfer Kritik begleitet das Deutsche Energieberater-Netzwerk Neuregelungen im Rahmen der Bundesförderung für effiziente Gebäude (BEG). »Die Absenkung der Zuschüsse für Sanierungsmaßnahmen sendet das falsche Signal an Bauherren«, stellt die DEN-Vorständin Dipl.-Ing. Marita Klempnow fest. »Außerdem ist es kontraproduktiv, die Regelungen schon zum 28.07.2022 in Kraft treten zu lassen. Damit werden bereits begonnene Projekte abrupt gestoppt und das Vertrauen und die Wertschätzung in die Arbeit der Energieberater:innen wird nachhaltig beschädigt. Wir fordern deshalb, Übergangsregelungen für Bestätigungen von KfW-Förderanträgen bis zum 14.8.2022 zu verlängern.«

»Als Energieberater sehen wir eine immer größere Lücke klaffen zwischen den Anforderungen des Ordnungsrechts und den Förderungen«, sagt Marita Klempnow. »Die aktuelle Absenkung von Förderungen bei gleichzeitiger Verschärfung der Mindestanforderungen an zu sanierende Gebäude laufen den ausgerufenen Klimaschutzzielen zuwider. Viele Bauherren werden jetzt nur das unbedingt Notwendige zu tun, weil sie nicht mehr auf staatliche Unterstützung vertrauen können. Förderung ist oftmals unsere einzige Möglichkeit, ambitionierte energetische Sanierungen qualitätsgesichert umzusetzen. Ohne verbindliche Vollzugsregelungen bleibt das Ordnungsrecht nur eine Verbesserung auf dem Papier. «

Insbesondere kritisiert die Ingenieurin, dass in den neuen Regelungen die Kreditvariante für Einzelmaßnahmen gestrichen wurde. Für viele Hauseigentümer sei der mit erheblichen Investitionen verbundene Einbau einer Heizung auf Basis erneuerbarer Energien so nicht mehr zu leisten: »Verringerte Zuschüsse vor dem Hintergrund steigender Zinsen verschlimmern dies alles. Sie mögen vielleicht gerade ausreichen, um die Mehrkosten für einen Bankkredit zu finanzieren. Zwar amortisieren sich solche Anlagen und Investitionen heutzutage schneller durch die gestiegenen Energiepreise, aber dies ist für die Banken bei der Hypotheken-Vergabe wohl kein Argument«, so Marita Klempnow.

Die DEN-Vorständin fürchtet, dass mit den angekündigten Förderboni beim Gasheizungstausch der Einbau von Wärmepumpen in schlecht gedämmten Gebäuden befördert werde: »Dies ist widersinnig, denn die Anlagen haben einen hohen Strombedarf, belasten die vorhandenen Netze zum schlechtmöglichsten Zeitpunkt im kalten Winter und verursachen erhebliche Kosten. Die energetische Sanierung muss gesamtheitlich und individuell für die Gebäude betrachtet werden und auch die Gebäudehülle einbeziehen, um die bestmögliche Lösung in Bezug auf CO_2-Einsparung und Kosten zu erreichen. Nur die Solaranlage auf dem Dach und die Heizung runter drehen reicht im Gebäudebestand nicht aus.«, (Pressemitteilung 15/2022)

1 Historie des DEN

Anlage: Sammlung geringinvestiver Maßnahmen zur Energieeinsparung im Alltag

Energiesparen

Heizenergie

- ☐ Heizkurve einstellen (Problematik der Übergangszeit)
- ☐ Hydraulischen Abgleich vornehmen
- ☐ Zeitprogramm integrieren: Nachtabsenkung individuell, rechtzeitig aufheizen, früh Absenken, Abwesenheit wichtig
- ☐ Austausch der bestehenden Heizungsumwälzpumpe gegen hocheffiziente, selbstregelnde Pumpe
- ☐ Verbrauch reduzieren durch effiziente Anlagentechnik
- ☐ Ggf. Heizlast neu berechnen
- ☐ Programmierbare Thermostatventile (Räume mit abweichender Nutzung, z. B. Bad)
- ☐ Absenkung der Vorlauftemperatur (Prüfung)

Nutzverhalten zur Reduzierung des Heizwärmebedarfs

- ☐ Raumtemperaturen abhängig von der Nutzung einstellen (bei Abwesenheit 18–18,5 °C)
- ☐ Überheizte Räume ausfindig machen
- ☐ Herabsenkung der Raumtemperatur in den Nachtstunden
- ☐ Herabsenken der Raumtemperaturen auf 19 °C (Wichtig: Dabei das Auskühlen der Wände vermeiden und Mindestwärmeschutz beachten!)
- ☐ Heizkörper nicht durch Vorhänge oder Verkleidungen verdecken oder mit Möbeln zustellen

Warmwasser

- ☐ Beschränkung auf wenige Zapfstellen
- ☐ Leitungen (nachträglich) isolieren
- ☐ Dezentrale Warmwasserbereitung
- ☐ Schüttmengen in der Dusche prüfen; ggf. Duschkopf tauschen
- ☐ Reduzierung der Warmwasser-Temperatur im Speicher
- ☐ Zeitschaltuhren für Warmwasser-Boiler in Nichtwohngebäude
- ☐ 1 x wöchentlich Legionellen-Programm laufen lassen
- ☐ Bedarfsgesteuerte Warmwasserzirkulation
- ☐ Anschlüsse von Wasch- und Spülmaschine direkt an das Warmwassernetz (bei Einsatz von erneuerbaren Energien)

Nutzverhalten zur Reduzierung des Warmwasserbedarfs

- ☐ Nutzen von Kaltwasser für kurze Vorgänge (z. B. Hände waschen)
- ☐ Beim Wäschewaschen auf die vollständige Beladung der Trommel achten
- ☐ Duschvorgang verkürzen
- ☐ Hand-Geschirrspülverhalten überprüfen (ggf. Warmwasserbedarf senken)

Strom und Beleuchtung

- ☐ Abschaltbare Steckdosen nutzen um Stand-by-Verluste zu reduzieren
- ☐ Balkon-Solaranlage installieren (wenn keine größere möglich ist)
- ☐ Verzicht auf Wäschetrockner (Lufttrocknung)
- ☐ LED Beleuchtung einsetzen

Haushaltsgeräte

- ☐ »Stromfresser« gegen stromsparende Geräte nach der Eco Design Richtlinie austauschen
- ☐ Anpassen Kühlschranktemperatur für Gemüse + Getränkekühlschrank (falls vorh.)
- ☐ Eco-Programme nutzen (Geschirrspüler, Waschmaschine)
- ☐ Beim Kochen auf sinnvollen Energieeinsatz achten, z. B. Herdkochplattengröße der Kochtopfgröße anpassen (kleiner Topf = kleine Platte) und ggf. große Wassermengen mit dem Wasserkocher vorkochen

Lüftungsverluste vermeiden

Lüftungsverhalten

- ☐ Küche, Bad, Schlafzimmer direkt bei Feuchteanfall lüften (z. B. nach dem Duschen)
- ☐ Luftfeuchtigkeitsmesser empfehlen (schafft Bewusstsein für Raumluft, Raumtemperatur)
- ☐ Stoßlüftung statt Kipplüftung
- ☐ Auf gekippte Fenster verzichten (außer im Sommer)

Maßnahmen an Fenstern und Türen

- ☐ Fenster abdichten (handelsübliche Dichtung kann genügen)
- ☐ Türdichtungen erneuern
- ☐ Luftzugstopper an Türen anbringen

Mittelinvestive Maßnahmen

- ☐ Dämmung unterseitig von Treppenläufen und an Seitenwänden von Kellerabgängen
- ☐ Dämmung der Kellerdecke in Eigenleistung
- ☐ Dämmung Geschossdecke zum unbeheizten Dach in Eigenleistung
- ☐ Dämmung der Rollladenkästen

Energieverbrauch im Alltag reduzieren

Mobilität

- ☐ Mehr Radfahren in den Alltag integrieren
- ☐ Lastfahrräder für den Einkauf nutzen
- ☐ Bildung von Fahrgemeinschaften
- ☐ Carsharing Angebote nutzen
- ☐ Pendeln mit der Bahn (auch zur Entlastung der Innenstädte)
- ☐ Bahnfahren statt fliegen
- ☐ Tempolimit auf Autobahnen einführen

Konsum

- ☐ Produkte aus der Region beziehen
- ☐ Einschränkung oder Verzicht des Fleischkonsums
- ☐ Bewusstsein im Einkauf schärfen
- ☐ Vermehrt Leitungswasser zur täglichen Trinkwasserversorgung nutzen
- ☐ Auch mal Urlaub »Zuhause« (im Heimatland) machen
- ☐ Online-Meetings den Vor-Ort-Meetings vorziehen
- ☐ Mülltrennung beachten
- ☐ Biomüll benutzen (ggf. einführen, falls nicht vorhanden)
- ☐ Bewusster Umgang mit der Ressource Wasser
- ☐ Einführung von höherem Pfand bei Glasflaschen
- ☐ Langlebigkeit beim Kauf von Konsumgütern fokussieren
- ☐ Prinzip »Qualität statt Quantität«. Lieber einmal statt mehrmals kaufen
- ☐ Sogenannte »Fast-Fashion« vermeiden
- ☐ Regenwassernutzung zur Bewässerung von Pflanzen im Garten

Bildquellen

Warmwasser	https://www.freepik.com/
Strom & Beleuchtung	https://www.flaticon.com/authors/good-ware
Haushaltsgeräte	https://www.freepik.com/
Lüftungsverhalten	https://www.flaticon.com/authors/design-circle
Maßnahmen an Fenstern	https://www.freepik.com/
Mittelinvestive Maßnahmen	https://www.flaticon.com/authors/uniconlabs
Mobilität	https://www.freepik.com/
Konsum	https://www.flaticon.com/authors/good-ware

Historie

1.6 Leidenschaftliche Pioniere der Energieberatung

Erinnerungen, Hintergründe und Anekdoten aus zwei Jahrzehnten DEN

Interview mit Gründer:innen und Wegbegleiter:innen des DEN

Die Fragen stellte Joachim Mahrholdt

Hermann Dannecker, Martin Kutschka, Marita Klempnow, Sandra Limke, Hinderk Hillebrands und Pamela Faber erinnern sich an die Anfänge des Netzwerks. Nicht alle von ihnen waren von Anfang an dabei. Aber alle haben sie entscheidend dazu beigetragen, dass das Deutsche Energieberater-Netzwerk im Laufe der Jahre zu dieser anerkannten und geschätzten Fachvereinigung werden konnte, die es heute ist. In ihr haben sich inzwischen 800 leidenschaftliche Pionier:innen der Energieberatung zusammengeschlossen.

Marita Klempnow    Hermann Dannecker    Sandra Limke    Pamela Faber

Martin Kutschka    Hinderk Hillebrands

Interview mit Gründer:innen und Wegbegleiter:innen des DEN | 1.6

Wie kam es eigentlich zur Gründung des DEN?

Martin Kutschka: *Ich hatte Ende der 90er Jahre mit meinem Ingenieurbüro in Frankfurt einen Auftrag der Bausparkasse Schwäbisch-Hall: Vermittelt Vor-Ort-Energieberatungen und baut dazu ein abwickelndes Dienstleisternetzwerk auf – bundesweit. Nicht einfach. Ich habe also die BAFA-Liste genommen, mich ans Telefon gehängt und nach und nach 70 Büros persönlich angerufen. Die waren erstaunt über das Angebot, provisionsfrei Aufträge zu bekommen. Andere haben sich bei mir gemeldet. So hat sich die erste Schar zusammengefunden. Zu ihr gehörte auch Hermann Dannecker.*

Hermann Dannecker: *Stimmt. Ich war auch beim BAFA gelistet als Energieberater, weil ich zuvor einen zweijährigen Kurs bei der Architektenkammer Baden-Württemberg besucht und diese Zusatzausbildung absolviert hatte. Dann hörte ich, dass ein Frankfurter Büro Energieberater:innen bundesweit suche; da habe ich angerufen. Die waren froh, im Südwesten jemanden zu finden. Ich kannte Martin zuvor gar nicht.*

Sandra Limke: *So ähnlich war es auch bei mir mit meinem Büro in Quern, in Sichtweite der dänischen Grenze. Von Frankfurt aus gesehen gab es hier im Norden viele weiße Flecken auf der Karte. Allerdings war ich anfangs schon misstrauisch. Da ruft jemand an, von dem man noch nie gehört hat, und redet etwas von Aufträgen und von einem flächendeckenden Netzwerk an Energieberater:innen, die diese Aufträge abarbeiten sollen. Leute, die etwas wollen, ohne etwas dafür zu fordern, sind immer komisch. Oder besser gesagt selten.*

Was ist aus der Anfangszeit besonders im Gedächtnis geblieben?

Martin Kutschka: *1998/99 habe ich also dieses Netzwerk für die Schwäbisch-Hall zusammengestellt. 2002 hat die Bausparkasse allerdings den Vertrag gekündigt, weil sie sich auf ihr Kerngeschäft konzentrieren wollte und 1.700 Energieberatungen in einem Jahr bei 7 Mio. Kund:innen als homöopathisch eingestuft wurden. Da lag es natürlich nahe, zusammenzubleiben und das Netzwerk zu institutionalisieren. Dann hatten wir eine Gründungsveranstaltung in der Franziusstraße in Frankfurt. Ziel war, einen Verein zu gründen und das Netzwerk zu erhalten.*

Hermann Dannecker: *Ja, alle wollten einen Verein gründen. Wir waren rund 35 Leute. Ich habe aber schnell festgestellt, dass die meisten von Vereinen gar keine Ahnung hatten. Da habe ich gesagt: So geht es nicht. Ich war lange schon Vorstand in verschiedenen Vereinen, da kannte ich mich aus. Ich habe mich also immer wieder eingebracht, und als es um die ersten Wahlen ging, wurde ich neben Martin Kutschka als Vorstand gewählt. Nur – wie sollte ich dieses neue, zusätzliche Ehrenamt bloß meiner Frau erklären? Bis ich mich getraut und es ihr gestanden habe, sind drei schwere Tage vergangen.*

Was sollte denn der spezielle Charakter des DEN sein?

Martin Kutschka: *Das DEN hatte von Anfang an einen großen Vorteil: Seine Mitglieder konnten auf die Fördermitteldatenbank zugreifen. So konnten sie den Kund:innen die* zur Verfügung stehenden Fördermittel bis auf Gemeindeebene genau präsentieren. Das war eine gute Werbung und ein guter Service, den auch die Fördermitglieder des DEN schätzten.

Hermann Dannecker: *Genau das machte das DEN auch schnell für neue Mitglieder attraktiv. Bei der Gründung war klar: Wir setzen auf Qualität und gute Energieberatung. Qualitätssicherung haben wir ganz hoch angesiedelt, deshalb wurde Wert gelegt auf gute Ausbildung. Wir haben uns Samstag für Samstag getroffen und unsere Qualitätsrichtlinien festgelegt, weil es vorher einfach keine gab. Es ging von Anfang an um eine ganzheitliche Betrachtung der Maßnahmen.*

Hinderk Hillebrands: *Das stimmt. Ich bin erst 2004/2005 dem Netzwerk beigetreten. Dieser Zusammenschluss von Ingenieur:innen und Architekt:innen hat mich aber überzeugt. Mir war klar: Wenn wir bei der Energieeffizienz in Gebäuden, in Unternehmen und im Verkehr weiterkommen wollen, müssen wir unsere Interessen bündeln und Strukturen schaffen. Doch für einzelne Energieberater:innen war es damals ein riesiger Kampf: Man musste fast um Aufträge betteln und die Leute überzeugen. Es gab deshalb auch wenige Kolleg:innen, die ausschließlich Energieberatung betrieben haben.*

Wie wurden Energieeffizienz und Energieberatung denn damals wahrgenommen, besonders in der Öffentlichkeit?

Sandra Limke: *Das hing sehr mit der wirtschaftlichen Situation der Menschen zusammen und war regional sehr unterschiedlich. Vor 20 Jahren war Energie noch recht günstig. Im Norden, hier in Schleswig-Holstein, war Energiesparen kein großes Thema. Es gab einige ökologisch Interessierte, die sich mit dem Thema beschäftigt haben, das ja eigentlich schon seit den 70er Jahren bekannt war. Aber die Leute haben es eher zögerlich umgesetzt in unserem ländlich geprägten Gebiet. Das hat sich spürbar geändert ab dem Jahr 2015.*

Martin Kutschka: *Energieberatung war nicht besonders gut nachgefragt. Den Leuten fehlte der Antrieb, konzeptionell an ihre Immobilie ranzugehen mit dem Ziel, ihre Energiekosten um zwei Drittel zu senken. Die Energiepreise waren damals im Vergleich zu heute sehr niedrig. Die Maßnahmen waren deutlich kostengünstiger, aber die Förderung lag ja auch niedriger. Man kann sagen, es war damals wie heute nicht wirtschaftlich, wenn man es rein von den Investitionskosten her und ohne Förderung betrachtet. Wir wurden vor 20 Jahren zwar nicht gerade als Spinner beäugt, aber Energieberater:innen waren für die meisten Menschen eine exotische Spezies.*

Wo lag damals der Schwerpunkt der Beratungen?

Hinderk Hillebrands: *Im Bewusstsein der Menschen hat das Thema »Energie« in den vergangenen Jahrzehnten einen enorm großen Wandel erfahren. Und ebenso viel ist technisch geschehen. Anfang der 90er Jahre gingen die ersten Gas-Brennwert-Anlagen in Betrieb. Das war damals ein Meilenstein im Vergleich zu den Niedertemperaturkesseln oder gar den Hochtemperaturanlagen der 80er Jahre. Die erste Wärmeschutzverord-*

nung kam zwar schon 1977, aber eine Dämmung haben bei Neubauten die Statiker:innen gleich mitgemacht. Es gab für energetische Maßnahmen wenig Akzeptanz bei den klassischen Planer:innen, Architekt:innen und Ingenieur:innen. Die haben sich wenig mit Bauphysik beschäftigt. Befeuert wurde dies erst durch die Einführung der EneV im Jahre 2002 und das CO_2-Gebäudesanierungsprogramm 2006.

Martin Kutschka: *Ein Schwerpunkt der Maßnahmen damals war mit Sicherheit der Einbau von Wärmeschutzverglasung. Dann folgte die Dämmung von Wand, Dach und Keller. Und natürlich eine effiziente Heiztechnik. Da hat sich inzwischen einiges geändert durch die Abkehr von den fossilen Energien hin zu den regenerativen. Damals waren beispielsweise Holzpelletanlagen noch extrem selten und Wärmepumpen hatten gar nicht die technische Chance wie heute. Früher stieg man um von Öl auf Gas, heute von Öl oder Gas auf regenerative Energien. Die Dämmung der Gebäudehülle ist im Prinzip unverändert geblieben, aber in der Heiztechnik hat es einen ganz großen Wandel gegeben.*

Warum hat man die DEN-Akademie ins Leben gerufen?

Hermann Dannecker: *Die DEN-Akademie haben wir 2006 gegründet, um eine qualitativ hochwertige Ausbildung zu Energieberater:innen zu ermöglichen. Wir haben deshalb eigene Ausbildungskurse entwickelt und zertifizieren lassen.*

Pamela Faber: *Als ich 2009 zum DEN stieß, fand ich eine gut funktionierende, kleine Akademie vor. Jochen Fell war damals zuständig. Zu Beginn gab es fast nur Grundausbildungslehrgänge. Nach und nach wurde es aber immer mehr, das Themenangebot breiter. Es ging in Richtung Seminare, Weiter- und Fortbildung. Ich erinnere mich besonders an die Aufbruchstimmung, die in der Franziusstraße herrschte. Wir saßen damals noch in den Büros von Martins Firma febis. Das war eine richtig lockere Atmosphäre, alle Mitarbeiter:innen waren hochmotiviert und haben klaglos Überstunden gemacht.*

Marita Klempnow: *Das kann ich mir gut vorstellen! Ich kam zwar erst 2012 zum DEN, aber ich habe gleich bemerkt: Hier sind die allermeisten mit Leidenschaft und Spaß dabei! Und unsere DEN-Akademie ist heute etwas ganz Besonderes, obwohl es auch andere Bildungseinrichtungen gibt, die Energieberatung lehren.*

Wie steht die DEN-Akademie heute da?

Pamela Faber: *Gut! Während wir in den Anfangsjahren jeweils 15 Kurse anbieten konnten, sind es heute viermal mehr. 2020 hatten wir über 60 Veranstaltungen im Programm, die über 1.100 Teilnehmer:innen besuchten. Unsere Akademie steht nicht nur DEN-Mitglieder offen, sondern allen Interessierten und die Kurse sind sehr gut gebucht. Sie finden nicht nur im Rhein-Main-Gebiet statt, sondern seit Beginn an bundesweit. »Aus der Praxis für die Praxis!« – das ist unsere Devise, und die kommt bestens an. Allerdings haben wir auch die Folgen der Corona-Pandemie zu spüren bekommen. Wir haben seit 2020 systematisch auf Onlinekurse umgestellt, die hervorragend laufen und durch die wir viele neue Mitglieder gewinnen konnten. Doch man muss zugeben: Wenn*

1 Leidenschaftliche Pioniere der Energieberatung

der direkte zwischenmenschliche Austausch nicht möglich ist, fehlt etwas ganz Wichtiges. Er macht das DEN und die DEN-Akademie ganz wesentlich aus.

Hermann Dannecker: *Das kann ich nur bestätigen! Pamela und ihre Kolleg:innen in unserer Geschäftsstelle machen alle ganz hervorragende Jobs. Ohne sie wäre das DEN nicht das, was es ist.*

Marita Klempnow: *Wie wahr! Wir haben eine professionelle Geschäftsstelle in Offenbach, die gerade im letzten Jahr gut gewachsen ist.*

Das DEN versteht sich auch politisch, oder?

Sandra Limke: *Ja unbedingt, unsere energiepolitische Arbeit ist ganz zentral. Sie hat sich im Laufe der Jahre entwickelt. Sowohl auf Landes- als auch auf Bundesebene scheint es den Gesprächspartner:innen in Ministerien oder bei KfW und BAFA wichtig zu sein, zu Praktiker:innen in Kontakt zu treten und ihren Rat zu bekommen.*

Hinderk Hillebrands: *Beim DEN gab es neben den wirtschaftlichen und fachlichen Interessen auch immer politische. Man muss jedoch zugeben, dass nicht alle unsere Bemühungen immer von Erfolg gekrönt waren. Im Gegenteil musste man sich oftmals an Frustrationen gewöhnen, weil trotz persönlicher Bemühungen die Ergebnisse nur minimal waren. Andererseits war die Freude umso größer, wenn gute Ideen aus der Praxis in politische Entscheidungen umgesetzt wurden. Auch so etwas gab und gibt es.*

Marita Klempnow: *In Berlin reden wir seit Jahren mit allen Ministerien: Wirtschaft, Umwelt, Bauen. Daneben pflegen wir auch Kontakte zu Umwelt- oder zu Wirtschaftsverbänden, zu Architektenkammern und zu Verbraucherzentralen, natürlich intensiv zu KfW und BAFA. Wir werden eingeladen von Politiker:innen und von Arbeitskreisen, und wir sind auch Gastgeber. Man denke an unsere beiden Parlamentarischen Abende. Wir beraten alle gerne, wenn sich der Aufwand in gewissen Grenzen hält. Wichtig ist aber gegenseitiges Vertrauen.*

Welches Verhältnis hat das DEN zum Handwerk?

Hermann Dannecker: *In unseren Reihen gibt es auch erfahrene Handwerksmeister:innen. Ohne die Handwerksbetriebe lassen sich die Effizienzmaßnahmen ja gar nicht umsetzen. Entscheidend sind für uns diese Aspekte: Gute Energieberatung geht die Projekte immer ganzheitlich an, und das heißt gewerkeübergreifend. Sie erfolgt ferner unabhängig und technologieoffen. DEN-Mitglieder nutzen ihre Beratung nicht zur Akquise und sie arbeiten provisionsfrei.*

Sandra Limke: *Ich habe viel Achtung vor der handwerklichen Leistung der Kolleg:innen, die es drauf haben – und von denen kenne ich einige. Unter den Handwerker:innen gibt es wirklich gute Energieberater:innen. Ich bin als Ingenieurin sicherlich ein eher typisches DEN-Mitglied, aber ich sehe das Verhältnis zum Handwerk entspannt.*

Marita Klempnow: *Die anfängliche Distanzierung vom Handwerk ist heute nicht mehr so. Aber eines ist nach wie vor wichtig für das DEN: Bei uns ist Energieberatung nicht* nur ein Nebenjob, sondern es ist das Kernthema unserer Arbeit. Wir im DEN wollen junge Leute begeistern und wir wollen Quereinsteiger:innen. Unsere Ausbildung ist zu verschult. Viele junge Leute gehen wieder ins Handwerk, bevor sie studieren. Da sehe ich für eine künftige Energieberatung große Chancen. Duale Ausbildung von der Pike auf ist deshalb wichtig. Perspektiven aus der Praxis sind immer gewinnbringend.

Liegt dem DEN deshalb ein eigenes Berufsbild für Energieberater:innen so am Herzen?

Marita Klempnow: *Unbedingt. Mit einem eigenen Berufsbild könnte man Klarheit und Perspektiven schaffen. Klarheit gegenüber Endkund:innen, Politik und Öffentlichkeit: Energieberater:innen sind heutzutage unverzichtbar und erbringen definierte Leistungen. Perspektiven für junge Menschen: Es lohnt sich, diesen Beruf zu ergreifen! Wir wollen sie begeistern, besonders auch junge Frauen, einen technischen Beruf oder ein Handwerk zu erlernen und dann vielleicht zu studieren.*

Hermann Dannecker: *Ja, ein eigenes Berufsbild ist längst überfällig. Energieberatung ist inzwischen so facettenreich geworden, dass dieser ganze Komplex umrissen gehört. Unsere Kolleg:innen arbeiten ja nicht nur im Gebäudebereich, sondern betreuen ganze Prozessketten in Industrie, Landwirtschaft und Verkehr. Nicht zuletzt vor diesem Hintergrund legen wir auch großen Wert darauf, mit Wissenschaftler:innen zusammenzuarbeiten und gemeinsam Forschungsvorhaben und Strategien zu entwickeln.*

Was bringt Euch persönlich das DEN?

Sandra Limke: *Sehr viel. Im Verein können wir die Dinge basisdemokratisch regeln. Da hat nicht eine einzelne Person das Sagen. Es gibt natürlich eine große Bandbreite an Meinungen. Aber damit kann ich gut leben. Wir profitieren im DEN von unserer Unterschiedlichkeit. Und es gibt eine große Achtung und Wertschätzung der jeweils anderen Position. Das finde ich sehr gut, das bringt uns auch voran. Dieses Netzwerk lebt.*

Marita Klempnow: *Ja, das stimmt. Wir sind 750 Pionier:innen auf unserem Gebiet, die mit Leidenschaft und Spaß dabei sind. Wir lernen voneinander und wollen etwas bewegen. Mir ist dieser fachliche und menschliche Austausch sehr wichtig. Der ist extrem vertrauensbildend. Man kann immer jemanden anrufen, bekommt Hilfe, und dann hat man wieder gute Laune!*

Pamela Faber: *Ich fühle mich sehr wohl beim DEN. Wir haben hier ein kompetentes und motiviertes Team. Und wir arbeiten alle für gute und wichtige Themen: für die Energiewende und für den Klimaschutz.*

Würdet Ihr das DEN heute noch einmal gründen?

Sandra Limke: *Unbedingt! Die Vernetzung untereinander ist mir nach wie vor genau so wichtig wie der Kontakt zur politischen Ebene.*

Martin Kutschka: *Bestimmt. Die politische Arbeit des DEN ist unverzichtbar. Die Entscheidungsträger:innen in den Ministerien sind natürlich in keiner Weise in den Details drin. Da ist es schon wichtig, dass Fachleute des DEN mit am Tisch sitzen und in den wesentlichen Gremien Gehör finden. Wir haben einen guten Ruf als Netzwerk.*

Was sind künftige Aufgaben und Projekte des DEN? Welche Wünsche und Erwartungen richtet Ihr an das Netzwerk?

Hinderk Hillebrands: *Das DEN hat allemal seine Daseinsberechtigung. Ich persönlich würde mir wünschen, dass wir noch mehr miteinander reden und diskutieren. Dazu müssen wir noch mehr Mitglieder motivieren und aktivieren. Nach außen hin sollten wir die Interessen der Energieberater:innen noch klarer und deutlicher vertreten.*

Martin Kutschka: *Die Nachfrage nach Energieberatung und Sanierungsfahrplänen, sowie nach Förderantragstellungen für Einzelmaßnahmen und Effizienzhäuser hat deutlich Fahrt aufgenommen. Die Energieberater:innen haben volle Auftragsbücher und sind zum Teil auf lange Zeit ausgebucht. Sicher eine Folge der extrem gestiegenen Energiepreise und der deutlich höheren Förderung. Um die Klimaschutzziele zu erreichen, benötigen wir deutlich mehr Fachkräfte im Handwerk und in der Energieberatung. Hier setzt die DEN-Akademie an, die den Nachwuchs ausbildet und beim Berufsstart unterstützt.*

Marita Klempnow: *Ich wünsche mir langfristig eine bundesweit einheitliche Organisation der Energieberater:innen. Wir haben uns im DEN inzwischen stark gewandelt in Richtung eines Berufsverbandes. Heute geht es weniger darum, Kolleg:innen Aufträge zu vermitteln, sondern die Grundlagen unserer Arbeit zu sichern. Außerdem könnte ich mir vorstellen, dass wir eine Stiftung gründen, die junge Leute unterstützt. Wir tun schon einiges, um den Nachwuchs zu fördern: etwa eine kostenlose Mitgliedschaft für Studierende oder vergünstigte Kurse. Aber da könnten wir noch mehr tun, auch mit Blick auf die Suche von Nachfolgern in Mitgliedsbüros. Wir haben eine eigene Akademie, warum also nicht auch eine eigene Stiftung?*

Hermann Dannecker: *Das kann ich alles unterschreiben: mehr Jugendförderung, Ausbau unserer wissenschaftlichen Abteilung, Schaffung eines großen einheitlichen Verbandes. Für mich ist es aber ganz zentral, bald ein eigenes Berufsbild für Energieberater:innen zu schaffen. Und dann träume ich davon, dass sich das DEN nach Europa öffnet und mit den Kolleg:innen in unseren Nachbarländern zusammenarbeitet. Erste Kontakte gibt es bereits. Warum sollte es nicht irgendwann ein europäisches Energieberater-Konsortium geben?*

Historie

1.7 Erinnerungen an die Anfänge des DEN e. V.

Dipl.-Ing. Jutta Maria Betz | BK Energieberater GmbH

Alles begann mit einem Anruf von Detlef Broghamer. Er wollte mich als BAFA-gelistete Vor-Ort-Energieberaterin für die Schwäbisch-Hall-Aktion gewinnen. Nach anfänglicher Skepsis (wer da wohl wieder was verkaufen will am Telefon) war ich dabei, Aufträge waren rar und ich – zwar wegen der Kinder nur ¾ im Einsatz – gezwungen, die wenigen Energieberatungsaufträge mit Haustechnikplanungen aufzufüllen.

Jutta Maria Betz
(Quelle: Betz)

Meiner Erinnerung nach gab es in der Zeit der Schwäbisch-Hall-Aktion mehrere Treffen in der Franzius-Straße in Frankfurt bei IREA, der Firma von Martin Kutschka, die in einem düsteren Bürogebäude aus der Schwerindustrie-Zeit ihren Standort hatte. Platz gab es genug in der Kantine und auch Kantinen-Mittagessen. Einmal bin ich sogar mit Baby und Kinderwagen angereist. Es war sehr anregend, dort erstmals gleichgesinnte Energieberater zu treffen. Wir waren eine rare Spezies, unendlich mitteilungsbedürftig und neugierig darauf, wie es andere machen, denn Standards und Normen gab es damals noch nicht sehr viele.

Das Schwäbisch-Hall-Projekt lief nach ein paar Jahren aus. Was blieb, war ein kleines Netzwerk von engagierten Energieberatern. Martin und Detlef mit ihrer IREA, die sie wegen einer Klage von IKEA später in febis umbenennen mussten, ließen nicht locker und luden den illustren Haufen wieder in die Franziusstraße ein, eine feste Struktur musste her, ein Verein. Als Energieberater brauchten wir ein Forum und eine Stimme in der Öffentlichkeit und der Politik.

Wichtig war uns von Anfang an die neutrale und unabhängige Beratung. Sie sollte ein Grundpfeiler unseres Netzwerks sein und auf jeden Fall eine zentrale Stelle der Satzung einnehmen. Mögliche Mitglieder ergaben sich damals aus der BAFA-Listung für das schon sehr lange existierende Förderprogramm Energiesparberatung Vor-Ort (heute: Energieberatung Wohngebäude).

Als Vorstand kam eigentlich nur Martin Kutschka in Frage, der bisher – zusammen mit Detlef – alles eingefädelt und zusammengehalten hatte. Er hat parallel eine Fördermitteldatenbank aufgebaut, den Verein dabei immer wieder ins Gespräch gebracht und um neue Fördermitglieder geworben. Als zweiter Vorstand hat sich ein sehr netter, schwäbisch sprechender Herr gemeldet, der anscheinend wusste, wie »Verein« geht und wild entschlossen war, ihn zum Laufen zu bringen: Hermann Dannecker. Ein kleiner Verwaltungsrat – ich erinnere mich nur an Sandra Limke – hat den Vorstand unterstützt.

Ich persönlich habe mich anfangs um ein Amt gedrückt, der damals zwei, später drei kleinen Kinder wegen. Nur als Kassenprüferin habe ich immer kurz vor den Mitgliederversammlungen noch die Belege durchgeguckt.

Als ehemalige Mehr-Demokratie-in-Bayern-Aktivistin war es mir wichtig, in der Satzung auch eine Möglichkeit zum Mitgliederentscheid zu verankern, als zusätzliche Möglichkeit neben der Beschlussfassung in der Mitgliederversammlung. Mein Vorschlag und die erste in die Satzung aufgenommene Version sah ein sogenanntes Initiativrecht und eine Begehrensstufe vor: *»Jeder kann dem Vorstand schriftliche Vorschläge mit Begründung vorlegen. Übernimmt der Vorstand eine solche Vorlage nicht innerhalb von drei Monaten, können 10 % der ordentlichen Mitglieder erwirken, dass der Vorschlag allen ordentlichen Mitgliedern mit der Bitte um Stimmabgabe schriftlich zur Kenntnis gebracht wird.«*

Geblieben ist in der heutigen Fassung unserer Satzung unter »§ 14 Beschlussfassung im virtuellen Verfahren« nur die Abstimmungsmöglichkeit, aber – ganz unabhängig vom Satzungstext – galt für das Vereinsleben stets und ist wichtiger denn je:

Initiative ist jederzeit willkommen.

Historie

1.8 Warum ich Energieberater geworden bin

Dipl.-Ing. Architekt Peter Uenning | selbstständiger Energieberater

Anlässlich eines Jubiläums sei es gestattet, einen kleinen Blick zurückzuwerfen, zu den Anfängen meines beruflichen Wirkens.

Es war die Zeit der Ölkrise und der autofreien Sonntage (1973), als ich meine Lehrzeit als Bauzeichner beendete. Schon damals war Energieeffizienz ein kontrovers diskutiertes Thema. Ich erinnere mich an eine Unterhaltung mit meinem Chef. Über die Wirtschaftlichkeit von Dämmstoffdicken sinnierend rechnete er mir damals vor, dass eine – wie es ihm damals erschien – »*wahnsinnige Dicke von sechs cm ums ganze Haus rum*« wohl im Jahr ein paar hundert Liter Heizöl à 16 Pfennig einsparen würde. Er war überzeugt, dass sich das »*nicht rechnen*« würde und die Mehrkosten in keinem Verhältnis zu der Einsparleistung stünden. Wir verbauten damals vier cm 0,04 W/m²K. Unter heutigen Bedingungen lässt sich diese Betrachtung natürlich nicht aufrechterhalten. Bevor ich diese kommentiere, möchte ich aber genauer erklären, wie sich das Aufgabenfeld des Energieberaters meiner Erinnerung nach entwickelt hat und warum ich mich dazu entschieden habe, es mit Leben und Expertise zu füllen.

Peter Uenning
(Quelle: Uenning)

Mit Inkrafttreten der ersten Wärmeschutzverordnung 1977 mussten bestimmte Nachweise für den Wärmeschutz erbracht werden. Lange Zeit war es unter Architekt:innen eine Selbstverständlichkeit, dass dieser Aufwand vom Statiker / von der Statikerin als Nebenleistung »mitgemacht« wurde. Man wies den Wärmedurchgang (k-Wert) der Bauteile Dach, Wand, Fenster, Sohle je Quadratmeter aus, verglich sie mit den zulässigen Wärmedurchgangswerten und hatte dann seine Arbeit getan. Auch mit Blick auf die Heizungsanlagenverordnung hielt der/die Architekt:in sich eher zurück. Man berücksichtigte natürlich die Vorgaben zu Zuluft, Lagerstättenbau und Füllleitungen, sah aber doch eher die Heizungsbauer:innen in der Pflicht.

Dann am 2. Februar 2002, zufällig am Gründungstag des Deutschen Energieberater-Netzwerkes e.V.«, wurden beide Verordnungen zusammengelegt: Es entstand die »Energie-Einsparverordnung, kurz EnEV. Wieder wurden die Statiker:innen in altbewährter Manier aufgefordert, den Nachweis diesmal nach EnEV bereitzustellen. Doch sie konterten mit den Worten: »*Es ist mir doch egal, ob da nun ein Ölofen oder eine Gasheizung eingebaut wird oder ob da jemand mit Strom oder Holz heizt.*« Und sie hatten Recht! Das Thema wurde auf die Architekt:innen zurückgeworfen, die schließlich auch für das Gesamtwerk Verantwortung tragen.

Ungefähr zur gleichen Zeit erstarkten die Aktivitäten der schlüsselfertigen Anbieter:innen von Wohnhäusern, die sich mit Holzrahmenbau und ohnehin größeren Dämmstoffdicken am Markt gut behaupten konnten. Architekt:innen, die mit Einfamilienhäuschen und der Erfüllung von Minimalvorgaben ihr Geld verdienten, wurde damit ein Stück weit die »Butter vom Brot« genommen. Diese Entwicklung wurde auch durch steigende Baulandpreise begünstigt. Junge Familien mussten sich schon zum Grunderwerb an Darlehensgeber:innen wenden. Letzteren kamen energiesparende Häuser zum »Festpreis« von einem Komplettanbieter sehr entgegen.

Energiesparendes Bauen wurde ungeachtet dieser Verschiebungen auf dem Immobilienmarkt zunehmend wichtiger. Grund dafür waren nicht zuletzt auch die gesetzlichen Vorgaben, die zunehmend anspruchsvollere Richtwerte festlegten. Um diesen gerecht zu werden und Eigenheimbesitzer:innen sowie die Entwicklung zum Energiesparen zu unterstützen, wurden staatliche Fördertöpfe bereitgestellt. Doch es war gar nicht so leicht, jene abzurufen. Komplizierte Berechnungen und Nachweise mussten erstellt werden. Im Zuge dessen wurde besonders die Frage, wie hier verschiedene Gebäudetypen einheitlich energetisch bewertet werden können, kontrovers diskutiert. Hier sei an Professor Hauser erinnert, der sehr plastisch die »Referenzgebäudemethode« erklären konnte. Auch die Debatte um das Verhältnis von Hüllfläche zu Volumen (A/V) lebte seinerzeit in Fachkreisen auf. Da jenes aber nicht die gewünschte Einheitlichkeit in der Berechnung leisten konnte, einigte man sich auf den zunächst stufenlosen Energieausweis.

Spätestens zu dem Zeitpunkt, als Iterationen in die Berechnung einflossen, kam man bei der Nachweisführung nicht mehr ohne entsprechende Softwarelösungen aus. Damit stellte sich für die Kolleg:innen, die sich mit allerlei Berechnungen abmühen mussten, eine entscheidende Frage: »Make or buy?« Also selber machen oder jemanden suchen, der sich bereit erklärt, jene Berechnungen durchzuführen. Auch ich stand – als inzwischen ausgebildeter Architekt – vor dieser Frage: Begebe ich mich auf den Weg und biete schlüsselfertige Häuser an oder werde ich Energieberater?

Dass ich mich für Letzteres entschieden habe, war für mich die richtige Wahl. Ich habe seitdem zwei Standbeine, denn ich werde von Kolleg:innen, von Statiker:innen, Bauunternehmer:innen und privaten Bau- und Sanierungswilligen angesprochen. Darüber hinaus habe ich kurz vor meiner dreihundertsten geförderten »Vor-Ort-Energieberatung« eine Menge netter Leute kennengelernt und konnte einen tiefen Einblick in die Notwendigkeiten von sanierungsbedürftigen Gebäuden gewinnen. Ich komme heute, 45 Jahre nachdem sechs cm Dämmung »sich nicht rechneten«, in Häuser, die vier cm Dämmstoffdicken aufweisen. Ich sage den Bewohner:innen, dass Sie kein »schlechtes« Haus haben, sondern eines, das unter den damaligen Aspekten zeitgemäß gebaut wurde. Ich habe daraus gelernt, dass wir damals wie heute Entscheidungen fällen müssen, über deren Tragweite wir uns kaum bewusst sind. Vor diesem Hintergrund sehe ich Entscheidungen, die sich schwerpunktmäßig auf Amortisationsprognosen stützen, kritisch.

Zeit zum Reden und Vertrauen ist wichtig. Neben der Nachweisführung zur Erlangung der Fördermittel ist oft das Geld gar nicht das Ausschlaggebende für die Entscheidungen. Die neutrale und unabhängige Beratung sowie die Betrachtung der technischen, wirtschaftlichen und umweltpolitischen Aspekte sichern mir Glaubwürdigkeit auf Seiten aller Beteiligten. Es ist mit »EnEV easy« nicht getan und erst recht nicht, nachdem sie (die EnEV) nun passé ist und uns mit dem GEG, mit Blick auf Lebenszyklusbetrachtungen, ein weiteres Betrachtungsfeld zur Aufgabe gemacht wurde. Das Thema Energie ist ein so weites Feld geworden, dass es eines eigenen Berufsbildes für den Energieberater bedarf.

Energieberatung neu denken

2.1 Energieberatung der Zukunft – wann bewerten wir Gebäude endlich ehrlich?

M.Sc., Dipl. Ing. (FH) Stefanie Koepsell, Dipl. Ing. (FH) Jörg Geißler | IEBW

Beim Fahrradausflug an einem sonnigen Herbsttag im letzten Jahr haben wir zum ersten Mal den 165 Mio. € teuren Neubau der Sächsischen Aufbaubank (SAB) in Leipzig zu Gesicht bekommen, der am 09.09.2021 feierlich eingeweiht wurde. Mit blumigen Worten wurde das »Gebäude der Zukunft« eröffnet und stolz wurde der Säulengarten mit insgesamt 159 Beton-Säulen beschrieben, der auch für die Öffentlichkeit zugänglich ist. Auf der Webseite der SAB findet man in der Pressemappe dieses Neubaus[1] viele Hinweise auf die Nachhaltigkeit des vollverglasten Gebäudes – im Jahr 2016 wurde sogar der DGNB Gold-Standard erreicht – auch wenn eine tatsächliche Zertifizierung nicht durchgeführt wurde.

Bezüglich der Treibhausgasemissionen und des Energiebedarfs ist das Gebäude aus unserer Sicht katastrophal.

Allerdings bewerten wir das nach gegenwärtiger Gesetzgebung überhaupt nicht. Dank des Referenzgebäudeverfahrens vergleichen wir den tatsächlichen umgesetzten vollverglasten Bau mit einem virtuellen Gebäude, welches ebenfalls komplett aus Glas ist. Dass ein anderer Entwurf mit wesentlich geringeren Glasanteilen einen insgesamt viel geringeren Energiebedarf hätte, wird überhaupt nicht betrachtet. Denn selbst bei einer guten Glasfassade mit einem U_{CW}-Wert von beispielsweise 0,8 W/(m²K) sind die energetischen Verluste vier- bist fünffach höher als bei einer Außenwand in einem Standard-Neubau. Dementsprechend hat das Gebäude einen viel höheren Heizenergiebedarf. Natürlich kann man mit den höheren solaren Gewinnen der Verglasung argumentieren, aber spätestens an bewölkten Tagen und an der Nordfassade benö-

---

[1] Sächsische Aufbaubank – SAB: Pressemappe. Der Neubau der Sächsischen Aufbaubank – Förderbank – (SAB) in Leipzig, S. 11 ff. URL: https://www.sab.sachsen.de/dwl/Pressemappe-Neubau-Leipzig.pdf [Zugriff am 18.03.2022]; Sächsische Aufbaubank – SAB: »Zukunft braucht Veränderung« – Eröffnung des Neubaus der Sächsischen Aufbaubank. Pressemitteilung 09. September 2021. URL: https://www.sab.sachsen.de/die-sab/pressemitteilungen/presse-detail_117888.jsp [Zugriff am 18.03.2022]

tigt man doch wieder die komplette Heizung. Und schließlich ist die nachhaltigste Energie die, die ich gar nicht erst brauche ...

Aber in diesem Fall wird die Heizenergie aus Fernwärme bereitgestellt – gemäß Pressemappe besonders nachhaltig und effizient. Leider noch nicht heute. Denn gegenwärtig wird die Leipziger Fernwärme mit fossilen Brennstoffen erzeugt, die Hälfte davon im Kohlekraftwerk in Lippendorf. Trotzdem bewerten wir das gemäß Gebäudeenergiegesetz mit einem Primärenergiefaktor von 0,3 und erreichen fast alle energetischen Niveaus in unseren schön gerechneten Nachweisen. Zukünftig soll die Leipziger Fernwärmeversorgung ohne fossile Brennstoffe auskommen,[2] aber bis das tatsächlich realisiert wird, werden pro kWh etwa 255 g CO_2 emittiert[3]. Damit liegen die Treibhausgasemissionen sogar über den Werten von Erdgas. Diese Fernwärme ist sicherlich bei den vielen Gründerzeitbauten im Stadtgebiet die sinnvollste Wärmelösung, aber warum ein Büroneubau mit Flächenheizung auf einem niedrigen Temperaturniveau nicht mit einer erneuerbaren Energiequelle versorgt wird, erschließt sich dem fachkundigen Beobachter nicht.

Das Leipziger Institut für Meteorologie misst seit 1963 Temperaturdaten an seinem Standort in Leipzig[4]. Wenn man sich die Zeitreihen für die sommerlichen Temperaturen anschaut, bemerkt man, dass die durchschnittliche sommerliche Temperatur von etwa 17,6 °C Anfang der 1960er-Jahre inzwischen auf etwa 20,3 °C angestiegen ist. Aktuell ist es kein Geheimnis mehr, dass die Problematik der sommerlichen Überhitzung insbesondere Großstädte und auch den Rest der Welt betrifft. Daher wird in der DIN 4108-2 ganz klar beschrieben, dass bereits im Entwurf zu berücksichtigen ist, dass sommerliche Überhitzung durch bauliche Maßnahmen zu vermeiden ist. Der Nachweis dieser gesetzlichen Mindestanforderungen kann dann entweder mittels eines vereinfachten Verfahrens oder einer Simulation unter Standardnutzerbedingungen erfolgen. Es kommt dabei immer wieder zu dem Missverständnis, dass mit der Einhaltung dieser Anforderungen keine Kühlanlagentechnik benötigt wird, aber letztendlich weist man tatsächlich nur gesetzliche Mindestanforderungen gemäß einer Norm aus dem Jahr 2013 nach. Bei sehr großen Fensterflächen kann auch eine außen liegende Verschattung nicht mehr ausreichend sein, um den gesetzlichen Nachweis für den baulichen sommerlichen Wärmeschutz zu erfüllen. Beachtet wer-

---

2 Leipziger Stadtwerke: Die Zukunft der Leipziger Fernwärme. Auftakt in eine nachhaltige Wärmeversorgung. URL: https://zukunft-fernwaerme.de/ [Zugriff am 18.03.2022]

3 Stadt Leipzig, Referat Nachhaltige Entwicklung und Klimaschutz (Hrsg.): Europäische Energie- und Klimaschutzkommune. Abschlussbericht 2019/2020, S. 32. URL: https://static.leipzig.de/fileadmin/mediendatenbank/leipzig-de/Stadt/02.3_Dez3_Umwelt_Ordnung_Sport/38_Referat_Nachhaltige_Entwicklung_und_Klimaschutz/Europaeische_Energie-_und_Klimaschutzkommune_Abschlussbericht_2019_2020.pdf [Zugriff am 18.03.2022]

4 Universität Leipzig, Leipziger Institut für Meteorologie – LIM: Leipziger Klimazeitreihen. URL: https://wetterdaten.meteo.uni-leipzig.de/zeitreihen.php [Zugriff am 18.03.2022]

den muss dabei insbesondere, dass die sommerlichen Temperaturen weiter steigen werden. Um die tatsächliche Problematik zu bewerten, muss dann eine Simulation unter individuellen Nutzerbedingungen mit den Temperaturdaten an dem Standort bzw. zukünftig zu erwartenden Temperaturbedingungen berechnet werden, allerdings trägt kaum ein:e Auftraggeber:in diese zusätzlichen Kosten bzw. erkennt nicht die Notwendigkeit.

Stattdessen lassen wir gegenwärtig im Rahmen des GEG-Nachweises nach § 14 (4) Ausnahmen zu, sobald eine Kühlanlagentechnik vorhanden ist, dass zusätzliche Maßnahmen zum baulichen sommerlichen Wärmeschutz wie beispielsweise außen liegende Verschattung aus wirtschaftlichen Gründen nicht durchgeführt werden müssen. Im Nichtwohngebäudebereich dürfen dank des Referenzgebäudeverfahrens Gebäude mit zusätzlicher Kältetechnik sogar mehr verbrauchen als ein Entwurf ohne diese zusätzliche Kühlung.

Auch bei dem SAB-Gebäude werden außen liegende Verschattung und technische Kühlmaßnahmen verwendet, zusätzlich allerlei Raffinessen wie eine Bauteilaktivierung und adiabate Kühlung, um den durch den Entwurf und die Nutzung entstehenden Kühlbedarf mit einem möglichst geringen Energieaufwand zu decken. Um diese Kälte zu erzeugen, sind drei Kompressionskälteanlagen notwendig, die letztendlich Energie für den Betrieb benötigen und gewartet werden müssen. Auch dort wird mal das Kältemittel nachgefüllt werden müssen. In Planerbesprechungen bei Neubauprojekten erleben wir in der Praxis immer wieder, dass insbesondere bei den Nichtwohngebäuden sehr oft noch konventionelle Kältemittel wie beispielsweise R410A verwendet werden. Dessen GWP (Global Warming Potenzial) liegt bei 2088, demnach liegt bei diesem Kältemittel eine 2088-fach höhere Klimawirksamkeit als bei CO_2 vor. Doch selbst in der Förderung von BEG Einzelmaßnahmen oder Effizienzgebäuden gibt es keine klare Vorgabe, dass ausschließlich klimafreundlichere Kältemittel verwendet werden dürfen. Stattdessen müssen die Energieeffizienzexperten nur zu dem Einsatz zukunftsfähiger Kältemittel beraten, allerdings auch nur für den Wohngebäudebereich.

Mit einem sehr großen technischen Aufwand wird dieses Gebäude betrieben, wie schon allein das Beispiel der Kühlung zeigt. Nur durchs Schönrechnen und den richtigen Klick in der Software für den energetischen Nachweis werden die tatsächlichen Emissionen allerdings nicht gesenkt. Wir müssen daher endlich die tatsächlichen Verbrauchsdaten im Betrieb erfassen, die Optimierung muss nicht nur in Forschungsprojekten, sondern bei allen Gebäuden real stattfinden. Das Nachweisverfahren für die gesetzlichen Anforderungen an Gebäude muss dringend vereinfacht werden. Statt unsere Zeit in Diskussionen über Fx-Faktoren, Nutzungszonen und unsinnig komplizierte Berechnungsvorschriften für Fotovoltaik für einen Nachweis der gesetzlichen Anforderungen für den Normstandort Potsdam zu verbringen, würden wir uns lieber den tatsächlichen Probleme der Gebäude widmen. Diese sind beispielsweise die Auswertung der Verbrauchsdaten, Messung von Problemen der Anlagentechnik und die Bewertung verschiedener Entwürfe unter realen Nutzungs- und Standortbedingungen. Zu oft schon sind uns bei der Energieberatung im Bestand bei Gebäuden Solarthermieanlagen begegnet, die gar nicht mehr funktionieren, durchlaufende Heizungsanlagen, die tatsächliche Nutzungszeiten nicht berücksichtigen, Elektroheizstäbe im Dauerbetrieb und Ähnliches. Ohne kontinuierliches Monitoring findet man diese Probleme allerdings nicht. Mit einem riesigen Aufwand betreiben wir gegenwärtig ein Nachweisverfahren, ohne einen tatsächlichen Mehrwert für die Gebäude zu schaffen. Daher muss eine Vereinfachung des Nachweises stattfinden und zusätzlich der tatsächliche Verbrauch im Betrieb der Gebäude gemessen werden. Erst dann ist es sinnvoll, weitere Parameter auch in die Bewertung aufzunehmen, wie beispielsweise die Ökobilanzierung der Baustoffe, die selbstverständlich von zunehmender Bedeutung ist. Vielleicht wäre dann auch aufgefallen, dass die 159 Betonsäulen des SAB-Gebäudes wohl kaum nachhaltig sein können.

Bei Neubaugebäuden ist der sommerliche Wärmeschutz unsere größte Herausforderung, mit einem immer wärmer werdenden Klima wird die Bedeutung des Heizwärmebedarfs weiter abnehmen[5].

Die Gebäude der Zukunft müssen bereits im Entwurf diese Anforderungen berücksichtigen, das Thema »Nutzer« und insbesondere »Thermische Behaglichkeit« muss im Mittelpunkt der Gebäudeplanung stehen. Dazu müssen bereits am Anfang im integralen Team mit Energie-/Nachhaltigkeitsberater:innen diese Aspekte diskutiert und der Entwurf daraufhin optimiert werden, idealerweise durch die Betrachtung verschiedener Varianten. Gegenwärtig tritt es in der Praxis zu oft auf, dass die Gebäudeentwürfe bereits fertig geplant sind und die Energie- und Nachhaltigkeitsberater:innen nur noch die Nachweise erstellen. Die energetische Optimierung besteht dann in der Erhöhung von Dämmstoffstärken, Verwendung alternativer Materialien oder Änderungen der Anlagentechnik. Änderungen im Entwurf, die ggf. einen viel größeren Einfluss hätten, werden gar nicht diskutiert. Daher müssen zusätzlich auch die Auswirkungen des tatsächlichen Betriebes des Gebäudes im Rahmen einer Lebenszyklusbewertung verpflichtend berücksichtigt werden. Gegenwärtig findet die Fokussierung der Planung vor allem auf die Investitionskosten statt, welche Kosten die Gebäude im Betrieb verursachen, wird kaum betrachtet.

Das große Problem in der jetzigen Praxis ist der fehlende Vollzug des GEG. In der Förderung findet das durch den Energie-/Nachhaltigkeitsberater:innen statt, in vielen

---

5 Swissbau: Klimawandel – Wenn Kühlen wichtiger als Heizen wird. URL: https://www.swissbau.ch/de/aktuell/blog/klimawandel-wenn-kuehlen-wichtiger-als-heizen-wird [Zugriff am 18.03.2022]

Bundesländern ansonsten leider gar nicht oder nur unzureichend. Daher wird nur die Verschärfung der Gesetzgebung mit noch mehr Dokumenten, die sowieso nicht kontrolliert werden, keine Verbesserung bringen, außer auf dem Papier. Wir müssen endlich messen und überwachen, was die Gebäude tatsächlich verbrauchen und auch im Betrieb optimieren, nur dann schaffen wir es letztendlich Energie und damit auch CO_2 zu sparen.

Letzten Winter gab es einige schulfreie Tage für unsere Töchter. Warum? Weil die uralte Heizungsanlage im Gymnasium wiederholt ausgefallen ist. Da stellt sich schon die Frage, wie viele neue Heizungen und Lüftungsanlagen man in einer der vielen Schulen in Leipzig für 165 Mio € hätte installieren können?

Energieberatung neu denken

2.2 Klimaschutzberatungen für einen klimaneutralen Gebäudebestand anhand der Forderungen von Architects for Future

Christiane Roth | Beratende Ingenieurin, Bauingenieurin u. Energie-Effizienz-Expertin;
Christina Patz | Architektin u. Energie-Effizienz-Expertin, Koordinatorin Bauen im Bestand bei A4F

Liebe Kolleg:innen!

Das Ziel für den Bausektor ist von der Bundesregierung gesetzt: **Ein klimaneutraler Gebäudebestand!**

Dieses Ziel ist nur erreichbar, wenn wir uns intensiver dem bereits Gebauten widmen und das Augenmerk auf Sanierungstiefe, Materialwahl und Kreislauffähigkeit der Konstruktionen lenken. Es braucht eine Renovierungsstrategie für den Gebäudebestand als Gesamtes und daran anknüpfend viele individuelle Sanierungsfahrpläne von Gebäuden bzw. Quartieren, die vorhandene Potenziale voll ausschöpfen.

Unsere Aufgaben werden sich vermehrt auf bestehende Gebäude fokussieren. Als Energieberater:innen werden wir häufiger die Ersten sein, die Gebäudebesitzer:innen beratend zur Seite stehen. Daher ist es so wesentlich, WIE und IN WELCHE RICHTUNG wir beraten und unumgänglich, dass sich unsere Beratungen ab SOFORT ändern. Gebäude und Bauteile haben sehr lange Lebensdauern. Es ist geboten, ökologisch wie ökonomisch Gebäude so zu sanieren und so zu entwickeln, dass sie in den nächsten zwanzig Jahren nicht erneut umgebaut werden müssen. Jede Sanierung muss zielführend sein, jetzt schon das Morgen mitdenken.

Die Forderungen von Architects for Future zielen darauf ab, dass der Gebäudebestand klimaneutral werden kann und wir ganzheitlich nachhaltig bauen – ökologisch, sozial und ökonomisch. Wobei das Thema Ökonomie neu gedacht werden muss und langfristige Betrachtungen (→ Klimafolgekosten) erforderlich sind.

Im Nachfolgenden möchten wir die Forderungen von A4F übersetzen in das, was wir als Energieberater:innen beitragen können, um das gesetzte Ziel des klimaneutralen Gebäudebestands zu erreichen.

Wir möchten Sie hiermit einladen, Ihre Beratungen weiter zu denken als die aktuell gültigen gesetzlichen Standards, die uns laut Wissenschaft[1] an der 1,5°-Grenze vorbeischlittern lassen werden. Deshalb sind uns folgende Punkte wichtig:

- Klimaschutzberatung statt Energieberatung mit Fokus auf CO_2-Emissionen im gesamten Lebenszyklus!
- Menschen mitnehmen (begeistern!), statt Fokus auf die letzte Nachkommastelle
- Resilient und suffizient (Visionen werden Wirklichkeit)

2.2.1 Einleitung[2]

Die Themen und Zusammenhänge sind komplex. CO_2-Emissionen sind nicht sichtbar und somit auch nur schwer fassbar. Es geht darum, Menschen mitzunehmen, selbst auf dem neuesten Stand der sich dynamisch verändernden wissenschaftlichen Erkenntnisse zu bleiben und mit Verantwortung unseren Beitrag zu einem klimaneutralen Gebäudebestand zu leisten, indem wir eine Fehlerkultur etablieren, unsere Erfahrungen und Erkenntnisse mit anderen teilen und zeigen, was heute schon möglich ist. Wir dürfen nicht aufhören, nach besseren Lösungen zu suchen.

Als unabhängige und ganzheitlich orientierte Berater:innen liegt es an uns, nicht nur auf Energieeinsparpotenziale, sondern auch auf Potenziale für z. B. Wohnraumschaffung, Umnutzung, Kreislaufwirtschaft, gesunde Baumaterialien, alternative Baustoffe und die Nutzung erneuerbarer Energiequellen hinzuweisen. Berichte, die technisch korrekt sind, aber nicht verstanden werden, bringen niemanden weiter. Die Quali-

---

1 **Wuppertal Institut** Dr. Georg Kobiela, Dr. Sascha Samadi, Jenny Kurwan, Annika Tönjes, Prof. Dr.-Ing. Manfred Fischedick, Thorsten Koska, Prof. Dr. Stefan Lechtenböhmer, Dr. Steven März, Dietmar Schüwer. (02.11.2020). CO_2-neutral bis 2035 : Eckpunkte eines deutschen Beitrags zur **Einhaltung der 1,5 °C-Grenze**; Diskussionsbeitrag für Fridays for Future Deutschland, URL: https://nbn-resolving.org/urn:nbn:de:bsz:wup4-opus-76065 [Zugriff am 15.12.2020]

2 Die Forderungen von A4F befinden sich in Überarbeitung. Die nachfolgend genannten Forderungen sind ein Arbeitsstand vom Dezember 2021 und Ausblick auf die künftige Formulierung unserer Forderungen.

tät der Beratung und der Unterlagen sowie die zugehörige Kommunikation mit den Projektbeteiligten sind die entscheidenden Faktoren für eine gelingende Umsetzung.

Als Klimaschutzberater:innen haben wir die Verpflichtung, uns kontinuierlich fortzubilden, um unseren Auftraggeber:innen die neuesten Erkenntnisse und Errungenschaften der Wissenschaft so zu vermitteln, dass sie verstanden werden und in die Umsetzungsprozesse integriert werden.

2.2.2 Überdenkt Bedarfe

> Während der Heizwärmebedarf in Bezug auf die Gebäudenutzfläche seit der ersten Wärmeschutzverordnung aufgrund energiesparender Maßnahmen stetig gesunken ist, ist der gesamte Heizwärmebedarf seit den 70er Jahren ca. gleichgeblieben. Der Grund dafür ist der gestiegene Flächenverbrauch pro Kopf. Während in den 90er Jahren 34,6 m² je Einwohner durchschnittlich an Wohnfläche zur Verfügung standen, sind dies 2020 genau 44,5 m² gewesen[3]. Ein sogenannter Rebound-Effekt.

Die Statistik zeigt auch, dass mit zunehmendem Alter die Wohnfläche deutlich zunimmt. So wohnen Frauen über 70 Jahren auf durchschnittlich 60 m² und Frauen über 80 Jahren auf fast 70 m². Große, nicht teilbare Wohnungen oder Häuser begünstigen diese Entwicklung.

Aus den Statistiken geht hervor, dass sowohl der Wunsch nach immer größeren Wohnflächen, aber auch unsere demografische Entwicklung zum vermeintlichen Wohnflächenmangel beiträgt. Große Wohnungen werden durch die älter werdende Gesellschaft immer länger von zwei Personen oder sogar nur einer einzigen genutzt. Die großen Wohnungen müssten eigentlich Familien zur Verfügung stehen, hier jedoch zeigt die Statistik, dass diese Gruppe auf unterdurchschnittlich großer Wohnfläche wohnt.[4] Die Verteilung der Wohnfläche passt nicht zu den Lebensphasen. Hier braucht es Angebote für mehr Wohnungswechsel und Beratung für mögliche Alternativen. Auch leer stehende Gebäude müssen wieder nutzbar gemacht werden, um benötigte Flächen nicht neu bauen zu müssen.

Bei der Planung werden seitens der Auftraggeber:innen und Planenden, Standards und tatsächliche Bedarfe selten bis nie hinterfragt, dabei kann durch kreatives Unterlassen, intelligente Grundrisse und bedarfsgerechte Planung nicht nur Energie eingespart werden, sondern vor allem auch Kosten. Um zukünftig zu verhindern,

---

3   Quelle: Statistisches Bundesamt (Destatis, 2021)
4   Quelle: BIB Pressemitteilung Nr. 9/2013

dass Energieeinsparung durch erhöhten Flächenverbrauch zunichte gemacht wird, ist Nutzungsflexibilität einzuplanen! Beispielsweise soll aus einem Wohngebäude ein Bürogebäude werden können oder sollen große Einheiten auf einfache Weise in kleinere aufgeteilt werden können. Dazu müssen Bauweisen, Grundrisse und Anlagentechnik auf eine spätere Teilbarkeit und Umnutzung ausgerichtet sein.

Wir bauen im Moment viele Räume, die kaum genutzt, aber dennoch durchgängig beheizt werden. Hobbyraum, Gästezimmer o. ä werden selten mehr als ein paar Tage im Jahr genutzt und bieten sich geradewegs dazu an, mit anderen geteilt zu werden. Dadurch werden Ressourcen und Kosten gespart.

Auch andere Bedarfe gilt es zu überdenken, wie z. B. Tiefgaragen. Diese sind Kostentreiber und verursachen Unmengen an CO_2-Emissionen. Sind Stellplätze in Tiefgaragen noch zeitgemäß oder sollte quartiersweises Mobilitätssharing der Planungsstandard sein?

Als Klimaschutzberater:innen können wir durch behutsames(!) Nachfragen bei den Projektbeteiligten Bewusstsein für das Thema Suffizienz schaffen und sie darauf hinweisen, dass die Beeinflussbarkeit der Kosten in den frühen Planungsphasen am höchsten ist – somit bereits in der Bedarfsplanung! Deshalb ist es immer im Interesse der Auftraggeber:innen, dies anzusprechen und die Bedarfe gemeinsam zu überdenken.

Auch bestehende Gebäude lassen sich in kleinere Einheiten teilen und so ein leer gewordenes soziales Umfeld neu befüllen. Auch über diese Potenziale sollten wir unsere Auftraggeber:innen im Rahmen von Sanierungsberatungen informieren.

2.2.3 Hinterfragt Abriss kritisch

> Durch Sanierungen werden Energie und Emissionen sowie Ressourcen eingespart – während beim Neubau direkt zusätzliche graue Emissionen entstehen. Deshalb muss der Fokus auf das Weiterbauen im Gebäudebestand gelegt werden. Wir müssen lernen, den Bestand wertzuschätzen – und zwar alle Gebäude! Ressourcen sind besser im Bestand investiert – da durch zielkonforme Sanierungen wertvolle Energie nicht verschwendet und Emissionen nicht anfallen.
>
> Im Durchschnitt werden 50 % der CO_2-Emissionen[5] eines Gebäudes bereits vor Nutzungsaufnahme emittiert. Das CO_2 für die Herstellung der Materialien des Neubaus

---

5 https://www.lbb-bayern.de/fileadmin/quicklinks/Quick-Link-Nr-98300000-LfU-Gesamtstudie_Lebenszyklusanalyse.pdf

wird SOFORT emittiert. Bei einem Abriss nebst Neubau werden nicht nur wertvolle und schwindende Ressourcen verschwendet, sondern auch Energie. Dies können wir uns im Hinblick auf die Tipping Points zur Einhaltung der 1,5°-Grenze und unser noch vorhandenes »CO_2-Budget« einfach nicht mehr leisten!

Aus gesamtenergetischer Sicht ist Abriss und Neubau keine zukunftsfähige/klimagerechte Option, trotzdem werden überwiegend Ersatzneubauten umgesetzt. Der Hauptgrund liegt vermutlich in gesellschaftlicher Entwicklung, denn seit den 50er Jahren hat sich eine Kultur etabliert, die hauptsächlich das Neue als schön und wertvoll anerkennt. Ein neues Haus ist ein Prestigeobjekt und die öffentlichen Fördergelder vermitteln den Bauherr:innen, dass Sie mit ihrem Effizienzhaus etwas Gutes für die Umwelt tun.

In den Jahren 2015–2019 wurden im Jahr durchschnittlich rund 1,9 Mio. m² Wohnfläche und 7,5 Mio. m² Nutzfläche abgerissen[6] – ohne Prüfung, ob das Bestehende als Gebäude insgesamt oder zumindest einzelne seiner Bauteile weiter genutzt werden können. Vorhandene Potenziale für ein Weiterbauen und Weiternutzen wurden nicht ausgeschöpft. Architects for Future fordert deshalb, dass der Abriss von Gebäuden einer Genehmigung und vorab einer Prüfung auf Sanierungsfähigkeit bedarf.

Für Architects for Future gelten solche Gebäude als »nicht sanierungsfähig«, für die eine Sanierung im Vergleich zum Ersatzneubau[7]

    a. in der Lebenszyklusanalyse (LCA) schlechter abschneiden und Klimaneutralität nicht erreicht werden kann, oder
    b. in der Lebenszykluskostenberechnung (LCC) höhere Kosten entstehen oder
    c. bei eingeschränkter Tragfähigkeit auch eine andere Nutzung die o. g. Kriterien nicht erfüllen kann.

Diese Kriterien sollen die Entscheidungsgrundlage für die Sanierung, den Umbau oder eben doch den Abriss sein. Aus statischen und gesundheitlichen Gründen können ein (Teil-)Abriss durchaus gerechtfertigt sein – dies gilt es jedoch gründlich auf Alternativen zu untersuchen.

Als Architekt:innen und Ingenieur:innen sind wir bestens für die Erstellung von Lebenszyklusanalysen und die Lebenszykluskosten ausgebildet. Eine komplexe und komplizierte Methode dafür ist in Anbetracht der hohen Gebäudeanzahl nicht ziel-

---

6 https://www-genesis.destatis.de/genesis/online?operation=statistic&levelindex=0&levelid=1660555973642&code=31141&option=table&info=off#abreadcrumb 06/2020

7 Änderungsvorschläge für eine MusterUMbauordnung, https://www.architects4future.de/wissen-kategorie/stellungnahme

führend und sollte auf jeden Fall verhindert werden. Durch eingeführte Standards auf Grundlage einfacher Erfassungsmethoden ist eine Plausibilitätsprüfung gut möglich und die benötigte Qualität kann zuverlässig erreicht werden.

In der Lebenszyklusberechnung sind Abriss und Entsorgung des Bestands dem Ersatzneubau zuzuordnen. In der Lebenszykluskostenberechnung sind außerdem für die CO_2-Emissionen der wissenschaftlich ermittelte Kostensatz für die Klimakosten anzusetzen[8]. Dem Bestand sind nur die geplanten Sanierungs- bzw. Umbaumaßnahmen anzurechnen. Kosten für Instandhaltung sind im Kostenvergleich zu berücksichtigen und abzuziehen (siehe A4F Vorschläge für eine (UMbauordnung).

Als Energieberater:innen waren wir fokussiert auf Energieeinsparung im Betrieb. Als Klimaschutzberater:innen betrachten wir den gesamten Lebenszyklus inklusive der Grauen Emissionen bzw. der Grauen Energie und ermitteln daraus unsere Empfehlungen für das jeweilige Objekt.

2.2.4 Beschleunigt die Energiewende

Die Sanierungsrate ist zu gering und die meisten Sanierungen sind noch nicht zielkonform mit den Pariser Klimaschutzzielen[9]. Der Umstieg auf erneuerbare Energien kann nur gelingen, wenn der Energiebedarf insgesamt und der tatsächliche Verbrauch im Gebäudesektor geringer werden. Keine Energiewende ohne Bauwende!

Bei dieser Forderung zielen wir auf die Masse des Gebäudebestands ab: Ungefähr 40 % unseres Gebäudebestands stammen aus den 50er bis 70er Jahren und dies sind auch die Gebäude mit dem größten Energiebedarf im unsanierten Zustand. Daher haben diese Gebäude auch das größte Potenzial – durch energetische Sanierungen liegt hier ein riesiger Hebel für das Erreichen der Klimaschutzziele. Die wenigen denkmalgeschützten Gebäude (3 %) sind hier getrennt zu betrachten, denn diese Gebäude brauchen jeweils individuelle und gut geplante Lösungen, weil es hierbei mehr um das Bewahren von Kulturgut als um die perfekte Energieeinsparung geht. Das dürfen wir uns leisten.

---

8   Das Umweltbundesamt (UBA) empfiehlt für im Jahr 2016 emittierte Treibhausgase, 180 Euro 2016 pro Tonne Kohlendioxid (tCO_2) als zentralen Kostensatz für die Klimakosten zu verwenden https://www.umweltbundesamt.de/daten/umwelt-wirtschaft/gesellschaftliche-kosten-von-umweltbelastungen#internalisierung-von-umweltkosten [Zugriff am 20.6.2021]

9   **Wuppertal Institut** Dr. Georg Kobiela, Dr. Sascha Samadi, Jenny Kurwan, Annika Tönjes, Prof. Dr.-Ing. Manfred Fischedick, Thorsten Koska, Prof. Dr. Stefan Lechtenböhmer, Dr. Steven März, Dietmar Schüwer. (02. 11. 2020). CO_2-neutral bis 2035 : Eckpunkte eines deutschen Beitrags zur **Einhaltung der 1,5 °C-Grenze** ; Diskussionsbeitrag für Fridays for Future Deutschland, https://nbn-resolving.org/urn:nbn:de:bsz:wup4-opus-76065 [Zugriff am 15.12.2020]

Das Instrument Energieausweis und die darin enthaltenen verpflichtenden Modernisierungsvorschläge haben sich nach inzwischen mehr als zehn Jahren als völlig ineffektiv gezeigt. Die Modernisierungsvorschläge sind schlecht oder fehlen komplett. Die Eigentümer:innen werden hier in keinster Weise motiviert, sich über die bestehenden Möglichkeiten zu informieren. Sanierungsbedürftige Gebäude brauchen einen individuellen Sanierungsfahrplan, der das Ganzheitliche im Fokus hat und die Eigentümer:innen Schritt für Schritt zum Ziel navigiert.

Neben den fehlenden Informationen zur Sanierung bewerten einfache Wirtschaftlichkeitsberechnungen nur die Baukosten und nicht die »Kosten« des Schadens, den das Unterlassen von energetischen Verbesserungsmaßnahmen gesamtgesellschaftlich bedeutet.

Durch Einbeziehung einiger zusätzlicher Faktoren in die Wirtschaftlichkeitsbetrachtung fällt die Bilanz zugunsten der Sanierung deutlich häufiger positiv aus. Der Effizienzhausstandard 55 gilt als die wirtschaftlichste Bauweise, dies muss auch das Ziel in der Sanierung sein, denn über den gesamten Lebenszyklus betrachtet ist in der Sanierung das Effizienzhaus 55 die ideale Wahl.[10]

Die Sanierungsgeschwindigkeit kann nur durch die umfassende Information über die Möglichkeiten durch den Sanierungsfahrplan und die finanzielle Unterstützung durch Fördergelder und mehr Fachleute deutlich beschleunigt werden. Neben der Sanierung der Gebäude muss der Ausbau von erneuerbaren Energien zur Selbstverständlichkeit werden. Es darf kein ungenutztes Dach ohne PV oder Solarthermie geben.

Als Klimaschutzberater:innen kann unser Beitrag sein, den individuellen Sanierungsfahrplan als qualitativ hochwertiges Instrument zu etablieren und die Motivation zur Sanierung dadurch deutlich zu verbessern. Hier gilt es, bei Sanierungsvorschlägen die Restlebensdauer von Bauteilen zu berücksichtigen und die Auftraggeber:innen über die Rückführung von Bauteilen in den Kreislauf (siehe nachfolgende Forderung) zu informieren und gleichzeitig auch bei Einzelmaßnahmen den Effizienzhaus 55 Standard als Ziel zu verfolgen und keine Minimal-Maßnahmen auf Basis fossiler Rohstoffe (→ gesunde Umwelt) vorzuschlagen.

---

[10] https://www.re-source.com/wp-content/uploads/2019/11/UBA-2019-Energieaufwand-Gebaeudekonzepte.pdf [Zugriff am 12.12.2021]

2.2.5 Entwerft zukunftsfähige Qualität

> Diese Forderung schließt direkt an die vorangehend genannten Forderungen an: Flexibilität und Anpassbarkeit, langlebige, robuste Materialien, das »einfache Bauen« wieder etablieren, statt mit Anlagentechnik fehlende Qualitäten der Gebäudehülle zu kompensieren. Bei der Planung gilt es, die Lebensdauer der unterschiedlichen Bauteilschichten zu berücksichtigen und für eine Zugänglichkeit der Leitungs- und Kabelführungen zu sorgen.
>
> Die beiden wesentlichen Punkte, die für einen Werterhalt eines Gebäudes über einen langen Zeitraum sorgen, ist das Planen von Gebäuden im Kontext mit einem Mehrwert für das Quartier und das Einbinden der Nutzer:innen in den Planungsprozess. Denn nur durch Akzeptanz der Nutzer:innen wird das Gebaute langfristig genutzt werden. Geschaffen wird diese durch zeitlose, qualitativ hochwertige Architektur. Es geht also darum, das Thema Baukultur wieder zu beleben.

Durch vorausgedachte Nutzungsflexibilität (→ überdenkt die Bedarfe!) ergeben sich Vorteile für Eigentümer:innen, wenn in der Planung auf unterschiedliche Lebenssituationen von Mieter:innen durch einen ausgewogenen Wohnungsmix geachtet wird. Durch den demografischen und gesellschaftlichen Wandel wird die zukünftige Nachfrage eine andere sein als die heutige. Um sicherzustellen, dass Immobilien vermietet bleiben, gilt es bereits heute, Anpassungsfähigkeit mit einzuplanen.

Zukunftsfähig heißt auch, dass wartungsintensive Technik vermieden werden muss. Schon jetzt merken wir, dass uns die Technik oft mehr einschränkt als sie uns nutzt.

Als Klimaschutzberater:innen setzen wir bei unseren Vorschlägen für Gesamtkonzepte, Bauteilaufbauten und Anlagentechnik besonders auf Dauerhaftigkeit und Langlebigkeit der Konstruktion und der Anlagen. Wir unterstützen bei den Einweisungen in die Anlagentechnik, damit diese verständlich kommuniziert werden.

Als Klimaschutzberater:innen empfehlen wir unseren Bauherr:innen, sich nicht am aktuell gültigen energetischen Mindeststandard zu orientieren, sondern langfristig konkurrenzfähig zu bauen.

2.2.6 Konstruiert kreislauffähig und klimapositiv

Ressourcen sind endlich. Bei einzelnen Baustoffen sind die primären Rohstoffe nur noch für einige Jahre oder Jahrzehnte sicher verfügbar und der Abbau verursacht teilweise große Umweltschäden. Da die Preise mit den schwindenden natürlichen Lagern steigen werden, müssen nachhaltige und recycelte Baustoffe zum Standard werden. Da beim Bauen Rohstoffe für viele Jahrzehnte gebunden werden, sind unsere Städte bzw. das Gebaute unser zukünftiges Rohstofflager. Diese Rohstofflager müssen wir durch systematische Erfassung erschließbar machen. »Urbane Minen« funktionieren nur, wenn die verbauten Materialien sich wieder sortenrein voneinander trennen lassen. Deshalb müssen neben nachwachsenden Materialien wie Holz, Stroh oder Flachs grundsätzlich nur kreislauffähige Materialien verwendet werden, die zerstörungsfrei lösbar sein müssen und idealerweise als Bauteile wiederverwendet werden können. Das Gebäude verliert so über seinen Lebenszyklus nicht an Wert, sondern kann dekonstruiert und (in Einzelteilen) wieder weiter verwendet werden.

Derzeit wird kaum Recycling betrieben, sondern fast ausschließlich Downcycling. Einst wertvolle Rohstoffe werden nur noch als Füllmaterial verwendet. Das Bauen hat sich verändert, ist teurer und schneller geworden. Im Gegensatz dazu ist es zeitaufwendig, Material wieder zu trennen und erneut einzusetzen. Für die Wiederrückführung von Materialien in den Kreislauf bedarf es einfacher und systematischer Erfassungsmöglichkeiten und Infrastrukturen. Auch Hersteller von Baustoffen sollten ihre Rohstoffe eher »verleihen« als verkaufen. Die Pflicht, Baumaterial nach der Nutzungsdauer wieder zurückzugeben, sollte zum Standard werden. Damit werden wir auch das Problem von Deponien langfristig lösen können. Das Cradle-to-Cradle-Prinzip beschreibt im Detail, wie Rohstoffe erhalten werden und eine weitgehend abfallfreie Wirtschaft aufgebaut werden kann.

Neben den Baumaterialien hat das kreislauffähige Konstruieren maßgeblichen Einfluss auf die Kaskadennutzung von Bauteilen. Mit der Planung muss ein Rückbaukonzept erstellt werden.

Beispiele für Ergänzungen der Gebäudedokumentation um einen Materialausweis gibt es schon. Die Daten sind bei der Anwendung von BIM auch bereits dokumentiert. Hier sind Wissenschaft und Politik gefragt, eines dieser Systeme festzulegen und dafür zu sorgen, dass die Daten für die übernächste Generation, die dann das heute Gebaute sanieren wird, erhalten bleiben (siehe Änderungsvorschläge A4F MusterUMbauordnung[11]).

---

11 Änderungsvorschläge für eine MusterUMbauordnung https://www.architects4future.de/wissen-kategorie/stellungnahme

Als Klimaschutzberater:innen können wir empfehlen, bei der Sanierung und Dämmung kreislauffähige, umweltschonende Materialien einzusetzen und diese so zu verbauen, dass die Verbindungen lösbar sind, und die Materialien sortenrein getrennt wieder mit möglichst vielen Kaskaden in den Kreislauf zurückgeführt werden können.

2.2.7 Fördert eine gesunde gebaute Umwelt

Neben Faktoren wie Belichtung, Raumzuschnitten, Schallschutz, Schaffung von Privatheit u. v. m., die zur Behaglichkeit wesentlich beitragen, beeinflusst die Wahl von Baumaterialien maßgeblich den Gesundheitszustand der Nutzer:innen von Gebäuden und unsere Umwelt. Es gilt, die Schadstoffeinträge zu reduzieren durch die Wahl gesunder Baustoffe und die Sanierung vorhandener Altlasten. Dabei geht es nicht nur um die Oberflächen, sondern um alle Baustoffe, z. B. auch Kleber, sowie Zusatzstoffe, die in aufschäumenden Baustoffen enthalten sind und nach dem Einbau ausdampfen. Anschließend geht es darum, die noch vorhandenen Emissionen (auch aus Mobiliar, Ausdünstungen) fortzulüften. Aktuelle Studien für Schulgebäude zeigen, dass durch höhere Räume eine wesentliche Verbesserung der Raumluftqualität erzielt werden kann.

Schadstoffeinträge erfolgen nicht nur über die Baumaterialien und die Ausstattung, sondern auch über die Außenluft. Der Feinstaubgehalt in innerstädtischen Bereichen liegt in vielen Städten permanent über den zulässigen Grenzwerten. Vor allem in Innenhöfen mit Fahrzeugen gibt es oft eine bedenklich schlechte Luftqualität. Diese Umwelt gilt es umzugestalten und z. B. durch Begrünung Schadstoffe im Außenraum zu binden.

Zusätzlich empfiehlt es sich bei den Innenoberflächen, Baustoffe mit feuchteregulierenden Eigenschaften auszuwählen. Es gibt eine Anzahl diffusionsoffener Baustoffe, die Feuchtigkeit aus der Luft aufnehmen und verzögert wieder abgeben können und somit regulierend wirken. Insbesondere Innenwandputze z. B. aus Lehm haben großes Potenzial, sich positiv auf die Luftqualität auszuwirken, da sie meist einen Großteil der Oberflächen bedecken.

Der Einsatz gesunder Baustoffe ist nicht nur im Neubau sondern auch bei Sanierungen möglich. Mittlerweile gibt es eine große Auswahl an Dämmstoffen aus nachwachsenden Rohstoffen. Bei der Wahl der Materialien gilt es konkret hinzusehen – nicht nur bei der Wahl des Baustoffes, sondern ebenso bei der Wahl des Produktes. Die Gütesiegel »Blauer Engel« und »Natureplus« sowie EMICODE können hier eine erste Entscheidungshilfe geben. Gütesiegel PEFC und FCS informieren darüber, ob das verwendete Holz aus nachhaltig bewirtschafteten Wäldern stammt. Die Zusammenarbeit mit Baubiolog:innen ist hier sehr empfehlenswert (→ integrale Planung).

Als Klimaschutzberater:innen empfehlen wir Materialien und informieren unsere Auftraggeber:innen sowie die anderen Projektbeteiligten über die Vor- und Nachteile von alternativen Materialien. Wir sorgen für Transparenz und dokumentieren im Rahmen der qualitätssichernden Baubegleitung die verbauten Materialien.

Die Nachfrage nach unserem Expertenwissen ist aktuell bereits sehr groß. Wenn trotz ausführlicher Beratung und Überzeugungsarbeit nur die aktuell gültigen Mindestanforderungen nach GEG verfolgt werden oder Materialien verwendet werden, die nach heutigem Kenntnisstand aufgrund hoher CO_2-Emissionen oder Schadstoffe als kritisch zu betrachten sind, können wir uns als Maßnahme auch überlegen, solche Aufträge abzulehnen (→ übernehmt soziale Verantwortung!).

2.2.8 Stärkt die Klimaresilienz

> Deutschland hat die Klimaschutzziele für 2020 im Gebäudesektor nicht erreicht. Darüber hinaus sind die Auswirkungen des Klimawandels bereits heute schon vielerorts spürbar, u. a. als Hitzeinseln, Trockenheit oder Schäden an Gebäuden durch Extremwetterereignisse. Es besteht also dringender Nachholbedarf, um die 1,5°-Grenze nicht zu überschreiten, mit der diese Ereignisse vermehrt und stärker auftreten werden und gleichzeitig dafür zu sorgen, dass das Gebaute gegenüber vorhersehbaren Katastrophen resilienter wird. Die katastrophalen Überflutungen im Sommer 2021 haben gezeigt, dass ein wesentlicher Punkt in vielen Planungen nicht beachtet wurde: Klimaresilienz. Was wir jetzt realisieren, muss auf den Klimawandel reagieren können und die Sicherheit der Nutzer:innen gewährleisten. Dafür muss klimaresiliente Stadt- und Landschaftsplanung gemeinsam mit Gebäudeplanung gedacht werden. Es gilt, Gebäude und Quartiere im städtebaulichen Kontext einzuordnen, Stadtgrünkonzepte zu entwickeln und dabei u. a. Regenwassermanagement, Kaltluftschneisen, Nachtabkühlungskonzepte etc. mitzuplanen.

Resilienz muss in der Baubranche und speziell in der Klimaschutzberatung eine treibende Größe werden. Die Art, wie wir planen und bauen, muss sich an die sich ständig verändernden Rahmenbedingungen anpassen, damit das Gebaute resistent gegenüber zukünftigen Ereignissen wird. Die klimatischen Rahmenbedingungen für den angepassten winterlichen und sommerlichen Wärmeschutz verändern sich und die Planung von Sanierungen und Neubauten muss sich hier mitverändern. Naturereignisse sind normal und wiederkehrend und wir müssen uns anpassen. Standorte müssen auf Tauglichkeit geprüft werden und das wirtschaftliche Interesse von Einzelnen darf nicht über dem Schutz der Gesellschaft stehen. Strukturelle Fehlentwicklungen (Ausweisen von Baugebieten in »Überschwemmungsgebieten«) sind rückgängig zu machen und die Eigentümer:innen bedürfen der entsprechenden Unterstützung bei der Umsiedlung.

Im Gebäudesektor ist das klimaresiliente Planen und Bauen noch nicht weit verbreitet, aber leicht möglich. Wir versuchen mit technischen Maßnahmen den Katastrophen wie Überschwemmungen oder Erdbeben Herr zu werden, statt einfach mal zurückzustecken und das ganze neu zu überdenken.

Zur Verbesserung der Klimaresilienz und des Mikroklimas ist eine Entsiegelung vorhandener Flächen sowie eine Begrünung bestehender Dächer notwendig. Versiegelung ohne Einplanung in das Wasser- und Mikroklimamanagement darf es nicht mehr geben, Freiflächen können auch heute schon mit Materialien ausgeführt werden, die Regen versickern lassen und trotzdem einen tragfähigen Untergrund bieten.

Als Klimaschutzberater:innen haben wir das Wissen über die zukünftigen Beeinträchtigungen durch den nicht mehr aufzuhaltenden Teil des Klimawandels. Themen wie sommerlicher Wärmeschutz durch konstruktive Maßnahmen oder Wasserspeicherung bei Starkregen müssen ein wesentlicher Bestandteil unserer Beratung sein. Dabei können wir von historischen Bauweisen lernen. Wir können aktiv Projekte ablehnen, bei denen geplant ist, in überschwemmunsgefährdeten Gebieten zu bauen.

2.2.9 Erhaltet und schafft Raum für Biodiversität

Grundgesetz Art 20a: »*Der Staat schützt auch in Verantwortung für die künftigen Generationen die natürlichen Lebensgrundlagen und die Tiere im Rahmen der verfassungsmäßigen Ordnung durch die Gesetzgebung und nach Maßgabe von Gesetz und Recht durch die vollziehende Gewalt und die Rechtsprechung.*«

Damit sollte ein Bauen, das diese Anforderungen nicht erfüllt, eigentlich nicht erlaubt sein. Stattdessen zerstören wir durch Bautätigkeiten wegen des enormen Flächenverbrauchs wertvolle Lebensräume der Tier- und Pflanzenwelt und fördern das Artensterben. Versiegelte Flächen verlieren zudem den Nutzen für die Nahrungsproduktion, Naherholung und Regenwasserversickerung. Verantwortungsvolles Planen kann die Zerstörung von Naturräumen nicht nur mindern, sondern bietet auch das Potenzial, die Artenvielfalt und gesunden Lebensraum zu fördern.

Gerade in Ballungszentren, aber auch im direkt angrenzenden ländlichen Raum, ist Nachverdichtung bzw. Innenentwicklung ein wichtiger Bestandteil der Stadtplanung, um Wohnraum zu schaffen und gleichzeitig der Zersiedelung entgegenzuwirken. Mit zunehmender Versiegelung bisher unbebauter Flächen werden für Flora und Fauna wichtige Grünkorridore unterbrochen und damit gleichzeitig die für uns so wichtigen Frischluftschneisen.

Biodiversität im Großen ist vor allem Aufgabe derjenigen unter uns, die für Stadt- und Landschaftsplanung verantwortlich sind. In der Rolle als Klimaschutzberater:innen können wir aber auch unseren Beitrag leisten: z. B. Nistplätze für Gebäudebrüter vorschlagen und keine Materialien einplanen, aus denen Biozide ausgewaschen werden. Wir können Fassadenbegrünungen und Gründächer empfehlen, bestehende Vorurteile entkräften und Vorteile aufzeigen.

Als Klimaschutzberater:innen können wir die Bauherr:innen mitnehmen, indem wir ihnen und den Projektbeteiligten empfehlen, den Flächenbedarf und die Materialwahl zu hinterfragen, die damit einhergehende Flächenversiegelung zu verringern und den Bauablauf so zu gestalten, dass Fauna und Flora erhalten bleiben und sich entfalten können.

Und auch hier können wir aktiv Aufträge ablehnen, bei denen geplant ist, wertvolle Naturräume wie Moore, Biotope, Wasserschutzgebiete, Grünkorridore etc. zu verbauen.

2.2.10 Übernimmt soziale Verantwortung

> Viele Bauentscheidungen werden rein im Hinblick auf finanzielle Entwicklungschancen getroffen. Die Bedürfnisse der Nutzer:innen werden insbesondere im ungesättigten Immobilienmarkt meist als sekundär angesehen – zugunsten einer Gewinnoptimierung der Investor:innen. Wir sollten uns dringend die Frage stellen, WAS und für WEN wir eigentlich entwerfen sowie bauen und ob es uns mit dem jeweiligen Projekt gelingt, einen sozialen Mehrwert für das Gemeinwohl zu schaffen.

Im Bewusstsein, dass wir mit unserem Handeln Raum für gesellschaftliche Teilhabe, generationenübergreifendes Wohnen, Inklusion und lebendige Quartiere mit Mehrwert sowohl für Einzelne als auch für das Gemeinwohl schaffen können, wird unsere soziale Verantwortung deutlich. Wir gestalten nicht nur die Gebäude oder Quartiere, wir gestalten durch sie und mit ihrer Hilfe auch die Entwicklungsspielräume für die Gesellschaft.

Diese Forderungen zielen nicht nur auf das ab, WAS wir planen, sondern auch auf das WIE unserer Zusammenarbeit. Für die Sanierung des Gebäudebestands kommt in nächster Zeit viel Arbeit auf uns zu, die wir nur mit der Unterstützung von vielen bewältigen können. Dazu braucht es fairere Arbeitsbedingungen im Handwerk und in der Planerschaft. Nur weil es als »hartes« Gewerbe gilt, heißt dies noch lange nicht, dass Veränderungen hin zu gerechter Bezahlung, angemessenen Arbeitszeiten und guter Kommunikation nicht möglich sind.

Arbeitsmodelle, die den Wiedereinstieg von Frauen fördern und für die Jugend attraktiv sind, sind auch im Baugewerbe möglich. Die Gemeinwohlökonomie[12] hat hier einige Vorschläge, von der Unternehmen als Gesamtes profitieren können.

Aber auch Baustellen, die so organisiert sind, dass sie sowohl für die am Bau Beteiligten als auch für die Nutzer:innen und Nachbar:innen verträglich sind, sind Teil unserer sozialen Verantwortung.

Als kritische Klimaschutzberater:innen weisen wir unsere Auftraggeber:innen auf unsere und ihre Verantwortung hin. Durch die Wahl von lokalen Materialien und vor Ort ansässigen Betrieben fördern wir die regionale Wirtschaft. Wir nehmen uns vor Sanierungen Zeit und überzeugen die Auftraggeber:innen davon, dass Partizipationsprozesse (→ Integrale Planung) sehr wertvoll für das Gelingen von Projekten sind und tragen zur sozialen Akzeptanz von Sanierungen bei. Offene Gespräche mit Nutzer:innen bzw. den unterschiedlichen Eigentümer:innen können Vorurteile gegenüber Sanierungen und Unsicherheiten einzelner Stakeholder entkräften und so Hausgemeinschaften stärken und für soziale Resilienz sorgen.

2.2.11 Plant integral

> Das Bauen im Generellen und explizit das Bauen im Bestand (komplexe Gesamtsanierungen) benötigen sehr viel geballtes Wissen und Zeit von allen Beteiligten. Interdisziplinäre Zusammenarbeit, offene Entwurfsprozesse, in die nicht nur die Auftraggeber:innen, sondern auch Klimaschutzberater:innen, Planer:innen, ausführende Handwerker:innen, sowie die weiteren Stakeholder im Bauprozess wie Nutzer:innen, Nachbar:innen, etc. eingebunden werden, führen zu höherer Qualität der Planung und späterer Akzeptanz des Geplanten.

Als Energieberater:innen erleben wir immer wieder, dass die Planung bei Kontaktaufnahme fast vollständig abgeschlossen ist und es nur um die »Unterschrift auf dem Formular« geht. Es muss alles schnell gehen und Beratung ist nicht erwünscht, denn es soll mit dem Bauen begonnen werden.

---

12 https://web.ecogood.org/de/

Das Thema (energetische) Sanierung wird als viel zu einfach angesehen. Den baulichen, bauphysikalischen und ablauftechnischen Aspekten werden seitens der ausführenden Unternehmen oft keine Beachtung geschenkt. Ein guter Sanierungsfahrplan ist ein Start, aber damit lässt sich noch keine Maßnahme richtig planen und umsetzen. Auch ist es viel komplexer und aufwendiger, eine energetische Vorplanung mit Beratung zu erstellen, als einen Neubau kurz energetisch zu berechnen. Die Bedingungen des Vorhandenen mit einzubeziehen ist komplex, deshalb fordern wir hier eine entsprechende Honorierung und Aufklärung der Gebäudeeigentümer:innen durch die Politik.

Als A4F sehen wir die Notwendigkeit, neue Planungsabläufe bzw. ein neues Berufsbild im Bereich der Energieberatung zu etablieren: **Klimaschutzberater:in/Fachplaner:in/Sachverständige:r für Bauen im Bestand**

Als Klimaschutzberater:innen haben wir einen wesentlichen Einfluss auf die Bauherr:innen und die Planung, wenn wir uns den Baubeteiligten als gute Teamplayer und zukunftsorientierte, ganzheitlich denkende Fachexpert:innen mit Wunsch zur Mitgestaltung präsentieren. Gute Kontakte ermöglichen uns, frühzeitig in die Entscheidungsprozesse einzuwirken und auf Vorteile lebenszyklusorientierter Planung hinzuweisen. Gute Kommunikation zur **Aufklärung** und nicht Belehrung ist hier das richtige Werkzeug.

2.2.12 Glossar

1,5-Grad-Grenze	»Die in Paris Ende 2015 von der internationalen Staatengemeinschaft beschlossene Vereinbarung gibt das Ziel vor, die Erderwärmung auf deutlich unter 2 Grad Celsius (°C), möglichst aber auf unter 1,5 °C zu begrenzen. (…) Nach Erkenntnissen der Klimawissenschaft können (durch die 1,5 Grad Grenze) die Risiken und Auswirkungen des Klimawandels gegenüber einer stärkeren Erwärmung erheblich verringert werden – unter anderem die Gefahr, unwiderruflich Kipppunkte im Klimasystem zu überschreiten.« [1]
Bauen im Bestand	Baumaßnahmen in/an bestehenden Gebäuden wie Sanierungen, Umbauten, Erweiterungen und Nutzungsänderungen. Eine Diskussion darüber, wo die Grenze zwischen Bauen im Bestand und Ersatzneubau gelegt werden muss, ist noch zu führen, da bisher noch keine genaue bzw. einheitliche baurechtliche Definition besteht. Ein Indikator kann sein, inwieweit das Tragwerk erhalten bleibt.

CO_2-Emissionen	Kohlenstoffdioxid-Emissionen, hier: Begriff CO_2-Emissionen wird sowohl für direkte CO_2-Emissionen, als auch als Synonym für das CO_2-Äquivalent bzw. das Treibhauspotenzial (GWP=Global Warming Potenzial) anderer Treibhausgase verwendet.
CO_2-Senke	Als CO_2-Senke (oder auch Kohlenstoffsenke, leger auch »Kohlendioxidsenke«) wird ein natürliches Reservoir bzw. Ökosystem bezeichnet, das Kohlenstoff aufnimmt und speichert. Kohlenstoffsenken haben eine große Bedeutung für das globale Klima, weil sie das Treibhausgas Kohlendioxid (CO_2) aus der Atmosphäre aufnehmen und damit den Treibhauseffekt abschwächen. Beispiele hierfür sind Moore, Böden, Wälder und Meere. (*angelehnt an* [3]) Gebäude können durch die Wahl von nachwachsenden Baustoffen als Kohlenstoff-Speicher fungieren und zur Senkung des CO_2-Gehalts in der Atmosphäre beitragen.
Cradle to Cradle	Cradle to Cradle hat mehrere Bedeutungen. 1. Systemgrenze innerhalb der Ökobilanz: Cradle to Gate bilanziert die Umweltwirkungen eines Produkts vom Rohstoffabbau bis zum Werkstor, Cradle to Grave vom Rohstoffabbau bis zur Entsorgung und Cradle to Cradle bedeutet geschlossene Kreisläufe ohne dass Abfall entsteht. Aus dem Rohstoff wird hier am Ende wieder ein Rohstoff. 2. Designprinzip: Ein Produkt ist von Anfang an für den Kreislauf designt. Alle Materialien sind materialgesund, sortenrein voneinander trennbar und entweder biologisch abbaubar oder technisch rezyklierbar. Bei der Herstellung, Nutzung sowie beim Rückbau kommen erneuerbare Energien zum Einsatz. Ebenso soll das Produkt vielschichtig die Diversität fördern. 3. Denkschule/Mindset: Die Cradle to Cradle Denkschule besagt, nützlich zu sein statt nur weniger schlecht. Die klassische Nachhaltigkeitsstrategie beschränkt sich darauf, Schaden zu begrenzen und die negativen Auswirkungen bzw. den negativen Fußabdruck zu minimieren. Cradle to Cradle befürwortet einen großen, positiven Fußabdruck und die Mehrwerte zu maximieren.
Rückbaukonzept oder Design for Disassembly	Bauteile und Produkte werden so konzipiert, dass sie zerstörungsfrei und ohne Qualitätsverlust wieder in ihre Einzelteile zerlegt werden können. Zu solchen Verbindungsmethoden zählen z. B. Auflegen, Ineinanderschieben, Schrauben, Klemmen und Fügen durch Umformen z. B. bei Blechteilen.
Downcycling	Schon heute wird der überwiegende Teil der rückgebauten Materialien nach der Nutzungsphase weiterverwertet. Hierbei handelt es sich jedoch weniger um Recycling als um Downcycling, die Qualität und Funktionalität wird im Vergleich zum ursprünglichen Produkt verschlechtert.

(Öko-)Effektivität oder Positiver Fußabdruck	Im Gegensatz zur weitverbreiteten Schule des Verzichts, der Reduktion und des negativen ökologischen Fußabdrucks geht die Cradle to Cradle Denkschule davon aus, dass wir unser kreatives Potenzial nutzen können, um einen positiven Fußabdruck zu hinterlassen. Dem Ansatz der Öko-Effizienz wird die Öko-Effektivität vorweg gestellt. Grundlegend ist dabei ein Menschenbild, bei dem der Mensch als Nützling, nicht als Schädling betrachtet wird. [4]
Effizienz – Konsistenz – Suffizienz	Effizienz zielt auf eine ergiebigere Nutzung z. B. von Rohstoffen, Energie oder Flächen ab, durch Mehrfachnutzung und/oder Überlagerungen. [5]
	Achtung, Rebound-Effekt: Einsparungen durch Effizienz werden mittels Verhaltensänderungen von Nutzer:innen/Konsument:innen ganz oder teilweise wieder aufgehoben. Durch höhere Effizienz können beispielsweise sinkende Kosten zu höherem Verbrauch führen. [2]
	Konsistenz sucht nach Technologien und Stoffen, die besser für Natur und Umwelt sind als bisherige und die Kreisläufe, von der Herstellung über Nutzung und Recycling bis hin zur Wiedernutzung, schließen. (*angelehnt an* [5])
	Suffizienz strebt einen geringeren Verbrauch von Ressourcen wie Energie, Material und Fläche an, indem Menschen weniger konsumieren und weniger Dienstleistungen in Anspruch nehmen. Suffizienz versucht also nicht, bestehende Bedürfnisse mit weniger oder anderen Ressourcen zu befriedigen, sondern sie hinterfragt die Bedürfnisse selbst. [5]
Ersatzneubau	Ein Gebäude, das als Ersatz für ein bestehendes Gebäude auf demselben Grundstück errichtet wird und nicht mehr als Umbau gilt.
	Ein Wiederaufbau gilt als Ersatzneubau.
Graue Emissionen	Analog zu Grauer Energie sind die Grauen Emissionen die THG-Emissionen, die für die Herstellung der Baustoffe, den Transport und die Errichtung, sowie den Rückbau des Gebäudes entstehen.
Graue Energie	Bezogen auf das Bauwesen handelt es sich um die Bezeichnung für die Energie, die notwendig ist, um ein Gebäude zu errichten, instand zu halten und rückzubauen. Graue Energie umfasst die Energie zum Gewinnen, Herstellen, Verarbeiten von Baustoffen, zum Transport von Menschen, Maschinen, Bauteilen und Materialien zur Baustelle und zum Einbau von Bauteilen im Gebäude sowie zum Rückbau. (*in Anlehnung an* [2])
	Achtung bei der Grauen Energie:
	Bei der Messung in Primärenergie (kWh) wird das in nachwachsenden Rohstoffen gespeicherte CO_2 sowie das bei der Zementproduktion chemisch entstehende CO_2 (2/3 der CO_2-Emissionen bei der Zementproduktion) vernachlässigt!

Kaskadennutzung	Mehrfache, hintereinander geschaltete stoffliche und gegebenenfalls anschließende energetische Verwertungsmaßnahmen von Rohstoffen, etwa von Holz (z. B. tragender Holzbalken – Holzbretter – Furnierschichtholz – Spanplatte, Holzweichfaserplatte – energetische Verwertung), um eine Ressource möglichst lange zu nutzen. (*in Anlehnung an* [2]) Es ist ökologisch sinnvoll, eine möglichst lange Kaskadennutzung zu erreichen, Holz bspw. nicht frisch geschlagen bereits zu Toilettenpapier oder Brennholz zu verwerten, sondern zunächst zur qualitativ hochwertigeren Nutzung zu verwenden. Kaskadennutzung soll in geschlossenen Kreisläufen stattfinden und kein Deckmantel für Downcycling sein.
klimaneutral bzw. klimapositiv	Klimaneutralität bedeutet in Bezug auf bauliche Strukturen, dass Graue Emissionen und die Emissionen durch den Gebäudebetrieb keine negativen Auswirkungen auf das Klima haben und nicht vermiedene Treibhausgasemissionen vollständig durch CO_2-Senken ausgeglichen werden. Wenn der Ausgleich auf Null erfolgt, ist es »klimaneutral«, wenn er größer als die anfallenden Emissionen ist, ist es »klimapositiv«. Die Bilanzgrenze wird hierbei auf das Quartier erweitert, in dem das Gebäude steht, aber nicht darüber hinaus. Für Darstellung und Nachweis von Klimaneutralität sind umfassende und nachvollziehbare Bilanzierungsmethoden erforderlich (LCA, Ökobilanzierung etc.). Achtung bei zeitlicher und örtlicher Entgrenzung: Aktuell wird die Definition eines klimaneutralen bzw. klimapositiven Gebäudes oder Quartiers stark diskutiert. Oft wird nur das im Betrieb entstehende CO_2 bilanziert, was aus Sicht von A4F an der Realität vorbeigeht. Die Graue Energie muss in jedem Fall mit betrachtet werden. Welche Faktoren auf der »Guthaben«-Seite angesetzt werden dürfen, um überhaupt neutral oder positiv werden zu können (z. B. Überschuss an erneuerbarer Energie, Kohlenstoffsenke durch nachwachsende Baustoffe, Gebäudebegrünung und Baumpflanzungen etc.) ist ebenfalls umstritten. Weiterhin besteht ein Diskurs darüber, ob angesichts unmittelbar bevorstehender Tipping Points ein Gebäude nicht bereits unmittelbar nach der Erstellung klimaneutral oder -positiv sein muss, während die Norm für Ökobilanzierung die Erstellung, 50 Jahre Nutzung plus Entsorgung als Zeitrahmen vorgibt und Zertifikate (z. B. Neupflanzung) ihre Wirkung oft erst in Jahrzehnten entfalten. Falls mehr CO_2 gespeichert als emittiert wird (von A4F als klimapositiv bezeichnet), nutzen manche Quellen auch den Begriff »klimanegativ«.

klimaresilient	Eine Planung oder ein Bauvorhaben ist dann als resilient gegenüber der Klimakrise einzustufen, wenn es bereits heute so gebaut ist, dass es den zu erwartenden klimatischen Veränderungen (z. B. höhere Temperaturen im Sommer, Starkregen, …) gegenüber ohne zusätzlichen Energiebedarf widerstandsfähig ist, bzw. ohne nachträgliche bauliche Änderungen auskommt (z. B. ohne Klimaanlage).
Konsistenz	siehe Effizienz
kreislauffähig	Die Kreislauffähigkeit lässt sich in zwei Messgrößen darstellen: 1. Der Grad der Schließung von Kreisläufen, durch den Einsatz von Recyclat oder nachwachsenden Rohstoffen, also vor der Nutzung (Pre-Use). Die Fügung spielt hierbei keine Rolle. 2. Der prognostizierte Grad der Schließung von Kreisläufen am Ende der Nutzungsdauer (Post-Use) unter Berücksichtigung der Fügung und der Wirtschaftlichkeit des selektiven Rückbaus. Wesentlich hierbei die Dokumentation der verbauten Materialien. ($\rightarrow$ siehe Materialausweis) (angelehnt an [2])
Lebenszyklus	Der Lebenszyklus eines Gebäudes beschreibt die Phasen Herstellung, Betrieb, Instandhaltung und Abriss oder Rückbau am Lebensende (»End-of-Life«) sowie ggf. das Recyclingpotenzial.
Lebenszyklusberechnung (LCA, LCC)	Eine Lebenszyklusberechnung stellt üblicherweise die Kosten (Life Cycle Costs – LCC/ Lebenszykluskosten) und ökologischen Auswirkungen (Life Cycle Assessment – LCA/Ökobilanz) über den Lebenszyklus dar, bei Gebäuden werden standardmäßig 50 Jahre angenommen. Aus der Gesamtheit der Lebenszykluskosten werden bislang meist nur die Herstellungskosten und nicht die Instandhaltungs- und Entsorgungskosten bedacht, während bei den ökologischen Auswirkungen bislang der Fokus rein auf der verbrauchten Energie bzw. den Emissionen während der Nutzungsphase liegt, ohne die der Herstellung und Entsorgung zu berücksichtigen. Im Widerspruch zur DIN EN ISO 14040/14044 ist A4F der Meinung, dass für die Lebenszyklusanalyse am End-of-Life keine Gutschriften für das Verbrennen von Materialien zur Anwendung kommen dürfen.

Material- und Gebäudeausweis	Ausweis, der analog zum Energieausweis Auskunft über die Qualitäten aller im Gebäude verbauten Materialien sowie Informationen über deren Eigenschaften gibt.
	Bereits während der Planungsphase ist der Material- und Gebäudeausweis ein qualitatives Steuerungsinstrument. Danach dient er zur Dokumentation und als Grundlage für den Rückbauplan.
	Diese Informationen sind je nach Planungsstand z. B. • Menge und Art der Materialien (x Tonnen Holz, x Tonnen Stahl...) • Ort im Gebäude, wo die Materialien verbaut sind (z. B. mittels BIM, Raumbuch, Gebäudeelement, Schichtaufbauten etc.) • Materialgesundheit bzw. enthaltene Schadstoffe (Sicherheitsdatenblatt) • Technische Qualitäten wie Tragfähigkeit, Brandschutz, Wärmeleitfähigkeit, (Produktdatenblatt) • CO_2-Fußabdruck/Graue Energie des Gebäudes (in kg CO_2 Äqv. pro m² NGF und Jahr) • Fügung/Trennbarkeit der Schichten innerhalb eines Bauteils • Demontagefähigkeit ganzer Bauteile (Anleitung zur Demontage) • Materialherkunft (Pre-Use) z. B. nachwachsende Rohstoffe, Rezyklate oder nicht-nachwachsende Primärrohstoffe) z. B. über EPD (Environmental Product Declaration) • Kreislauffähigkeit des Materials in Zukunft (Post-Use) • z. B. Recycling, Kompostierung, Downcycling, thermische Verwertung, Verbrennung, Deponierung) • Restwertkalkulation der Materialien (abhängig von Rohstoffpreisen)
Nachhaltigkeitsprinzip	Beschreibt das Vorsorgeprinzip, zukünftigen Generationen im Sinne der Generationengerechtigkeit ihre Lebensgrundlagen in Anlehnung an die Sustainable Development Goals (SDGs) zu sichern.
	Vorrangmodell der Nachhaltigkeit: Einzelne Bereiche werden in ihrer Beziehung und Abhängigkeit zueinander gesehen. Aussage: Keine Wirtschaft ohne eine Gesellschaft, keine Gesellschaft ohne Ökologie. [6]
Recycling	Rückführung ehemals genutzter Produkte oder Abfälle in den Stoffkreislauf. Das Produkt eines Recyclingvorgangs erreicht die gleiche Qualitätsstufe wie das Ausgangsprodukt, nahezu ohne Qualitätsverlust. Das Recycling reduziert den Rohstoffverbrauch und dient damit der Ressourcenschonung. [2]
Suffizienz	siehe Effizienz

Sekundäre Baustoffe bzw. Bauteile	Sekundäre Bauteile bzw. Baustoffe werden entweder als Ganzes ohne oder mit wenig Aufbereitung wiederverwendet (z. B. Fassadenpaneele oder Bodenbeläge) oder bestehen ganz oder teilweise aus Rezyklaten (z. B. Schaumglasschotter aus Altglas).
	Es gilt die Reihenfolge: Wiederverwendung (Bauteil behält bisherige Funktion) und Weiterverwendung vor Kaskadennutzung (Bauteil wird weiterverarbeitet z. B. tragende Holzstütze zu Brettern) vor Recycling (Weiterverwertung: Bauteil wird in Rohmaterial zerlegt und das Recyclat als Basis für ein neues Bauteil verwendet, z. B. RC-Beton).
Technischer Kreislauf	Baustoffe bzw. Bauteile werden für den Gebrauch so produziert oder gänzlich neu entwickelt, dass diese in technische Systeme zurückgeführt werden können. Rohstoffe für die Technosphäre stehen auf der Erde nur begrenzt zur Verfügung. Deshalb müssen sie in gleichbleibend hoher Qualität erhalten bleiben. Auch nachwachsende Rohstoffe können in der Technosphäre zirkulieren, bevor sie dann wieder in die Biosphäre zurückgelangen. Alles kann so hergestellt werden, dass die eingesetzten Materialien mit geringem Aufwand voneinander getrennt werden können. Design für Demontage bedeutet nie wieder Rohstoffmangel und Wahrung der planetaren Grenzen. (*Angelehnt an* [4])
Biologischer Kreislauf (Biosphäre)	Innerhalb der Biosphäre zirkulieren nachwachsende Rohstoffe im biologischen Kreislauf. Materialien für die Biosphäre müssen materialgesund sowie biologisch abbaubar sein. (*Angelehnt an* [4])
Weiterverwendung	Erneute Verwendung eines gebrauchten Produkts für einen anderen Verwendungszweck, für den es ursprünglich nicht hergestellt wurde, der mit einem niedrigeren Qualitätsanspruch einhergeht (Downcycling), die Produktgestalt jedoch beibehält. Beispiel: Verwendung intakter Mauerziegelsteine als Randbegrenzung für Grünflächen. [2]
Wiederverwendung	Erneute Benutzung des gebrauchten Produkts für den gleichen Verwendungszweck unter Beibehaltung der Produktgestalt. Beispiel: Ausgebaute intakte Mauerziegelsteine werden erneut verbaut. [2]
Wiederverwertung	→ Recycling

»Architects for Future« setzen sich für die Einhaltung der Ziele des Pariser Klimaschutzabkommens und die Begrenzung der Erderwärmung auf maximal 1,5 °C ein. Die international aktive Initiative engagiert sich seit 2019 für einen ganzheitlich nachhaltigen Wandel im Bauwesen. Wir sind überwiegend im Bausektor tätig, sowohl in der Praxis, als auch an Hochschulen oder Kommunen. Unter uns sind überwiegend Architekt:innen, aber auch Fachplaner:innen, Unternehmer:innen und Studierende verschiedener Fachrichtungen. Wir arbeiten kooperativ auf allen Ebenen, um das

Bauen zukunftsfähig zu machen. Seit Mitte 2020 sind wir auch ein eingetragener gemeinnütziger Verein. https://www.architects4future.de

Die Autor:innen dieses Beitrags sind Energieberater:innen mit Erfahrungen in der Sanierung von Gebäuden, Beratung von Bauherr:innen, dem Erstellen von Sanierungsfahrplänen und der Lehre von Nachhaltigkeits- und Effizienzthemen.

Quellen Glossar:

[1] Wuppertal Institut für Klima, Umwelt, Energie gGmbH (Hrsg.); Kobiela, Georg et al.: CO_2-neutral bis 2035: Eckpunkte eines deutschen Beitrags zur Einhaltung der 1,5-°C-Grenze. Diskussionsbeitrag für Fridays for Future Deutschland mit finanzieller Unterstützung durch die GLS Bank. 2. Aufl. Wuppertal: 2020. URL: https://epub.wupperinst.org/frontdoor/deliver/index/docId/7606/file/7606_co2-neutral_2035.pdf [Zugriff am 28. 05. 2021]

[2] Hillebrandt, Anette et al.: Atlas Recycling. Gebäude als Materialressource. München: Edition Detail, 2018

[3] Wikipedia: Kohlenstoffsenke. URL: https://de.wikipedia.org/wiki/Kohlenstoffsenke [Zugriff am 28.05.2021]

[4] Cradle to Cradle NGO. URL: https://c2c.ngo/ [Zugriff am 28.05.2021

[5] BUND Landesverband Baden-Württemberg. URL: https://www.bund-bawue.de/themen/mensch-umwelt/nachhaltigkeit/nachhaltigkeitsstrategien/

[6] Wikipedia: Drei-Säulen-Modell (Nachhaltigkeit). URL: https://de.wikipedia.org/wiki/Drei-S%C3%A4ulen-Modell_(Nachhaltigkeit) [Zugriff am 28. 05. 2021]

Energieberatung neu denken

2.3 Nachhaltigkeit statt Energie: Neuer Fokus in der Energieberatung?

Kompetenzteam Ressourceneffizienz DEN

Dipl.-Ing. Aiko Müller-Buchzik | ReNOB (selbstständiger Energieberater); Leitung Kompetenzteam Ressourceneffizienz, Ressourcenoptimierung Braunschweig

In dem folgenden Beitrag wird dargestellt, wie sich die Energieberatung aus Sicht des Kompetenzteams Ressourceneffizienz[1] in Zukunft verändern wird. Um diese Veränderungen begrifflich gut fassen zu können, werden in einem ersten Schritt grundlegende Konzepte erklärt. Im Anschluss wird das derzeitige Arbeitsfeld und die klassische Vorgehensweise von Energieberatenden und Auditor:innen beleuchtet. Eine kleine Kritik führt dann zu der Frage, welche Aufgabenbereiche der Energieberatung zu eigen sind und zu eigen sein sollten. Schließlich beleuchtet der Artikel einen gesellschaftlichen wie politischen Shift. Im Fokus der Diskussion steht nicht mehr die Energie, sondern die Nachhaltigkeit, der Verbrauch von klimaschädlichen Energieträgern. Es wird aufgezeigt, welche Konsequenzen das für die Branche hat.

2.3.1 Materialeffizienz vs. Energieeffizienz

Wer sich mit Ressourceneffizienz beschäftigt, kommt schnell zur Erkenntnis, dass das Thema sehr vielschichtig ist, weshalb es unabdingbar ist, zuerst ein paar wichtige Begriffe zu definieren und in einen Kontext zu bringen. Die folgende Grafik, die vom Kompetenzteam Ressourceneffizienz (KT RessEff) erstellt wurde, zeigt deutlich, dass die Frage nach einer effizienten Ressourcennutzung nur ein Teil des Themas Nachhaltigkeit ist.

---

[1] Das Kompetenzteam Ressourceneffizienz ist eine Arbeitsgruppe im DEN, die den Vorstand zu Themen rund um Energie- und Materialeffizienz in gewerblichen und landwirtschaftlichen Kontexten unterstützt.

2 Nachhaltigkeit statt Energie: Neuer Fokus in der Energieberatung?

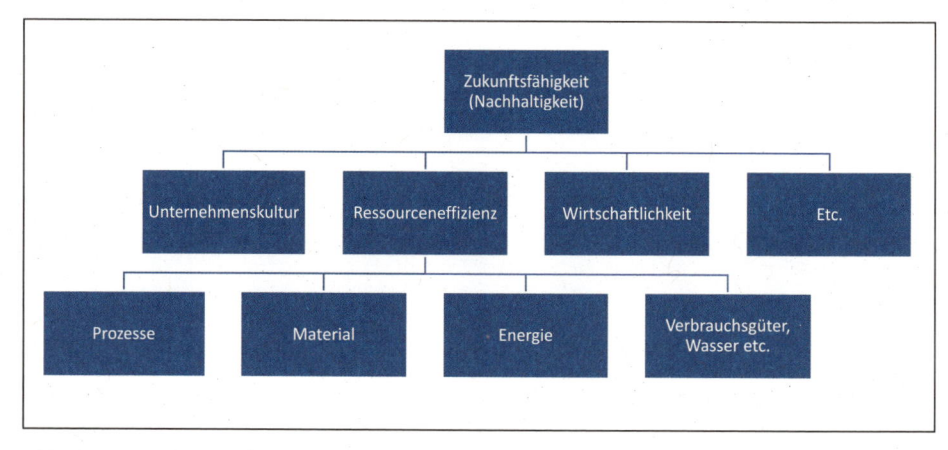

Abbildung 1: [Quelle: Müller-Buchzik]

Einzelne Aspekte der Darstellung können nur sehr schwer voneinander getrennt betrachtet werden, da auf jeder Betrachtungsebene Auswirkungen eines Aspekts auf andere Aspekte vorliegen. So ist einfach verständlich, dass eine Maschine zum Biegen eines Metallblechs auf den Einsatz von Energie angewiesen ist. Sowohl Material, als auch Energie als Ressource bedeuten für den/die Unternehmer:in automatisch eine finanzielle Belastung, die durch den Verkauf des Produkts refinanziert werden muss. Sollen Energie- oder Materialeinsatz im Rahmen einer Effizienzbetrachtung optimiert werden, so werden – gewollt oder nicht – auch Effizienzveränderungen bei der jeweils anderen Ressource verursacht. Im Optimalfall erfolgt bei beiden Ressourcen eine Steigerung der Effizienz. Es ist aber nicht auszuschließen, dass sich die Effizienz gegeneinander entwickelt – sodass es mindestens eines weiteren Kriteriums bedarf, um eine Entscheidung zu treffen, ob die Effizienzmaßnahme der Steigerung der Energie- oder der Materialeffizienz folgt.

Nachhaltigkeit

Der Begriff Nachhaltigkeit wird in verschiedenen Situationen unterschiedlich gebraucht und wird dadurch unabsichtlich, aber auch vollkommen absichtlich missverständlich genutzt. Im Folgenden wird die Definition genutzt, wie sie durch die UN, die EU und auch durch Deutschland auf Basis der sogenannten Brundtland-Kommission definiert ist, nämlich als Entwicklung, die die Belange zukünftiger Generationen bei der Entscheidungsfindung heute berücksichtigt, wobei neben den ökologischen, auch gesellschaftliche und wirtschaftliche Aspekte gleichberechtigt nebeneinander betrachtet werden.[2]

---

[2] https://www.bmuv.de/themen/nachhaltigkeit-digitalisierung/nachhaltigkeit/was-ist-nachhaltige-entwicklung, letzter Zugriff am 08.06.2022

Ressource

Der VDI definiert in seiner Richtlinie 4800 Ressource als »Mittel, welches in einem Prozess genutzt wird oder genutzt werden kann«[3], wobei im Speziellen bei einer Ressource von einer natürlichen Ressource ausgegangen wird. Diese ist als Mittel definiert, welches »die Natur bereitstellt und das für den Menschen einen Nutzen stiftet«. Als natürliche Ressource werden

- erneuerbare und nicht erneuerbare Primärrohstoffe,
- physischer Raum oder Fläche,
- strömende Ressourcen (Wind, Gezeitenenergie),
- Umweltmedien (Wasser, Boden, Luft),
- Ökosysteme (Wald, Wiesen)

angesehen.

Effizienz

Effizienz beschreibt mathematisch das Verhältnis aus dem Einsatz einer bestimmten Sache und dem sich daraus (für den Menschen) ergebenden Nutzen und ist nichts anderes als ein Wirkungsgrad. Der Nutzen ist dabei nicht nur für Energie und Material möglich, sondern letztlich für alle Ressourcen (auch finanzieller Natur). Daraus ergibt sich die bereits angesprochene Problematik, dass Energieeffizienz im Gegensatz zu Materialeffizienz stehen kann, nämlich dann, wenn zum Beispiel Materialeffizienz mit höherem Energieeinsatz (oder auch anders herum) verbunden ist.

2.3.2 Klassische Energieberatung im Gewerbe

Auch hier sei zuerst einmal angemerkt, dass Energieberatung im Gewerbe ein begrenzter Betrachtungsraum ist. Betrachtet man zum Beispiel ein Gebäude und die Beratung bezüglich der typischen technischen Gebäudeausstattung, so lässt sich das Gebäude von der Nutzung her in eine private und eine nichtprivate Nutzung unterteilen. Welcher Art die nichtprivate Nutzung ist, lässt sich nun weiter unterteilen: So wird üblicherweise zwischen produzierenden und nicht-produzierenden Unternehmen bzw. Gewerbe unterschieden. Im Kontext der Energieberatung kommt es nun zu einer Aufteilung der Zielgruppe, denn im Bereich der nicht-produzierenden Unternehmen kommen gänzlich andere Anlagengruppen zum Einsatz als im produzierenden Gewerbe. So findet der Energieberater, die Energieberater:in hier lediglich Anlagengruppen, wie sie in der DIN V 18599 bei der Bilanzierung zum Einsatz kom-

---

[3] https://www.vdi.de/richtlinien/details/vdi-4800-blatt-1-ressourceneffizienz-methodische-grundlagen-prinzipien-und-strategien, Zugriff am 08.06.2022

men. Im produzierenden Gewerbe hingegen kommen viel mehr der sogenannten Querschnittstechnologien (wie zum Beispiel Druckluft) sowie Produktionsanlagen zum Einsatz. Aus diesem Unterschied heraus kommt es häufig zu einer Unterscheidung beim Beruf des Energieberaters in Energieberater:innen für:

- Wohngebäude,
- Nichtwohngebäude (nicht-produzierende Unternehmen) und
- Gewerbe (produzierende Unternehmen).

Die Beratung selbst wird für die ersten beiden Gruppen oftmals im Kontext der Energieberatung tatsächlich nur auf die Energie bezogen, während vor allem in der dritten Gruppe häufig auch andere Themen direkt oder indirekt einen Einfluss haben.

Während die ersten beiden Berater:innengruppen meist die DIN V 18599 als Werkzeug nutzen, wird die DIN EN 16247 als häufiges Werkzeug für die dritte Gruppe genannt. Dieses Vorgehen ist nicht sinnvoll, denn die DIN EN 16247 ist eine Beschreibung der Vorgehensweise einer Energieberatung (in diesem Fall Energieaudit genannt), während die DIN V 18599 eine Berechnungsvorschrift ist. Das Problem wird dadurch deutlich, dass zum Beispiel im Rahmen des Energiedienstleistungsgesetzes (EDLG) von Nicht-KMUs die regelmäßige Durchführung eines Energieaudits gefordert wird – dies trifft aber auch auf Unternehmen zu, die in Deutschland gar keine Produktionsstätte haben (zum Beispiel Modegruppen). Das Gesetz sieht hier also vor, dass für nicht-produzierendes wie auch für produzierendes Gewerbe ein Energieaudit erstellt werden muss. Wenn aber – wie bei den Modegruppen – im Ausland produziert wird, ist es sinnvoll, das Gebäude hier nach DIN V 18599 zu bewerten, also nach der Berechnungsnorm und damit nicht nach jener Norm, die Auditor:innen im Normalfall eher nicht nutzen. Hier wird deutlich, dass die unterschiedliche Herangehensweise nicht immer gerechtfertigt und praktikabel ist. Die wesentlichen Betrachtungen lassen sich bei diesen Unternehmen aber dort am sinnvollsten durchführen, wo das Gebäude mit seiner Bauphysik und der technischen Gebäudeausrüstung ins Spiel kommt. Und damit macht die Nutzung der DIN V 18599 Sinn.

Grundsätzlich kann also für alle drei Beratungsgruppen festgehalten werden, dass der Ablauf der Beratung gemäß der DIN EN 16247 erfolgen kann, die Betrachtung von Gebäudehülle und der technischen Gebäudeausrüstung sinnvollerweise (bzw. auch gesetzlich oder förderrechtlich gefordert) durch die DIN V 18599 erfolgt. Genau dies findet sich inzwischen auch in der Rechtsprechung – vor allem im Bereich der geförderten Energieberatung. So werden Beratungen konkret als geförderte Energieaudits (gem. DIN EN 16247) ebenso gefördert, wie die Durchführung einer Energieberatung DIN V 18599, wobei auch hier angemerkt werden muss, dass die Berechnung von

Einsparmaßnahmen mittels Nutzung der DIN V 18599 nicht ausschließt, dass die Beratung den Grundsätzen der DIN EN 16247 folgt.

Dies wird aus einem zusätzlichen inhaltlichen Gesichtspunkt deutlich, nämlich der inhaltlichen Gestaltung der DIN EN 16247, welche sich in 5 Normteile einteilen lässt:

1. Allgemeines
2. Gebäudetechnik
3. Produktion
4. Transport
5. Kompetenz des Energieauditors einziehen

In der Wahrnehmung erfolgt meist lediglich die Betrachtung der Gebäudetechnik auf Basis der im Normteil 1 beschriebenen allgemeinen Vorgehensweise. Sobald bei der Betrachtung der Gebäudetechnik die Gebäudehülle als sinnvoller Ansatzpunkt entwickelt wird, kommt die DIN V 18599 ins Spiel. Aber, und das fällt seit Beginn der Einführung der DIN EN 16247 bisweilen unter den Tisch: Die genaue Betrachtung der Produktion und des Transports in einem Unternehmen ist ebenso Teil der Energieberatung (sofern in Form eines Energieaudits gemäß der Norm durchgeführt). Hierbei muss genauer betrachtet werden, worum es bei einer Energieberatung in der Produktion und beim Transport eigentlich geht. Produktion kann vereinfacht in zwei Ansätze unterteilt werden:

Energieeinsatz als Basis für Produktionsprozesse, wie zum Beispiel in denjenigen Unternehmen, bei denen Wärme ein wesentlicher Produktionsaspekt ist. Auf der anderen Seite kann die Energieeffizienz aber auch über das Produkt und den eingesetzten Materialeinsatz betrachtet werden. So kann ein Produktionsprozess energieeffizienter werden, wenn bei gleichbleibendem Energieeinsatz mehr produziert wird (oder umgekehrt für die gleiche Produktmenge weniger Energie benötigt wird). Gerade die erste Variante wird häufig aber nicht durchgeführt, selbst wenn Förderprogramme eine entsprechende Optimierung der Produktion beinhalten. Beim Transport ist die Betrachtung relativ einfach:

Mit reduzierter Fahrstrecke wird der Einsatz an Kraftstoff geringer und es kommt zu einer Verringerung des Energieeinsatzes, bisweilen durch die Verringerung des spezifischen Kraftstoffbedarfs bzw. der Erhöhung der Streckeneffizienz (z. B. Strecke/kWh). Sowohl im Bereich der klassischen Produktions- als auch der Transportoptimierung finden sich thematisch spezialisierte Berater:innen, die bisher eher andere Parameter für die Optimierung genutzt haben, Energie spielte eine untergeordnete Rolle – letztlich kann aber festgehalten werden: Produktions- und Transportoptimierung sind gem. DIN EN 16247 ebenfalls eine Energieberatung.

Wegen des derzeit noch fehlenden Berufsbilds »Energieberater:in« lässt sich hier kein abschließendes Fazit ziehen, bis auf die Tatsache, dass Energieberatende nicht auf das Gebäude und damit auf direkt verbundene Gebäudeausrüstung beschränkt, zum Einsatz kommen kann, sondern ein sehr viel größeres Arbeitsgebiet hat, womit wir bei den Veränderungen innerhalb der Gesetzgebung und Politik sind.

2.3.3 Gesetzliche Veränderungen mit Auswirkungen auf die Energieberatung im Gewerbe

Im Verständnis der Energieberatung, wie sie durch die DIN EN 16247 möglich ist, zeigt sich ein ganz interessanter Aspekt: Bei der Verfolgung der öffentlichen und politischen Diskussion im Zusammenhang mit dem Klimawandel wird immer wieder betont, dass es nicht nur ein Gebiet gibt, welches Ansätze bietet. Bisweilen entsteht zwar der Eindruck, dass der Verkehr das größte Problem ist, dann aber stellt plötzlich der Gebäudesektor den wichtigsten Ansatzpunkt. Das ist natürlich zu kurz gedacht, denn in allen Sektoren (Gebäude, Produktion/Verwaltung, Verkehr, …) bedarf es einer Steigerung des Ressourceneinsatzes und des Anteils an Nutzung von sauberen Energien.

Und genau dies zeigt sich auch in der Gesetzgebung und den bereits auf Ebene der UN angestoßenen Veränderungen, die sich jedoch nicht nur auf Energie beschränken, sondern gemäß dem Ansatz der nachhaltigen Entwicklung in der gesamten Breite der Auswirkungen unseres Handelns Anforderungen an die Unternehmen (auf der Welt/in der EU) stellen. Im Zuge der diversen gesetzlichen (und gesellschaftlichen) Anforderungen an Unternehmen ist in den letzten Jahren der Nachhaltigkeitsgedanke verstärkt in den Vordergrund gerückt. Im Speziellen zeigen immer mehr Unternehmen, Kommunen, öffentliche Einrichtungen und auch Endkonsument:innen Interesse an der Ökobilanz von Produkten und Dienstleistungen.

Die ökologische Auswirkung eines Produkts, aber auch einer Dienstleistung, wird weitestgehend durch den Ausstoß von Emissionen definiert (auch wenn dies wie die Definition der natürlichen Ressourcen nur ein Aspekt ist). War eine Zeit lang der CO_2-Fußabdruck wichtig, so geht es verstärkt in Richtung der Bilanzierung der so genannten CO_2-Äquivalente, bei denen alle treibhauswirksamen Gase ins Verhältnis zur Treibhauswirksamkeit von CO_2 gesetzt werden. Diese Fokusverschiebung wird dabei mit einem »e« deutlich gemacht: CO_{2e}. Vereinzelt ist daher der Begriff der Treibhausgasbilanz zu lesen. Als bekanntester Vertreter ist hierbei das Grennhousegas Protocoll (GHGP) zu nennen, welches derzeit die umfassendste Betrachtung definiert – gleichzeitig aber von fast keinem Unternehmen vollständig dargestellt werden kann. Hintergrund ist die Tatsache, dass bei der vollständigen Betrachtung der Treibhauswirksamkeit des eigenen Handels die Herkunft der selbst genutzten Materialien und

Energie genauso betrachtet wird, wie zukünftige Emissionen. Aktuell fehlt jedoch schlicht das Wissen um die Auswirkungen von Produkten und Dienstleistungen, sodass es einen großen Arbeitsaufwand darstellt, in Zukunft diese Informationen zusammenzutragen.

Nichtsdestotrotz soll dies kein Hindernis sein – sowohl Politik, als auch Unternehmen haben erkannt und akzeptiert, dass wir uns ganzheitlich und tiefergehend mit unseren Auswirkungen auf die Natur auseinandersetzen müssen. In Deutschland gibt es daher inzwischen sogar eine eigenes Förderprogramm, welches dazu dient, zum einen entsprechende Datensätze zu erstellen, um den Ist-Zustand zu beschreiben, aber auch einen Fahrplan zu gestalten, wie der eigene CO_{2e}-Abdruck reduziert werden kann.

2.3.4 Stellenwert der Energie in zukünftigen Beratungsprojekten

Derzeit scheint es, als wenn es sich in erster Linie um die Energie an sich dreht, wenn Beratungen durchgeführt werden. Das ist so aber nur selten der Fall. Auch wenn im Bereich von Beratungen und EDLG-Audits die Energiemenge im Vordergrund steht, so muss auch akzeptiert werden, dass die meisten Unternehmen und Einrichtungen am Ende des Tages auf das Geld schauen. Die Umweltauswirkungen sind derzeit noch nicht im Vordergrund – auch wenn durch angepasste Förderrahmenbedingungen, Gelder vereinzelt schon an die Reduzierung des $CO_{2(e)}$-Ausstoßes gekoppelt sind.

Im allgemeinen Bewusstsein vollzieht sich jedoch ein Trend hin zu einer Betrachtung der Umweltauswirkung des eigenen Handelns und damit einhergehend besteht die Möglichkeit, dass sich der Grundansatz für die Betrachtung des Energieeinsatzes ändert. Derzeit noch der eigentliche Ausgangspunkt, wird zukünftig nicht mehr gefragt werden, wie viel weniger Energie zum Einsatz kommt, sondern wird es primär darum gehen, wie hoch die Reduzierung der Treibhausgase im Rahmen von Effizienzprojekten ausfällt bzw. wie hoch die Umweltbelastung durch Emissionen sind. Sicher, am Ende geht das mit der Reduzierung des Energieeinsatzes zum Großteil einher – die bloße Reduzierung auf den totalen Energieeinsatz wird jedoch dort zum Problem, wo Unternehmen (nachweislich) ökologisch unkritische Energien einsetzen (PV-Strom, Einsatz von Wasser- und Windkraft zur lokalen Stromerzeugung).

Für den Energieberater, die Energieberaterin bedeutet dies, dass der Betrachtungsbereich zwar weiterhin Energie berücksichtigt, vor allem im nichtprivaten Bereich wird der Ausgangspunkt jedoch nicht mehr (alleine) die Energiebilanz sein, sondern vielmehr die Ökobilanz, von der aus in Richtung Energie geschaut wird. Sofern sich dies in naher Zukunft auch auf politischer Ebene durchsetzt, besteht durchaus die

Möglichkeit, dass auch Gesetze und Förderrichtlinien nicht mehr alleine auf die eingesetzte und/oder benötigte Energiemenge bezogen sind, sondern unabhängig vom Energieträger auf die Menge an ausgestoßenen Treibhausgasen.

Dies bedeutet für Energieberatende eine deutliche Vergrößerung des Arbeitsgebietes, da viele Tätigkeiten weit über die bisherigen Betrachtungsgrenzen hinaus gehen.

Energieberatung neu denken

2.4 Energieberatung international

Dipl. Phys. Klaus Haars (M. Eng.) | Energie Consult, Koblenz

Welche Bedeutung Energieeffizienz (EE) und Energieberatung in Deutschland haben, wird in diesem Band ausführlich dargestellt. Energieeffizienz muss aber in internationalen Maßstäben gedacht werden. Beispielsweise prognostiziert die Internationale Energieagentur (IEA), dass 85 % des Wachstums des globalen Strombedarfs in Schwellen- und Entwicklungsländern erfolgen werden. Um die internationalen Klimaschutzziele zu erreichen, muss die Energieintensität (Energieeinsatz/Bruttoinlandsprodukt) signifikant reduziert werden, weit über den aktuellen Wert von 1,9 % / Jahr [Energy Efficiency Report der IEA, 2021] hinaus.

Der Klimaschutz erfordert globale Anstrengungen. Daher unterstützen Deutschland und die EU viele Energieeffizienz-Projekte in anderen Ländern. Allein die KfW Entwicklungsbank, die im Auftrag der Bundesregierung Finanzierungen für die Entwicklungszusammenarbeit bereitstellt, hat in den letzten Jahren Mittel von ca. 1.200 Millionen EUR für Energieeffizienzprojekte weltweit zur Verfügung gestellt. Bei der Umsetzung dieser Projekte leisten deutsche Energieberater:innen einen wichtigen Beitrag.

2.4.1 Energieeffizienz am Beispiel Jordanien

Die Arbeit in internationalen Projekten wird in diesem Beitrag am Beispiel eines Projekts in Jordanien dargestellt, das nach aktuellem Planungsstand Ende 2022 abgeschlossen wird. Der Autor hat als externer technischer Sachverständiger der KfW das Vorhaben von der Planungsphase an begleitet. Das Projekt fördert Energieeffizienzmaßnahmen in öffentlichen Gebäuden. Hierüber hat die KfW im Auftrag der Bundesregierung einen Finanzierungsvertrag mit der jordanischen Regierung über einen Kredit von 15 Millionen Euro geschlossen. Zusätzlich wurde ein Zuschuss von knapp 3 Millionen Euro für die technische Unterstützung durch eine Beratungsfirma bereitgestellt.

Projektziele

Mit dem Projekt soll in der öffentlichen Verwaltung Jordaniens ein stärkeres Bewusstsein für Energieeffizienz geschaffen werden. Auch sollen die Technik und Wirtschaftlichkeit von Energieeffizienzmaßnahmen auf breiter Basis demonstriert werden. Für die jordanische Regierung steht die Senkung der erheblichen Energiekosten im öffentlichen Sektor und die Reduzierung der Abhängigkeit Jordaniens von Energieimporten im Vordergrund.

Projektsteuerung

Die Steuerung eines internationalen Projekts ist nicht nur wegen der politischen Vorgaben sowohl von deutscher Seite als auch von Seiten des jeweiligen Gastlandes komplex. Auch die Vielzahl beteiligter Organisationen mit zum Teil unterschiedlichen Interessen und Arbeitsweisen ist eine Herausforderung, der sich alle Beteiligten stellen müssen.

Abbildung 1: Projektbeteiligte
[Foto: GFA Consulting Group GmbH]

In Jordanien sind die Ministerien für öffentliche Arbeiten und Wohnungsbau (MoPWH), für Gesundheit und für Erziehung beteiligt. Projektträger ist das MoPWH, das für alle Baumaßnahmen im öffentlichen Bereich zuständig ist. Eine zentrale Aufgabe haben naturgemäß die mit der Durchführung beauftragten Baufirmen. Involviert sind auch die Energieversorgungsunternehmen, die für den Netzanschluss von PV-Anlagen und die Bereitstellung von Energieverbrauchsdaten verantwortlich sind. Von deutscher Seite wird das Projekt durch die KfW gesteuert.

Beteiligt ist auch ein Konsortium zweier Consulting-Unternehmen aus Deutschland und Jordanien. Die Berater:innen unterstützen die jordanischen Ministerien bei der Planung und Durchführung der Maßnahmen. Sie sind für die Erstellung der Ausschreibungsunterlagen, die Bauüberwachung und Abnahme der Anlagen zuständig und organisieren die Messkampagne und Erfolgskontrolle.

Projektdurchführung

Die Auswahl der Fördermaßnahmen und der zu sanierenden Gebäude erfolgte auf Grundlage eines Kriterienkatalogs, der durch die Consulting-Unternehmen entwickelt wurde. Die Entscheidung über die Gebäude und die Sanierungsmaßnahmen wurde von einem Steuerungsgremium der beteiligten Ministerien getroffen. Die KfW hat diese dann geprüft und genehmigt.

In einer Pilotphase wurden zunächst Maßnahmen in fünf ausgewählten Gebäuden durchgeführt. Parallel dazu wurden in einem umfassenden Prozess 21 Verwaltungs- und Funktionsgebäude, 40 Krankenhäuser und Gesundheitsstationen sowie 137 Schulen für die Durchführungsphase ausgewählt.

Zur Ausschreibung der Durchführungsphase wurden drei detaillierte Leistungsverzeichnisse erstellt. In einem öffentlichen Ausschreibungsverfahren wurden drei Generalunternehmer ausgewählt, die für die Gebäude jeweils eines Ministeriums zuständig sind.

Kriterien für die Auswahl der Energieeffizienzmaßnahmen waren u. a. eine kurze Amortisationszeit, eine hohe CO_2-Minderung (bezogen auf die Investitionen) und die Replizierbarkeit in einer Vielzahl unterschiedlicher Gebäude. Für die deutsche Seite stand der Klimaschutz im Vordergrund. Die jordanische Regierung wollte vornehmlich die hohen Energiekosten der öffentlichen Gebäude reduzieren.

In der Pilotphase wurden auch komplexere Maßnahmen wie eine zentrale VRF-Klimaanlage für das Hauptgebäude eines Ministeriums (MOPWH) erfolgreich eingesetzt und erprobt. In der Durchführungsphase lag der Schwerpunkt dann bei der Umrüstung der Beleuchtung auf LED, dem Einsatz energieeffizienter Splitgeräte zur Klimatisierung und der Installation von Photovoltaikanlagen. Alles Maßnahmen mit geringem Wartungsbedarf, die relativ einfach replizierbar sind und einen hohen CO_2-Minderungsertrag erbringen.

Aus deutscher Sicht sind dies keine innovativen Technologien. Jordanien verfügt jedoch über vergleichsweise wenig Erfahrungen mit Energieeffizienzmaßnahmen. Mit Ausnahme von PV-Anlagen werden solche Maßnahmen in öffentlichen Gebäuden bisher kaum eingesetzt.

Abbildung 1: LED-Beleuchtung in einer Schule [Foto: GFA Consulting Group GmbH]

Abbildung 2: LED-Beleuchtung im Krankenhaus [GFA Consulting Group GmbH]

Nachhaltigkeit und Klimaschutz

Nach derzeitigen Berechnungen wird das Projekt jährlich ca. 14.000 Tonnen CO_2 einsparen. Die Amortisationszeit für die Maßnahmen in der Durchführungsphase wird ca. 25 Monate betragen.

Klimaschutz wird in Jordanien überwiegend mit erneuerbaren Energien gleichgesetzt. Energieeffizienz und Energie sparen haben demgegenüber einen geringen Stellenwert. Dies gilt umso mehr im öffentlichen Sektor.

Ein Energiebewusstsein bei der Führung und den Mitarbeiter:innen der Ministerien bestand zu Beginn des Vorhabens nur in Ansätzen. Dementsprechend gab es keine Ansätze eines Energiemanagements und auch kaum Energieeffizienzmaßnahmen – abgesehen von den zahlreichen PV-Anlagen. Das Projekt schafft nun die Grundlagen für ein Energiemanagement und verdeutlicht die Vorteile, die sich daraus für die Ministerien ergeben.

Die notwendigen strukturellen und budgetbezogenen Änderungen lassen sich jedoch gerade in öffentlichen Verwaltungen nicht einfach umsetzen. Auch in Deutschland hat dies viele Jahre und teilweise Jahrzehnte gedauert. Inzwischen arbeiten aber in den drei Ministerien Kernzellen künftiger Energiemanagement-Teams.

Abbildung 3: Begutachtung einer PV-Anlage [Foto: GFA Consulting Group GmbH]

Abbildung 4: PV-Anlage als Parkplatzbedachung [GFA Consulting Group GmbH]

Die Team-Mitglieder wurden durch die Consulting-Unternehmen für die zukünftigen Aufgaben umfassend geschult. Eine ihrer Hauptaufgaben ist die Durchführung einer Messkampagne, um die Wirkungen der Maßnahmen quantitativ zu belegen und damit auch eine Motivation für weitere Energieeffizienzmaßnahmen in der Zukunft zu schaffen. Die Messkampagne soll die Grundlagen für ein Energiecontrolling schaffen, das bislang nicht existiert. Die Ministerien kennen zwar ihre Energiekosten, die tatsächlichen Verbräuche werden jedoch nirgendwo erfasst.

Eine wichtige Aufgabe für die Energiemanagement-Teams ist auch die Umsetzung eines Motivationskonzepts zur Steigerung des Energiebewusstseins auf Ebene der beteiligten Einrichtungen und die Sicherstellung der Anlagenwartung. Insbesondere die PV- und Solarthermieanlagen müssen in dem vorherrschenden Klima häufig gereinigt werden. Durch die hohen Staub- und Sandablagerungen sind Ertragseinbußen von mehr als 25 % nicht ungewöhnlich.

Vor Beginn des Vorhabens wurde eine Umwelt- und Sozialverträglichkeitsprüfung durchgeführt. Hieraus wurden konkrete Maßnahmen für die Durchführung abgeleitet, beispielsweise zur Absicherung der Baustellen, im späteren Verlauf aber auch für Corona-Schutzmaßnahmen. Auch wurden strikte Regeln zur Sammlung und Lagerung umwelt- und klimaproblematischer Stoffe, wie Leuchtstofflampen und Kältemittel der ausgetauschten Klimageräte, vorgegeben und umgesetzt.

Energieberatung international

Internationale Projekte, wie das Vorhaben in Jordanien, sind ohne die Unterstützung von Energieberater:innen nicht möglich. Sie beraten staatliche Finanzierungs- und Durchführungsorganisationen wie KfW und GIZ, arbeiten in Consulting-Unternehmen an der Durchführung und unterstützen exportorientierte Technologieunternehmen.

Internationale Projekte erfordern auch internationale Teams. In dem jordanischen Vorhaben waren und sind beispielsweise Berater:innen aus Deutschland, Griechenland, den Niederlanden, Thailand und Jordanien beteiligt. Neben dem notwendigen Fachwissen sind gute Sprachkenntnisse, Erfahrung in Projektsteuerung und -koordination und soziokulturelle Kompetenz erforderlich. Die Arbeit ist hier stark interdisziplinär.

Abbildung 5: VRF-Klimaanlage auf dem Dach eines Ministeriums [GFA Consulting Group GmbH]

Abbildung 6: Projektkoordinationssitzung [GFA Consulting Group GmbH]

Energieberatung neu denken

2.5 Energieberatung nach der Flutkatastrophe im Ahrtal

Dipl.-Ing Annett Keith | Geschäftsführerin des B.E.I. – Berliner Energieinstitut GmbH

2.5.1 Einleitung

Am 14. und 15. Juli 2021 änderte die Flutkatastrophe im Ahrtal das Leben vieler Menschen in der Region radikal. Die Ahr flutete mehrere hundert Meter rechts und links des Flussbettes tausende von Gebäuden. Vielen Menschen wurde das Zuhause oder die wirtschaftliche Existenz genommen.

Fährt man im Mai 2022 durch die Region, sieht man noch immer zerstörte Brücken und Strommasten, Autofriedhöfe an Straßenecken, vor allem aber Hunderte von zerstörten Gebäuden und Wohnhäusern. Viele Familien leben in provisorischen Unterkünften.

Gleichzeitig ist der Wiederaufbau in vollem Gange. Von Anfang an wurde er von einem Diskurs über die zukunftssichere Bebauung des Flusstales begleitet. Lokal, im Landkreis Ahrweiler aber auch deutschlandweit wurde gestritten, wie wir die Besiedelung an Naturkatastrophen dieser Art anpassen können. Wir als Energieberater:innen sind gefragt, diesen Prozess zu begleiten. Ich möchte im Folgenden darlegen, welche Probleme und Herausforderungen mit dieser Aufgabe einhergehen.

2.5.2 Klimawandel – anpassen oder bekämpfen

Zwei Themenfelder bestimmen die Entscheidungsfindung in der Energieberatung. Auf der einen Seite müssen wir uns und unsere Gebäude an **neue Umweltbedingungen** wie Hitze, Starkregen und Fluten anpassen. Häuser, in denen die Elektroanlagen und die Heizung in höher gelegenen Stockwerken installiert werden, werden im Falle einer Katastrophe weniger Sachschäden aufweisen und können sich ein Stück weit vor Hochwasserschäden schützen. Zugleich müssen wir die **CO_2-Emissionen reduzieren** und vermeiden, dass neue Emissionen von Treibhausgasen entstehen. Wir raten unseren Kund:innen daher zu 100 % regenerativen Energiequellen und arbeiten mit ihnen gemeinsam ein passendes Sanierungskonzept aus.

Die **Anpassung** an den Klimawandel bedeutet, dass wir entweder nicht mehr in Flusstälern bauen oder die Gebäude so bauen, dass sie eine Flut gut überstehen. Wie aber kann die Entscheidung für oder gegen den Wiederaufbau gefällt werden? Einerseits gibt es die sehr persönliche Entscheidung, das eigene Wohnhaus vielleicht an anderer Stelle wieder aufzubauen. Andererseits erfordert eine neue Siedlungspolitik lange und komplexe Entscheidungsprozesse. Bei unserer Arbeit tragen wir die großen klimapolitischen Ziele durch konkrete Maßnahmen und Vorschläge an unsere Kund:innen heran und setzen sie um.

Wenn uns eine Anfrage zur Beratung oder energetischen Sanierung aus dem Ahrtal erreicht, ist die Entscheidung für einen Wiederaufbau bzw. eine Sanierung des Gebäudes schon getroffen. Wenn wir das Gebäude dann klimasicher sanieren wollen, betrifft das immer auch die Ausstattung und die Lage der technischen Anlagen im Haus. Anders als in herkömmlichen Energieberatungen thematisieren wir den Standort der neuen Heizung und empfehlen unseren Kunden, die sensiblen technischen Anlagen erhöht zu installieren. In unseren individuellen Sanierungsfahrplänen weisen wir darauf hin. Wir haben Kunden, die nicht im Ahrtal ansässig sind, die aber ebenso von Flut oder Starkregen betroffen sind, z. B. in Bonn. Auch hier geben wir einen Hinweis auf einen alternativen Standort für die Heizungsanlage. Ähnlich verhält es sich mit der Elektroverteilung und den Sicherungskästen. Viele Bewohner:innen wünschen sich eine Photovoltaikanlage, deren Technik im Haus dann entsprechend in höher liegenden Stockwerken installiert wird.

Der Kampf gegen den Klimawandel impliziert die Vermeidung von Treibhausgasemissionen. Das bedeutet im Kontext der Energieberatung von Wohn- und Nichtwohngebäuden hauptsächlich Vermeidung von CO_2-Emissionen. Viele Häuser und Gebäude sind im Ahrtal mit einer Ölheizung ausgestattet. Wir raten in der Regel zu einer Wärmepumpe in Kombination mit Photovoltaik. Immer prüfen wir, ob der Anschluss an ein Nah- oder Fernwärmenetz möglich ist. Von Heizungsanlagen, die auf fossilen Energieträgern beruhen, raten wir ab. So arbeiten z. B. auch Blockheizkraftwerke in der Regel mit Erdgas. Der ökologische Vorteil dieser Technik ist nicht erst vor dem Hintergrund des Ukrainekrieges zweifelhaft. Arbeiten BHKWs mit Biogas, ist dies eine Alternative, die wir empfehlen.

2.5.3 Bestandsanalyse nach der Flut

Am Tag 1 nach der Katastrophe war der Starkregen abgezogen, es herrschte wunderbares Sommerwetter. Die Ahr hatte sich zurückgezogen, obgleich sie noch nicht in ihr eigentliches Flussbett zurückgefunden hatte. Das Ausmaß der Verwüstung jedoch war unfassbar. Zunächst galt es, den Schlamm, den die Flutwelle gebracht hatte, aus den Kellern, Fluren und Wohnzimmern abzutragen. In trockenem Zustand ist diese lehmige Masse steinhart.

In den folgenden Wochen stellte sich der wahre Schaden für die Gebäude immer konkreter heraus. Die unteren Geschosse, insbesondere das Erdgeschoss und der Keller bzw. das Rez-de-chaussée in den Fußgängerzonen der größeren Orte wie Bad Neuenahr, Ahrweiler und Sinzig, waren fast ausnahmslos von Feuchtigkeit betroffen. Die Wände, Putz und die Wärmedämmung waren feucht. Die Fensterscheiben waren in vielen Fällen zerbrochen und die Feuchtigkeit in die Rahmen gezogen. Ebenso war oft der Fußboden zerstört, der Estrich aufgebrochen. Viele elektrischen Anlagen waren außer Betrieb.

Sehr viele Heizungsanlagen in Wohn- und Nichtwohngebäuden wurden überspült oder mit den Wassermassen gerissen. Heizkörper und Wasserleitungen waren voller Schlamm, der schnell aushärtete. Die Steuerung, Pumpen und sonstige elektrischen Komponenten wurden entweder von den Wassermassen mitgerissen oder zerstört.

Ein typisches Bild zeigen noch sechs Monate später Häuser, die vom Keller bis zum Erd- oder 1. Obergeschoss bis auf den Rohbau entkernt wurden. Tür und Fensteröffnungen sind notdürftig mit OSB-Verlegeplatten geschlossen. In vielen Häusern laufen rund um die Uhr meist mehrere Bautrockner. Um den Winter 2021/2022 zu überbrücken, wurden Notlösungen geschaffen. Es wurden Holzöfen, Elektroheizstationen, kleine Wärmenetze auf Ölbasis und Wärmepumpen provisorisch installiert. Es gab auch Heizungsspenden aus allen Teilen des Landes.

2.5.4 Energieberatung für Flutopfer

Die Frage, welche Heizung in Zukunft die Wärme liefern soll, steht im Mittelpunkt jeder Energieberatung im Ahrtal. Vor dieser Frage stehen viele Haushalte noch ein dreiviertel Jahr nach der Flut. Nur rund 12 % der alten Ölheizungen können nach Aussage der Energieagentur Rheinland-Pfalz repariert werden. Die große Mehrheit, ganze 73 %, ist komplett zerstört und muss erneuert werden.[1]

---

1 Energieagentur Rheinland-Pfalz: Wie steht es um die Wärmeversorgung im Ahrtal? URL: https://www.energieagentur.rlp.de/service-info/die-energieagentur-informiert/aktuelle-meldungen/aktuelles-detail/wie-steht-es-um-die-waermeversorgung-im-ahrtal [Zugriff am: 10.05.2022]

Da die Situationen der Bewohner:innen so unterschiedlich sind, sind auch die Maßnahmen individuell. Es hat sich bei unserer Arbeit herausgestellt, dass individuelle Sanierungsfahrpläne (iSFP) im Rahmen der Bundesförderung für Energieberatung für Wohngebäude in einigen Fällen der richtige Weg sein können. Besonders wenn die Betroffenen nicht selbst in dem Haus wohnen oder ins 1. Obergeschoss ziehen können, eignet sich der iSFP gut, um Möglichkeiten für energetische Sanierungsmaßnahmen aufzuzeigen. Wenn kein Zeitdruck vorhanden ist, ist es über dieses Instrument möglich, ein bis auf die Grundmauern entkerntes Haus auf einen energetisch hohen Stand zu bringen. Da der Estrich und die alten Heizkörper und Heizungsrohre meist bereits entfernt wurden, ist auch eine Fußbodenheizung denkbar und die Wärmepumpe eine ideale Wärmequelle.

Doch gerade wenn Familien schnell in ihr Eigenheim und in eine alte Normalität zurückwollen, ist eine detailreiche Analyse möglicher Sanierungspotenziale nicht zielführend. Hier gilt es zeitnahe, gute Lösungen zu finden. Mit Spendengeldern aus der Aktion »Deutschland hilft« wurden 42 Tiny-Houses in Sinzig, Ramersbach und Bad Bodendorf aufgebaut. Sie konnten im Februar 2022 bezogen werden. Betroffene Familien erhielten so schnell Hilfe.

Die Energieagentur Rheinland-Pfalz hat verschiedene Möglichkeiten der Sanierung für Flutbetroffene herausgearbeitet.

Die erste Möglichkeit ist die Sanierung auf den Stand vor der Flut nach gesetzlichen Anforderungen. Dabei können die Betroffenen mit 80 % Förderung im Rahmen der Aufbauhilfe durch die Investitions- und Strukturbank Rheinland-Pfalz rechnen. Im Rahmen der Aufbauhilfe wird die wirtschaftlichste und sparsamste Variante einer neuen Heizung angesetzt. Das ist immer noch ein Gas-Brennwertkessel, der dann mit 80 % gefördert werden würde.

Die zweite Möglichkeit ist die Sanierung auf einen besseren, energetischen Standard (mind. gesetzlicher Standard + Einzelmaßnahmen). Hierbei können Aufbauhilfe, BEG und der iSFP kombiniert werden. Entscheidet man sich für eine BEG-geförderte Heizung wie z. B. eine Wärmepumpe, kommen zu den 80 % der Aufbauhilfe noch BEG-Förderung und iSFP-Bonus dazu.

Die dritte Möglichkeit ist die »Effizienzhaussanierung« (je nach Möglichkeit: Fassade, Fenster, Türen, Kellerboden, Innendämmung Kellerwände, Dämmung Kellerboden und dezentrale Lüftungsanlage). Auch hier ist die Kombination aus Aufbauhilfe, BEG und iSFP das Ziel.

Viele unserer Kunden ziehen eine Wärmepumpe in Betracht, sind aber gleichzeitig unsicher, ob eine solche Anlage ausreicht. Unsere Überzeugungsarbeit können wir in drei Fragen zusammenfassen:

- Lässt sich eine Wärmepumpe in meinem Haus installieren?
- Wird das Haus auch ohne einen Backup-Kessel warm?
- Kann ich die alten Heizkörper verwenden oder brauche ich neue Flächenheizkörper?

Diese technischen Fragen können wir immer positiv beantworten. Die Heizkörper sind in der Regel der Engpass und die knifflige Stelle. Dass die alten Heizkörper nach der Flut häufig entfernt werden mussten, wirkt sich hier allerdings zum Vorteil aus. Wir raten dann oft zu Fußbodenheizungen. Wenn die alten Heizkörper aufgrund der zu hohen Heizlast nicht ausreichen, empfehlen wir Wand-Flächenheizköper. Sie sind leicht zu installieren und bieten auf behaglicher Strahlungswärme.

Es gibt auch viele Kund:innen, die eine Gas-Brennwerttherme aus Kostengründen bevorzugen. Ich möchte hier betonen, dass unserer Erfahrung nach die höheren Kosten der einzige Grund sind, sich gegen eine Wärmepumpe und für eine Gasheizung zu entscheiden. Es gibt keine Skepsis gegenüber Wärmepumpen. Vor dem Hintergrund der jüngsten politischen Ereignisse und der Preissteigerungen hat sich die Wärmepumpe im Betrieb als kostengünstige Alternative entpuppt. Da sich im Ahrtal derzeit viele Familien und Unternehmen für eine Heizung für die nächsten 20 Jahre festlegen, sollte dringend die Förderstruktur angepasst werden. Eine Wärmepumpe sollte immer die kostengünstigste Alternative darstellen und eine Gastherme nicht mehr gefördert werden. Flutopfer bilden in der BEG-Förderlandschaft diesbezüglich noch eine Ausnahme auch im Neubau. Die Weichen werden jetzt gestellt. Der Fokus der Förderung sollte ausschließlich auf regenerativen Energiequellen bei der Wärmeversorgung liegen.

2.5.6 Wird aus Ahrtal SolAHRtal?

Die Zukunft im Ahrtal mit regenerativer Energie

Die Flut im Ahrtal ist ein Beispiel für den Klimawandel mit seinen für uns Menschen spürbaren Auswirkungen. Ein Impulskonzept von fünf Expert:innen von Scientists for Future stellt dar, wie die Energieinfrastruktur im Ahrtal wieder aufgebaut werden sollte. Dabei wird das Ziel vorangestellt, aus dem Ahrtal eine Modellregion für erneuerbare Energien zu machen.

In diesem Konzept heißt es:

*Die Autoren empfehlen daher die Errichtung eines partizipativ und kooperativ angelegten Projekts, das den Kreis Ahrweiler auf dem Weg hin zu 100 % Erneuerbaren Energien **durch technische Beratung** und wissenschaftliche Begleitung unterstützt und im Dialog mit den Menschen vor Ort erfolgt.[2]*

Die große Bereitschaft der Menschen vor Ort, dieses Konzept in Form von Wärmepumpen und Photovoltaik mitzutragen, sollte schnell und intensiv genutzt werden. Die Fördertöpfe sollten in diese Richtung geöffnet werden. Der Strom aus einer PV-Anlage mit richtiger Auslegung und intelligenter Steuerung sorgt für Wärme aus der Wärmepumpe, Trinkwarmwasser, ein elektrisches Auto und lässt sich speichern.

Der Kreis Ahrweiler ist seit vielen Jahren Modellregion für den Ausbau Erneuerbarer Energien. Seit 2017 zeigt ein Konzept, wie der Landkreis Strom und Wärme aus erneuerbaren Energien herstellen kann. Im Rahmen der Studie »EnAHRgie« ist ein Ausbau auf 100 % Erneuerbare Stromversorgung zur Deckung des lokalen Bedarfs möglich. Schätzungsweise werden 400 MWp Photovoltaik und 170–180 MW Windkraft notwendig sein. Damit **wären** dann auch die vollständige Versorgung des Wärme- und Mobilitätssektors mit erneuerbaren Energien abgedeckt.

Ganz neue Lösungen können aus Katastrophen hervorgehen. In den Gemeinden Mayschoß, Dernau, Rech gibt es bereits Überlegungen oder schon konkrete Planungen für ein Nahwärmenetz. In Marienthal ist das Nahwärmenetz, versorgt durch Solarthermie und Holzpellets, bereits in Betrieb.

2.5.7 Fazit

Die Einsicht, dass Jede:r persönlich zum Gelingen der Wärmewende beitragen kann, ist unter unseren Kund:innen im Ahrtal sehr präsent. Die Bereitschaft der Menschen, das eigene Dach für Photovoltaik zur Verfügung zu stellen oder Umweltwärme zu nutzen, ist sehr groß. Diese große Bereitschaft, die Ideen und Konzepte mitzutragen, die Energiewende im eigenen Haus umzusetzen, sollten wir nutzen. Wir haben im Ahrtal die große Chance, fossile Energieträger weitgehend zu verdrängen. Jetzt können wir hier eine ökologische und ökonomisch sinnvolle neue Wärmeversorgung aktiv gestalten. Diese Katastrophe ist gleichzeitig eine große Chance, uns von einer internationalen Abhängigkeit von Erdöl und -gas ein Stück weiter zu lösen. Von der Politik sollte diese Chance umfassend genutzt werden, um das Ziel der Klimaneutralität bis 2045 zu erreichen.

---

2   Scientists for Future Deutschland: Ahrtal: Nach der Flut Potenzial für eine zukünftige Modellregion. URL: https://de.scientists4future.org/ahrtal-nach-der-flut-potenzial-fuer-eine-zukuenftige-modellregion/ [Zugriff am: 10.05.2022]

Energieberatung neu denken

2.6 Innenraumklima – Kühlung aus dem alten Öltank

Blick in die Praxis: Kreativ und klimafreundlich sanieren

Peter Streiff

Ressourcensparende, klimabewusste Bau- und Sanierungskonzepte werden immer beliebter. Im Folgenden soll die Sanierung eines Nicht-Wohngebäudes in Ludwigsburg vorgestellt werden. Das Gebäude wurde dabei mit einer Kombination aus Blockheizkraftwerk und Adsorptionskältemaschine ausgestattet; ein alter Öltank wurde zu einem Kaltwasserspeicher umfunktioniert. Das ungewöhnliche System heizt im Winter und kühlt im Sommer. Die energieeffiziente Haustechnik-Anlage kann dabei zum Teil sogar Strom ins Netz einspeisen. Sie spart gegenüber einer konventionellen Kälteanlage bis zu 70 Prozent des sonst zur Kühlung benötigten Stroms. Auch auf klimaschädliche Kältemittel wird dabei verzichtet.

2.6.1 Ausgangssituation

Die zurückhaltend gestaltete Holzlamellenfassade lässt auf den ersten Blick nicht darauf schließen, dass in dem dreistöckigen Bürogebäude eine innovative und ressourcensparende Heizungs- und Kühlungsanlage installiert ist. Das bald 50 Jahre alte ehemalige Verwaltungs- und Produktionsgebäude im Ludwigsburger Stadtteil Eglosheim wurde im damals typischen, einfachen Architekturstil für eine Druckerei gebaut. Der dort ansässige Verlag verkleinerte sich aber mit der Zeit und bot schließlich Räume zur Vermietung an. Auch heute werden die drei Etagen ganz unterschiedlich genutzt: Besprechungsräume im Eingangsbereich der mittleren Etage, Büroräume im Obergeschoss und eine Kindertagesstätte im Untergeschoss (Hanggeschoss).

Anfang 2012 beauftragte die neue Eigentümerin, die Biodegma GmbH, das Büro Energiearchitekt Jürgen Groß, eine grundlegende Sanierung des Gebäudes durchzuführen, wobei außer dem kompletten Innenumbau vor allem die Dämmung und die technische Ausrüstung komplett ausgetauscht wurden. Das Unternehmen ist in der Abfallwirtschaft tätig, sowie in der Planung und Ausführung von Kompostwerken.

Sein persönliches und berufliches Interesse an umweltfreundlichen Lösungen ließ Geschäftsführer Reiner Glock nach einer möglichst energieeffizienten Haustechnikanlage suchen.

2.6.2 Heizen und Kühlen

Bald entwickelte sich die Idee, ein Blockheizkraftwerk (BHKW) zu installieren, um gleich den Strom für das Gebäude selbst zu erzeugen. Außerdem sollten die Büroräume in den Sommermonaten klimafreundlich gekühlt werden. Dafür wurde eine Adsorptionskältemaschine gefunden, die gemeinsam mit dem erdgasbetriebenen Blockheizkraftwerk effizient heizen, kühlen und gleichzeitig kostengünstig Strom produzieren kann.

Diese Art der kombinierten Erzeugung von Strom, Wärme und Kälte wird als Kraft-Wärme-Kälte-Kopplung (KWKK) bezeichnet und besteche durch einen sehr hohen Wirkungsgrad und lange Laufzeiten des BHKWs, erklärt Glock, denn durch die Nutzung der Wärme im Sommer könne die Laufzeit des BHKWs wesentlich verlängert werden: »Eine intelligente Verbindung, die Strom und Wärme bereitstellt und die aus der anfallenden Abwärme auch noch Kälte für die Raumklimatisierung und die Kühlung des Rechnerraums produziert – für unser Sanierungsprojekt ein perfektes System.«

2.6.3 Zusammenspiel der Komponenten

Doch wie funktioniert die Kühlung mit einem BHKW? Die Wärme aus dem BHKW wird in Form von heißem Wasser in die Kältemaschine eingeleitet und treibt dort den Adsorptionsprozess an, der die Erzeugung von Kälte ermöglicht. Im Gegensatz zu herkömmlichen, strombetriebenen Klimaanlagen braucht die Anlage in Ludwigsburg zur Kältebereitstellung fast keinen Strom und ist emissionsfrei. Dabei arbeitet sie bei besonders niedrigen Antriebstemperaturen mit reinem Wasser als Kältemittel und reduziert so nicht nur den Stromverbrauch, sondern kommt auch ganz ohne den Einsatz klimaschädlicher Kältemittel aus.

Reiner Glock hatte sich nach einer intensiven Auswahlphase für ein BHKW mit 22 Kilowatt (kW) thermischer und 7,5 kW elektrischer Leistung sowie ein Kühlsystem entschieden, das auf einer Adsorptionskältemaschine mit einer Kälteleistung von 10 kW basiert.

Mit etwa 3 200 Betriebsstunden für die Fläche von 800 Quadratmetern im sanierten Gebäude sei das Potenzial des BHKWs gut genutzt, erklärt Dipl.-Ing. Katrin Spiegel, Projektverantwortliche für das Kühlsystem beim Unternehmen Solarnext:

»Das Zusammenspiel der einzelnen Anlagenkomponenten ist sehr innovativ, da hier unterschiedliche Technologien aus dem Bereich der effizienten Energietechnik logisch und unternehmerisch sinnvoll kombiniert werden«. Von dem produzierten Strom des BHKWs werde ein Anteil von etwa 30 Prozent vergütet und ins Netz eingespeist.

Um Spitzenlasten in der Heizung im Winter abzufangen, wurde außerdem eine Gastherme mit 45 kW Leistung installiert, die aber im ersten, relativ warmen Winter gar nicht zum Einsatz kam. Im Keller steht außerdem ein Warmwasserpufferspeicher mit 2 000 Liter Fassungsvermögen, welcher die Wärme vorhält, die nicht direkt in die Gebäudeheizung oder zum Antrieb der Kältemaschine fließt.

2.6.4 Umgenutzter Öltank

Für den Kaltwasserspeicher des Gebäudes hat sich Jürgen Groß, Architekt und Energieberater, etwas ganz Besonderes ausgedacht: Da der Tank der alten Ölheizung als Erdtank vor dem Gebäude vergraben war, kam er auf die Idee, dieses 50 000 Liter fassende Ungetüm mit Hilfe von Folie und einem Wärmetauscher zu einem Kaltwasserpufferspeicher umzufunktionieren. Hier die Ressourcen vor Ort zu nutzen, hat viele Vorteile. Damit werden nämlich nicht nur ökonomische, sondern auch ökologische Kosten gespart: Statt etwas Neues zu produzieren und zur Baustelle liefern zu lassen, hat Groß genutzt, was bereits vor Ort war. Er konnte den alten Tank vor einer wenig nachhaltigen Verschrottung bewahren und gleichzeitig (durch dessen Größe) den Wirkungsgrad der Gesamtanlage ungemein erhöhen. Eine Spitzenlast von bis zu 25 kW Kälteleistung kann durch den großen Speicher problemlos abgedeckt werden.

Für die Heizung und die Klimatisierung in den Büroräumen wurde eine neue Lüftungsanlage mit einem Rotationswärmetauscher installiert, sagt Groß, »sodass die Wärme der Abluft entzogen wird, bevor sie das Gebäude verlässt«. Die Heizkörper können aufgrund der geringen Heizlast mit einer niedrigen Vorlauftemperatur angefahren werden, was ebenfalls Energie einspare.

2.6.5 Ökologie

Da die Eigentümerin des Gebäudes im Bereich der Biotechnologie tätig ist, sollte das Gebäude möglichst nachhaltig modernisiert werden. Die aus Fertigbauteilen bestehende Holzfassade sowie der neue Eingangsvorbau aus Lehm stehen deshalb für das Thema »Ökologie«. Auch im Untergeschoss zieht eine Stampflehmwand die Blicke der Besucher auf sich. Auf dem Dach ist eine Dachterrasse für Pausen und Veranstaltungen eingerichtet.

Da für die Kinderbetreuung in Gewerbegebieten nur selten Plätze zu finden sind, wurde im Hanggeschoss eine Kindertagesstätte eingerichtet, die durch den angrenzenden öffentlichen Spielplatz eine ideale Ergänzung findet.

Die Sanierung in Ludwigsburg fand in ca. anderthalb Jahren im laufenden Betrieb statt. Durch die Kombination ungewöhnlicher Heiztechnikelemente konnte dabei ein System entwickelt werden, das möglichst klimaschonend arbeitet und ressourcenschonend installiert werden konnte. Immer mehr Eigentümer:innen wünschen sich nachhaltige, klimaschonende Modernisierungskonzepte, wollen ihre Immobilie auch mit Blick auf Veränderungen des Klimawandels gestalten. Eine zukunftsweisende Energieberatung wird diesem Anliegen gerecht. Neue Wege können da auch über einen ganz anders genutzten, alten Öltank führen.

Dieser Artikel wurde bereits im BUND-Jahrbuch »Ökologisch Bauen & Renovieren« veröffentlicht. Kleinere Änderungen wurden durch Jürgen Groß vorgenommen. Wir freuen uns, dass Autor und BUND dieser Veröffentlichung zugestimmt haben.

Haus-Steckbrief

Modernisierung eines Bürogebäudes in Ludwigsburg

Bauherren:	Biodegma GmbH
Planung:	Energiearchitekt Jürgen Groß
Baujahr:	1969, Umbau 2012
Bürofläche:	ca. 800 m²
Bauweise:	Massivbau mit vorgehängter, gedämmter Holzfassade einschließlich neuer Fenster. Eingangsvorbau aus Stampflehm
Wärme:	Blockheizkraftwerk (BHKW) mit 22 kW thermischer / 7,5 kW elektrischer Leistung, 2 000 Liter Pufferspeicher. Gastherme mit 45 kW Leistung für Spitzenlasten
Kälte:	Adsorptionskältemaschine mit 10 kW Nennleistung, 50 000 ℓ Pufferspeicher in umgenutztem Öltank, geschlossene trockene Rückkühlung. Lüftung: 5 000 m³/h Luftumsatz mit Rotationswärmetauscher
Planer:	Energiearchitekt Jürgen Groß, Marbach a. N.,
Haustechnik:	Invensor GmbH

Bilder

Abbildung 1: Außenansicht mit Eingangsvorbau [Foto: J. Groß]

Abbildung 2: Zugangsweg zum Eingang [Foto: J. Groß]

Abbildung 3: Technikraum [Foto: J. Groß]

Weiterführende Informationen

1 www.energiearchitekt.com
2 www.solarnext.eu
3 www.invensor.com
4 http://invensor.com/spezialist-fuer-kompostieranlagen-setzt-auf-hochmoderne-haustechnik-mit-kraft-waerme-kaelte-kopplung/
5 https://www.energiearchitekt.com/projekte/gewerbebau/komplettmodernisierung-eines-buerogebaeudes/

> Gesellschaft nachhaltig gestalten

2.7 PV-Strom als Mittel zur Energiewende – Vision oder Utopie

Dipl.-Ing. (FH), Dipl.-Wirt.-Ing. (FH) Siegfried Mayr | selbstständiger Energieberater

Die Energiewende ist zwar in den letzten Jahrzehnten in aller Munde, doch passiert ist leider nicht sehr viel. Das heißt, würden wir mit gleicher Geschwindigkeit weiterbummeln, würden wir die Energiewende erst sehr spät schaffen – mit Sicherheit nicht rechtzeitig, um die beschlossenen Klimaziele zu erreichen und Klimakatastrophen unbeschreiblichen Ausmaßes zu vermeiden. Unser Planet ist in höchster Gefahr und nun gilt es gegenzusteuern. Eine Maßnahme, um dieses Ziel zu erreichen, ist die Stromversorgung auf regenerative Energien umzustellen.

Die Situation, in der wir uns aktuell befinden, ist geprägt vom sicherlich richtigen Beschluss der Bundesregierung aus der Atomenergie bis Ende dieses Jahres auszusteigen und den Atomstrom aus unseren Netzen zu verbannen. Darüber hinaus verwenden wir in der Zukunft keine fossilen Energieträger mehr, um den CO_2-Ausstoß zu stoppen. Unser Stromverbrauch wird in den nächsten Jahren deutlich steigen, da wir nicht nur den heutigen Verbrauch für Industrie und Haushalte vollkommen auf regenerative Energien umstellen werden, sondern auch noch elektrische Energie für Wärmebedarf und Verkehr zur Verfügung stellen müssen.

Im Folgenden möchte ich auf einige Herausforderungen eingehen, die wir mit Blick auf diese Umstellung bedenken und meistern werden. Dabei werde ich zunächst deutlich machen, warum wir uns in Bezug auf die Beheizung von Wohnhäusern von der Idee verabschieden werden, dass die Verbrennung von Holz hier eine zukunftsfähige Lösung ist. Ich plädiere für einen deutlichen Ausbau der PV-Stromerzeugung, die als neues Symbolbild der Moderne unsere Innenstädte prägen soll. Über das Thema Windkraftanlagen komme ich schließlich zu den Einspeisefluktuationen von regenerativen Energien. Mit Blick auf die wenig sonnenintensiven Wintertage, werden wir Speichermedien ausbauen und unsere Haushaltsgeräte so steuern, dass sie ungenutzte Produktionsspitzen ausnutzen. Durch den Abbau von Bürokratie werden wir ungenutzt Potenziale entfachen, die vor allem Menschen, die kein Eigenheim besitzen, es leichter machen, Teil der Energiewende zu sein. Ebenso gilt es dem Ressourcenmangel bei Personal und Material entgegenzutreten. Unsere Gesellschaft muss sich jetzt nachhaltig verändern, muss um- und neudenken, um die Zukunft menschlichen Lebens in der heute bekannten Form zu erhalten.

Wenn wir bedenken, dass aktuell Hauswärme und Verkehr in Deutschland mehr CO_2 verursachen als die Energiewirtschaft und in Zukunft der Wärmebedarf im Wesentlichen durch Wärmepumpen gedeckt werden wird, die mit Strom angetrieben werden, ist klar, dass der Stromverbrauch steigen wird. Selbst wenn wir uns gasbetriebener Wärmepumpen bedienen, müsste das Gas mittels Stroms erst regenerativ erzeugt werden, da fossiles Gas nicht mehr in Frage kommt. Biomasse zur Beheizung von Gebäuden wird in der Zukunft wahrscheinlich ein Nischendasein führen. Durch den Verzicht auf fossile Brennstoffe wird Holz vorzugsweise in der Industrie verwendet werden, um Prozesswärme zu erzeugen. Es wäre eine Ressourcenverschwendung, dieses Holz für die Gebäudebeheizung zu verbrennen, um daraus 35-Grad warmes Vorlaufwasser für unsere Heizkreisläufe zu erzeugen. Darüber hinaus ist es sinnvoller, Holz als nachhaltigen Baustoff in Gebäuden zu verbauen und dabei noch CO_2 zu speichern. Der Import von Biomasse wird abnehmen, weil zum einen andere Länder vor der gleichen Energiewendeherausforderung stehen und das beschränkte Gut Biomasse selbst verwenden werden, und zum andern ein Abholzen von kohlenstoffspeichernden Wäldern ethisch sehr bedenklich ist.

Zusätzlich muss der Verkehrssektor mit elektrischer Energie versorgt werden. Auch hier werden nachwachsende Kraftstoffe wie Bioethanol den Bedarf nicht decken können. Die dafür benötigten landwirtschaftlichen Flächen stünden hierzulande nicht zur Verfügung. Auf gleicher Fläche kann ein Vielfaches an elektrischer Energie erzeugt werden. Darüber hinaus hätte der Anbau von Energiepflanzen stark negative Folgen auf die Biodiversität, sowie die Boden- und Wasserqualität.

Um den Energieverbrauch innerhalb der nächsten 25 Jahre regenerativ abzudecken, müssen auf dem Gebäudesektor die Gebäudehüllen deutlich verbessert werden, um den Energiebedarf auf ein Minimum zu senken. Die benötigte Restenergie muss dann regenerativen Ursprungs sein. Die Zukunft wird also deutlich elektrischer, als es die Gegenwart ist oder es die Vergangenheit jemals war. Um diesen Stromverbrauch abdecken zu können, werden PV- und Windstrom eine wesentliche Rolle übernehmen.

Der Strombedarf wird in den nächsten zweieinhalb Jahrzehnten deutlich ansteigen. Wasserkraft und Biomasse sind nur noch in sehr geringem Maß erweiterbar. Ein wesentlicher Anteil des Stroms wird dann dafür verwendet, ökologische Brennstoffe herzustellen, um noch vorhandene Verbrennungsmotoren zu betreiben. Der benötigte Kraftstoff wird vermutlich in Deutschland nicht komplett hergestellt werden können, sodass ein Teil importiert werden muss. Doch selbst in diesem Fall fällt in den

Lieferländern ein hoher Strombedarf an, der wiederum erneuerbar erzeugt werden muss. Im Augenblick ist es nicht genau abzusehen, wie viel regenerativer Strom aus Windkraft und wie viel mittels Photovoltaik erzeugt wird. Eine ungefähre Aufteilung zu gleichen Teilen auf Windkraft und Photovoltaik erscheint aber durchaus realistisch.

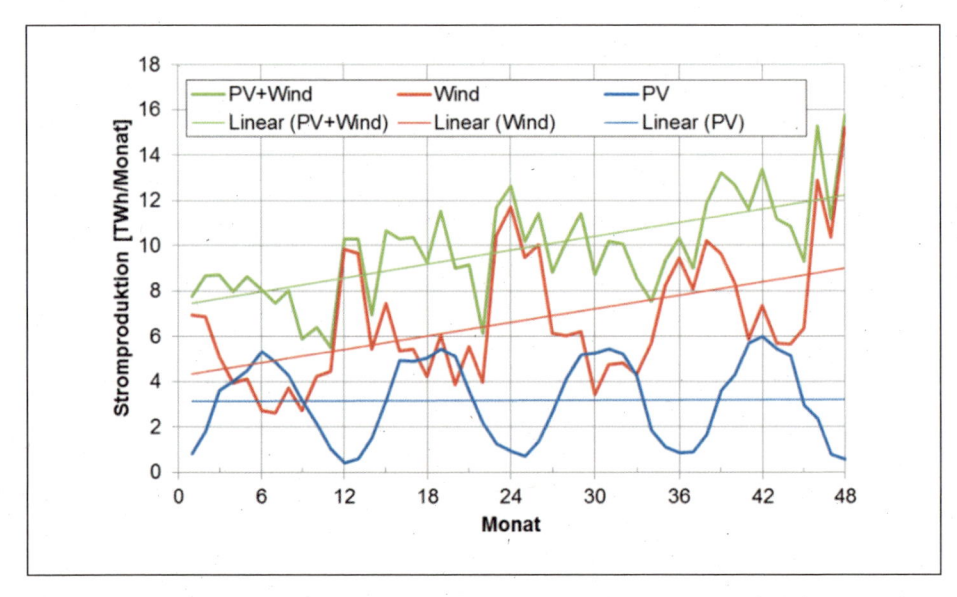

Abbildung 1: Monatliche PV- und Wärmeproduktion der Jahre 2014-2017 [ISE4][1]. PV- und Windstrom ergänzen sich

Heute betreiben wir Photovoltaik-Anlagen zumeist auf Freiflächen, auf Scheunen und Industriegebäuden sowie auf privaten Wohnhäusern.

Der Anteil der genutzten PV-Flächen muss enorm vergrößert werden. Das Potenzial dafür ist vorhanden. Neben den herkömmlichen Erzeugungsorten, die wir natürlich ausbauen, bieten sich beispielsweise auch Parkplätze, Bus- und Straßenbahnhaltestellen an, die wir mit PV-Flächen überbauen. So verschatten wir auch öffentliche Plätze in den Städten mit PV-Modulen. Dies hilft nicht nur der Stromerzeugung, sondern trägt auch zu einem angenehmeren Klima durch niedrigere Temperaturen in Bodennähe bei, ist also sinnvoll wie notwendig mit Blick auf Klimaanpassungsstrategien. In Anbetracht der wachsenden Urbanisierung und Konzentration des Wohnraums in den Städten ist dies ein wichtiger städteplanerischer Aspekt. PV-Anlagen können auf schrägen sowie auf flachen Dächern und an Gebäudefassaden angebracht werden. Gerade im Zuge einer energetischen Gebäudesanierung ist eine PV-Anlage auf dem

---

1 Aktuelle Fakten zur Photovoltaik in Deutschland – Fraunhofer ISE Nov. 2021

Dach oder der Fassade zu integrieren. PV-Anlagen als architektonisches Feature wurden bisher von den Architekten und Stadtplanern leider nur viel zu wenig erkannt. Module in Standardgrößen mögen für viele Architekten wegen der beschränkten optischen Gestaltungsmöglichkeiten nicht die erste Wahl sein. Doch sowohl bei Sanierungen, wie auch bei Neubauten könnten bauwerksintegrierte Module mit individuellen Größen und Farben trotz des höheren Preises interessant sein. Gerade beim Einbau in Fassadenflächen haben sie wegen der senkrechten Platzierung den Vorteil, dass sie sowohl in den Morgen- und Abendstunden, wie auch im Winter besonders effizient sind. Je nachdem wie PV-Module in Dach und Wand integriert werden, können sie dezent oder auffällig wirken. Sie können einem Gebäude ein prestigeträchtiges Aussehen oder einen bestimmten Charakter verleihen – oder einfach den Ausdruck von Moderne. Obwohl sich die meisten Gebäude zur Aufnahme von PV-Anlagen eignen, werden bisher nur wenige davon genutzt. Würden wir alle an Gebäuden geeigneten Flächen für die PV-Stromerzeugung nutzen, könnten wir damit den gesamten nationalen Energiebedarf decken.

Im ländlichen Bereich können PV-Anlagen als aufgestellte Freiflächenanlagen über Agrarflächen installiert werden oder an Lärmschutzwänden entlang von Straßen. Auch Braunkohlegruben bieten ein großes Flächenpotenzial, das für PV-Strom erschlossen werden könnte.

Neben den beschriebenen PV-Anlagen werden Windanlagen das zweite große Standbein der regenerativen Stromerzeugung in der Zukunft sein. Weitere Windparks werden entstehen müssen – sowohl als Onshore- wie auch als Offshore-Anlagen. Beide Systeme haben ihre Vor- und Nachteile.

Bezüglich der Windkraftwerke an Land wissen wir, dass sie verhältnismäßig einfach zu bauen sind, wenn die politischen und behördlichen Widerstände erst einmal überwunden sind. Windanlagen im Meer haben dagegen die Vorteile, dass sie pro Jahr deutlich länger und kontinuierlicher laufen. Dadurch werden die höheren Baukosten aufgewogen. Durch den gleichmäßigeren Betrieb, kann der hier erzeugte Strom besser direkt verbraucht werden und muss weniger gespeichert werden.

Im Gegensatz zur Stromversorgung mit fossilen Energieträgern, ist es erforderlich bei der Versorgung mit PV-Strom im Zusammenwirken mit Windstrom, und somit einem regenerativen Energiemix, mehr auf die Stabilität der Versorgung zu achten. Da wir im Allgemeinen in sonnenschwachen Wintern eine windstarke Zeit haben und in sonnenstarken Sommern eine windschwache Zeit, kommt uns hier die Natur ein großes Stück entgegen.

Insbesondere das Auseinanderklaffen der Zeiten, in denen Strom erzeugt wird und in denen Strom benötigt, beziehungsweise nachgefragt wird, wird deutlich mehr ins Gewicht fallen, als in der Vergangenheit. So wird es zu hohen Stromverbräuchen gerade im Winter kommen, wenn wenig oder in manchen Fällen gar kein PV-Strom verfügbar sein wird. Eine Lastregulierung könnte über zeitaktuelle Preise stattfinden – also eine minutengenaue Preisanpassung aus Angebot und Nachfrage. Das bedeutet, dass in Zukunft Geräte wie Waschmaschinen und Trockner dann eingeschaltet werden, wenn viel Strom verfügbar sein wird und dieser in diesem Augenblick gerade kostengünstig ist. Bei Gefriergeräten beispielsweise spielt es keine Rolle, zu welcher Tageszeit die Stromaufnahme und somit die Abkühlung stattfindet. Die Anpassung des Stromnetzes muss dahingehend erfolgen, dass in kürzester Zeit Spitzenlasten abgedeckt werden können, wo kein regenerativer Strom verfügbar ist. Eine große Bedeutung wird dem Ausbau eines Hochspannungsgleichstromnetzes zukommen, das ganz Europa verbindet und die Stromversorgung zwischen meteorologischen Hoch- und Tiefdruckgebieten ausgleicht.

So wird auch in den kommenden Jahren an allen Orten genügend Leistung für Wärmepumpen und Elektrofahrzeuge bereitstehen. Parkplätze werden mit Ladestationen ausgestattet sein.

Ein Schlüsselbereich ist der Speicherausbau, den wir massiv vorantreiben werden. Dies betrifft sowohl die Kurzzeitspeicher, die tägliche Schwankungen abdecken, wie auch längerfristige Speicher, wie Stauseen oder Gaskavernen, in denen in Zukunft anstelle fossilen Erdgases erneuerbares Gas gespeichert werden wird. Die zu speichernde Energiemenge wird sich an der längst möglichen Dunkelflaute orientieren. Vorhandene Gaskraftwerke werden in Zukunft nur noch als Standby-Kraftwerke mit ökologisch erzeugtem Gas betrieben werden. Da der Wirkungsgrad bei der Umwandlung von regenerativem Strom in Gas und dann wieder in Strom nur bei circa 35 % liegen wird, wird der Strom aus den Standby-Gaskraftwerken verhältnismäßig teuer sein.

Um jedoch die Energieversorgung in der Zukunft auf regenerativer Basis gewährleisten zu können, brauchen wir regenerativen Strom, der zu einem sehr wesentlichen Teil aus Photovoltaik-Anlagen stammt. Hier werden wir Energieberater uns in Zukunft wesentlich mit einbringen. Energieberatung ohne Photovoltaik-Kompetenz wird es in der Zukunft nicht mehr geben. Wie schon zuvor erwähnt, gilt es, alle heute verfügbaren Formen für die Zukunft auszuweiten – insbesondere die PV-Anlagen an den Gebäuden. Denn dieser Strom kann zu einem großen Teil direkt im oder am Gebäude verwendet werden, ohne durch Leitungsnetze zu fließen und teilweise auch ohne zwischengespeichert zu werden. Dies ist nicht nur die billigste Art, regenerativen Strom zu erzeugen und zu verwenden, sie ist auch die ressourcenschonendste, und hat somit eine Schlüsselrolle. Für Eigenheimbesitzer und Gewerbetreibende ist das auch heute schon mit kaum bürokratischem Aufwand machbar. Betreiber einer eigenen PV-Anlage sind auch weitgehend frei von Strompreissteigerungen.

Leider können jedoch circa 60 % der deutschen Haushalte heute nicht von PV-Strom, der an der eigenen Immobilie erzeugt wird, profitieren. Dies betrifft Mieter und Bewohner von Wohnungen in Wohnungseigentümergemeinschaften. In diesem Fall herrscht nach heutiger Rechtslage keine Personenidentität zwischen dem Erzeuger und dem Nutzer des Stroms. Hier gibt es ausgesprochen große Hürden, die der Gesetzgeber den Betreibern von solchen PV-Anlagen (Mieterstromanlagen) zumutet. Das Locken für Mieterstrom mittels Mieterstromzuschlag hat leider nicht mehr als eine symbolische Bedeutung. Die bürokratischen Hindernisse sind gesetzlicher, steuerlicher und verwaltungstechnischer Art, die die Betreiber von Mieterstromanlagen großen Stromversorgern rechtlich gleichstellt. Dieser Aufwand ist heute nur für große Wohnanlagen unter Zuhilfenahme von Mieterstromdienstleistern zu bewältigen. Für kleine Wohnanlagen mit circa bis zu zehn Wohneinheiten werden solche Dienste nicht angeboten. Und die Vermieter sind mit der Thematik deutlich überfordert. Wie von unserem Verein seit Jahren gefordert, muss hier ein rasches politisches Umdenken stattfinden, um zum einen diese 60 % der deutschen Haushalte nicht von der Energiewende auszugrenzen, und um auch dieses Potenzial für die Energiewende zu nutzen.[2] Gebäudeflächen für PV-Anlagen heranzuziehen ist allemal besser, als ländliche Grünflächen zu verbauen.

Weitere brache Flächen befinden sich in den Zentren vieler deutschen Städte. Es handelt sich um die Dächer von denkmalgeschützten Bauten oder von Gebäuden, die dem sogenannten Ensembleschutz unterliegen. Es ist nicht nachvollziehbar, warum das Nicht-Verändern von Gebäuden einer Energiewende und somit dem Überleben menschlichen Lebens vorgezogen wird. Jede Epoche der Geschichte hatte ihre Entwicklungen in der Bau- und Gebäudetechnik und es wurden bestehende Gebäude der aktuellen Technik angepasst. Der traditionelle Charakter von Gebäuden kann dabei durchaus erhalten bleiben. Eine Symbiose aus Tradition und Moderne sollte als eine planerische Herausforderung betrachtet werden.

Hier herrscht also in einigen Punkten noch politischer Nachbesserungsbedarf, der schleunigst in Angriff zu nehmen ist.

Eine weitere Herausforderung, nicht nur speziell für den Ausbau der Photovoltaik, sondern für alle regenerativen Energien, wie auch der Sanierung von bestehenden Gebäuden, ist die Knappheit der Ressourcen. Diese wird nicht nur bei den zu ver-

---

2 vgl dazu: https://www.deutsches-energieberaternetzwerk.de/wp-content/uploads/2020/05/200205-Mieterstrom-Prozesse.pdf und https://www.deutsches-energieberaternetzwerk.de/den-pm-17-2020/ Zugriff am 14.04.2022)

bauenden Komponenten, sondern auch beim Personal sehr deutlich und führt zu stark steigenden Preisen. Mit den heute verfügbaren Mitteln ist die angestrebte Energiewende schlichtweg nicht zu schaffen. Was technisch und finanziell so einfach zu stemmen scheint, droht heute schon vielerorts am Personalmangel zu scheitern. Es ist also außerordentlich wichtig, das Prestige des Handwerks deutlich zu steigen, um die Human Resources dort bereitzustellen, wo diese für unsere lebensnotwendige Energiewende dringend benötigt werden. Gutes geschultes und engagiertes Personal ist in allen Bereichen des Lebens unsere wertvollste Ressource.

Vielleicht brauchen wir eben doch ein klimasoziales Pflichtjahr, bei dem jeder Bundesbürger ein Jahr seines Lebens in den Dienst der Gesellschaft stellt und für den Klimaschutz arbeitet – natürlich bei voller Wertschätzung und ordentlicher Bezahlung – alternativ kann der Dienst im Pflegebereich möglich sein, wo eine ähnliche Knappheit an Personal herrscht. So manch einer wird im Handwerk oder in der Pflege bleiben, wenn er den Bereich erst einmal kennengelernt und darin seine Berufung gefunden hat.

Die Energiewende wird gelingen, wenn wir Photovoltaik und Windenergie in den Mittelpunkt der Energieversorgung rücken und wir uns aktiv bei der Stromversorgung einbringen. Dies kann beispielsweise mit eigenen PV-Stromanlagen am Gebäude oder bei Windparks mittels Bürgerbeteiligung erfolgen. Am Ende steht eine Win-Win-Situation für alle – für das Bewusstsein eines jeden Einzelnen, für die Gesellschaft und deren Zusammenhalt und für ein gesundes Klima.

Abbildung 2: Foto: Sarauer Energietechnik, Pöttmes

Gesellschaft nachhaltig gestalten

2.8 Klimaanpassung für kleine und mittelgroße Kommunen und Unternehmen

Prof. Dr.-Ing. Martina Hofmann und **Dr. Simone Häußler** | Hochschule Aalen

Der »Globale Klima-Risiko-Index« der Entwicklungs- und Umweltorganisation Germanwatch e. V. zeigt regelmäßig die weltweiten Auswirkungen des Klimawandels sowie deren Implikationen auf Länderebene auf.[1] In die kumulierten Indizes fließen sowohl die ökonomischen Auswirkungen weltweiter Extremwetterereignisse wie Überschwemmungen, Hitzewellen oder Stürme ein, als auch die aus diesen Katastrophen resultierenden Todesopfer. Im Ergebnis sind vor allem die Schwellen- und Entwicklungsländer stark von wetterbedingten Verlusten und Schäden betroffen. Aufgrund punktueller und besonders schwerwiegender Extremwetterereignisse nehmen jedoch auch Industrieländer wie Deutschland einen vergleichsweise hohen Rangplatz im kumulierten Ranking ein.

Zu den bekanntesten Beispielen für verheerende Extremwetterereignisse in Deutschland zählen die Auswirkungen eines Tiefdruckgebietes, welche im Jahr 2021 verheerende Schäden im Bundesland Rheinland-Pfalz verursachten. Eine Fläche von ca. 200 Hektar entlang der Ahr wurde überflutet, wodurch Millionenschäden an Hunderten von Gebäuden entstanden. Die Katastrophe kostete mehr als 130 Menschen ihr Leben[2].

---

1 Germanwatch e. V. (Hrsg.); Eckstein, David; Künzel, Vera; Schäfer, Laura: Globaler Klima-Risiko-Index 2021. Bonn: 2021. URL: https://germanwatch.org/sites/default/files/Zusammenfassung%20des%20Klima-Risiko-Index%202021_2.pdf [Zugriff am: 02.11.21]

2 Schmid-Johannsen, Johannes; Lang, Ulrich; Heiliger, Nico: SWR-Datenanalyse zur Flutkatastrophe an der Ahr. URL: https://www.swr.de/swraktuell/rheinland-pfalz/flut-in-ahrweiler-so-gross-ist-der-schaden-104.html [Zugriff am: 05.11.21]

Um diesen sich zukünftig möglicherweise intensivierenden Schadensereignissen präventiv mit geeigneten Vorsorge- und Anpassungsmaßnahmen zu begegnen, werden sogenannte *Klimaanpassungsmaßnahmen* empfohlen[3].

Der Weltklimarat (engl.: *Intergovernmental Panel on Climate Change*, kurz: IPCC) sieht Anpassung als das notwendige Mittel an, um die Auswirkungen der globalen Erderwärmung zu adressieren[4]. Diese verhältnismäßig neue Sichtweise steht den bisherigen Strategien wie dem Klimaschutz oder Nachhaltigkeitsaspekten im Allgemeinen jedoch in keiner Weise entgegen, sondern integriert die unterschiedlichen Konzepte miteinander: *»Eine Reaktion auf den Klimawandel erfordert einen iterativen Risikomanagementprozess, der sowohl Anpassung als auch Emissionsminderung mit einbezieht und die Schäden durch Klimawandel, positive Nebeneffekte, Nachhaltigkeit, Gerechtigkeit und Einstellungen gegenüber Risiken berücksichtigt [...]«*[4].

Daraus resultiert die Frage, wie sich Klimaanpassungsaspekte in konkrete Praxis- und Alltagssituationen integrieren lassen. Besonders kleine und mittelgroße Unternehmen sowie Kommunen stehen mit den Auswirkungen des Klimawandels völlig neuen Herausforderungen gegenüber, für die sie in der Vergangenheit noch keine geeigneten Strategien entwickeln konnten. Die Steigerung ihrer Resilienz (Widerstandsfähigkeit gegen äußere Einflüsse) und ihres Schutzes auf regionaler Ebene sind wichtige Zukunftsthemen, für welche es noch nicht hinreichend viele leicht anwendbare, praxisnahe und leicht übertragbare Strategien gibt.

Diese möchten wir im Folgenden in den Blick nehmen und aufzeigen, wo und wie sich Klimaanpassung praktisch umsetzen lässt.

2.8.1 Praxisbeispiele zur Klimaanpassung für Unternehmen

Vielen Unternehmen fehlt bislang eine Strategie, um Klimaschutzmaßnahmen zu planen und langfristig zu sichern. Wie sie sich darüber hinaus nachhaltig auf mögliche Folgen des Klimawandels einstellen können, ist den meisten Unternehmen noch nicht bewusst.

---

3 Umweltbundesamt – UBA: Anpassung an den Klimawandel. URL: https://www.umweltbundesamt.de/themen/klima-energie/klimafolgen-anpassung/anpassung-anden-klimawandel-0#was-heisst-anpassung-an-den-klimawandel [Zugriff am: 08.12.21]

4 Zwischenstaatlicher Ausschuss für Klimaänderungen – IPCC (Hrsg.): Klimaänderung 2007: Synthesebericht. Zusammenfassung für politische Entscheidungsträger. URL: https://www.ipcc.ch/site/assets/uploads/2018/05/IPCC2007-SYR-SPM-german.pdf [Zugriff am: 02.11.21]

Martina Hofmann | Dr. Simone Häußler

Auch im Industriegebiet Donautal nahe Ulm haben zahlreiche Betriebe weder ein Klimaschutz- noch ein Klimaanpassungskonzept. Mit Blick auf das Thema Klimaschutz ist der erste Schritt das Vermeiden von Emissionen, beispielsweise durch den Einsatz von erneuerbaren Energien wie Photovoltaik auf dem eigenen Dach. Der zweite Schritt ist das Vermindern, beispielsweise durch das Heben von Effizienzpotenzialen in der Produktion. Und beim dritten Schritt wird der unvermeidliche Treibhausgasausstoß kompensiert. Das geht durch das Pflanzen von Bäumen, die Reaktivierung von trockengelegten Mooren oder andere Maßnahmen, die oft von global agierenden Organisationen angeboten werden. Dass aber die Anpassung an die Folgen des Klimawandels eine ebenso wichtige Aufgabe ist, haben leider die wenigsten Akteure im Fokus. Beispiel: Die Anzahl der Hitzetage, definiert als Tage, an welchen die Tageshöchsttemperatur 30 °C erreicht oder übersteigt, wird deutschlandweit zunehmen[5]. Ein Unternehmen muss auf diese veränderten Randbedingungen reagieren, kann es doch nicht alle Arbeitnehmer an heißen Tagen in den Zwangsurlaub schicken. Wir wissen, dass mit steigender Umgebungstemperatur der menschliche Körper einer immer größeren Belastung ausgesetzt ist[6]. Da der Körper voll damit beschäftigt ist, sich auf die hohe Hitzebelastung einzustellen, kann er kaum noch Arbeitsleistung erbringen. Damit steht das Unternehmen vor der Herausforderung, im Sommer für kühlere Umgebungsbedingungen zu sorgen und die Mitarbeiter arbeitsfähig zu halten. Dafür gibt es nun verschiedene Lösungswege: Man kann in die Büroräume einfach eine Klimaanlage einbauen, die mit dem Einsatz von viel elektrischer Energie für die gewünschte Kühlung sorgt. Dies führt zu sogenannten »Rebound-Effekten«[7] und wirkt somit systematisch den Zielen des Klimaschutzes entgegen. Es soll ja weniger elektrische Energie verbraucht werden und nicht mehr. Eine Möglichkeit, diesen Konflikt, aufzulösen wäre der Einsatz von Kühldecken in Kombination mit einer freien Kühlung aus Geothermie. Hier wird darauf zurückgegriffen, dass nahe der Erdoberfläche meistens Temperaturen um die 8–10 °C herrschen, Sommer wie Winter. Wenn nun ein Wasserkreislauf in die Erde gelegt wird, für den es eine Vielzahl möglicher Kollektortypen gibt, kann dieses kühle Medium direkt in eine Kühldecke geleitet werden. Damit wird eine sanftere Kühlwirkung erzeugt, als es beim Einsatz von Klimaanlagen der Fall ist. Ein wenig zusätzlicher Strom ist in diesem Fall nötig

---

5   Umweltbundesamt – UBA (Hrsg.): Climate Change 20/2021. Klimawirkungs- und Risikoanalyse für Deutschland 2021. Teilbericht 1: Grundlagen. Dessau-Roßlau: 2021. URL: https://www.umweltbundesamt.de/sites/default/files/medien/479/publikationen/kwra2021_teilbericht_1_grundlagen_bf_211027.pdf [Zugriff am: 10.01.2021]

6   Umweltbundesamt – UBA: Gesundheitsrisiken durch Hitze. URL: https://www.umweltbundesamt.de/daten/umwelt-gesundheit/gesundheitsrisiken-durch-hitze#indikatoren-der-lufttemperatur-heisse-tage-und-tropennachte [Zugriff am: 10.01.2022]

7   Umweltbundesamt – UBA (Hrsg.) Rebound-Effekte: Wie können sie effektiv begrenzt werden? Dessau-Roßlau: 2016. URL: https://www.umweltbundesamt.de/sites/default/files/medien/376/publikationen/rebound-effekte_wie_koennen_sie_effektiv_begrenzt_werden_handbuch.pdf [Zugriff am: 10.01.22]

zum Betrieb einer Pumpe. Deren Leistung liegt aber je nach Systemgröße bei wenigen Watt und fällt damit nicht besonders ins Gewicht.

Eine ganz andere Alternative wäre das Einbringen einer Begrünung auf den Außenflächen von Bürogebäuden. In wissenschaftlichen Studien, vor allem im asiatischen Raum, wurden dabei deutliche Reduktionen der Innenraumtemperatur gemessen. In einer Studie von Berardi et al. 2014[1] konnte gezeigt werden, wie sich die Innenraumtemperaturen mit und ohne Dachbegrünung im Tagesverlauf verändern. Es wird deutlich, dass das begrünte Dach die Hitze von außen signifikant abschirmen kann. Die Kühlwirkung äußert sich dabei besonders in den heißen Mittagsstunden und erreicht bis zu 7 K zwischen Innen- und Außentemperatur. Der Kühleffekt von Außenbegrünung liegt darin begründet, dass ein begrüntes Dach 20 bis 30 % der Strahlungsenergie reflektiert und weitere 60 % durch Photosynthese absorbiert[8] (Liu & Minor 2005).

Und diesen Kühleffekt gibt es komplett ohne den Einsatz von zusätzlicher elektrischer Energie. Natürlich muss eine Außenbegrünung gepflegt und vor allem mit ausreichend Wasser versorgt werden, sonst funktioniert das Prinzip der Verdunstungskühlung nicht. Das Auffangen und Speichern von Regenwasser ist aber in unseren hochversiegelten Industriegebieten geradezu notwendig, um der Gefahr von Überschwemmungen bei Starkregenereignissen entgegenzuwirken. Somit kann man in diesem Fall sogar mehrere Probleme auf einmal lösen: Pflanzen auf der Gebäudehülle sorgen für eine sanfte Kühlung im Sommer und für zusätzliche Isolierung im Winter, sofern man immergrüne Arten auswählt. Das Regenwasser, welches zur Bewässerung notwendig ist, müsste sowieso in Zisternen aufgefangen werden, um vor Überschwemmungen zu schützen. Darüber hinaus kann sogar der Regenwasserspeicher im Winter einer Wärmepumpe als Wärmequelle dienen und wie ein Eisspeicher genutzt werden. Zusätzlich trägt die Begrünung am Gebäude zum Erhalt der Biodiversität bei, denn sorgfältig ausgewählte Pflanzen dienen vielen Insekten als Nahrungsquelle und als Lebens- und Schutzraum. Anhand dieses Beispiels wird deutlich, wie wichtig es ist, effektive Klimaanpassungsmaßnahmen mit Klimaschutzmaßnahmen sinnvoll zu kombinieren. Es können hieraus zahlreiche Synergieeffekte entstehen und genutzt werden. Im Rahmen des Reallabors »Klima Connect« der Universität Ulm und der Hochschule Aalen werden diese Gedanken mit ausgewählten Pilotunternehmen diskutiert und Klimaanpassungskonzepte entwickelt. Die Basis ist dabei stets der Klimaschutz, der durch Maßnahmen zur Anpassung an die Folgen des Klimawandels ergänzt wird. Damit entstehen für Unternehmen verschiedenster Branchen und Größen Konzepte, die auch auf andere Unternehmen übertragbar sind. Die ersten Ergebnisse des Reallabors werden Ende 2022 erwartet und können über die Seite www.donautal-connect.de abgerufen werden.

---

8   Liu, K.; Minor, J.: Performance evaluation of an extensive green roof. In: Greening Rooftops for Sustainable Communities. Washington, D.C.: 4.–6. Mai 2005, S. 1–11

Gesellschaft nachhaltig gestalten

2.9 Efficiency First: Wasser, ein Energiethema?

Matthias Meevissen | Torsten Grüter (Co-Autor) | Wilo SE

»Wasser ist Grundlage allen Lebens. Quellen, Bäche, Flüsse, Seen, Feuchtgebiete und Meere sind Lebensraum für eine Vielzahl von Pflanzen und Tieren. Wasser ist keine übliche Handelsware, sondern ein Gut, das geschützt und sorgsam behandelt werden muss. Wir nutzen es für unsere Ernährung und die tägliche Hygiene, als Energiequelle und Transportmedium, für Industrie und Landwirtschaft. Wir sind daran gewöhnt, dass Wasser jederzeit in hoher Qualität und beliebiger Menge verfügbar ist. Aber die Ressource Wasser gerät zunehmend unter Druck. Eine Ursache dafür ist der Klimawandel. Die Sommer werden heißer und trockener. Der Grundwasserspiegel sinkt, die Bodenfeuchte geht zurück. Darunter leiden Ackerpflanzen und der Wald. Gleichzeitig wird Starkregen häufiger, Schnee seltener. Städte, Wasserspeicher und Kanalisation« müssen an die veränderten Bedingungen angepasst werden.« – Svenja Schulze, Bundesministerin für Umwelt, Naturschutz und Reaktorsicherheit, in der Nationalen Wasserstrategie (Juni 2021)[1]

Als Reaktion auf die aktuelle Situation hat zum Beispiel der Wasserverband Strausberg Erkner (WSE) entschieden, das Wasser für seine Kunden in Zukunft zu rationieren. Dies hatten die 16 Bürgermeister und die Amtsleiter der Mitgliedsgemeinden Anfang Dezember 2021 beschlossen. Auch die Stadt Potsdam verbietet seit 2022 die Entnahme von Oberflächenwasser. Bis zu 50 000 € würde ein Verstoß gegen dieses Verbot kosten. Denn die Bildung von Grundwasser ist mehr als gefährdet, wenn das Oberflächenwasser nicht mehr über den natürlichen Weg der Versickerung ins Grundwasser gelangen kann.

In Ballungsgebieten bestehen mittlerweile Interessenkonflikte. Die Trinkwasserversorgung von Großstädten geht zum Teil auf Kosten der umliegenden Gemeinden. Die Sektoren Haushalt, Industrie und Landwirtschaft stehen in einigen Regionen mittlerweile im Wettbewerb um das Trinkwasser. Erschwerend kommt hinzu, dass die

---

1 Bundesministerium für Umwelt, Naturschutz und nukleare Sicherheit – BMU (Hrsg.): Nationale Wasserstrategie. Entwurf des Bundesumweltministeriums. Bonn: 2021. URL: https://www.bmuv.de/fileadmin/Daten_BMU/Download_PDF/Binnengewaesser/langfassung_wasserstrategie_bf.pdf (S.6)

vorhandene Ressource Wasser über Schadstoffeinträge ins Grundwasser noch weiter reduziert wird. Aufgrund dieser Umstände sind intelligente, digitale Wasserzähler im Gespräch bzw. werden schon eingebaut. Diese könnten wie im Stromsektor bei Spitzenlast die Trinkwassernutzung steuern.

In Trockenperioden, die wir immer häufiger erleben, kommt es im gesamten Bundesgebiet immer wieder zu Nutzungsverboten von Trinkwasser. So wird zum Beispiel das Wässern von Grünflächen oder die Fahrzeugwäsche untersagt. Felder versteppen mittlerweile in vielen Regionen. Bodenerosionen und Staubwolken wie Nebelbänke bei der Ernte und bei starken Winden sind jedem spätestens im Sommer schon einmal aufgefallen. Es ist ersichtlich, dass die Versorgungssicherheit von Menschen, Natur und Tier jetzt, aber insbesondere in Zukunft und damit für nachfolgende Generationen, gefährdet ist.

Jährlich werden circa fünf Milliarden Kubikmeter Wasser für die öffentliche und rund 19 Milliarden Kubikmeter für die nicht-öffentliche Wasserversorgung für Industrie, Gewerbe und die Energiegewinnung entnommen. In Deutschland werden jährlich knapp 10 Milliarden Kubikmeter Abwasser behandelt, davon circa fünf Milliarden Kubikmeter Niederschlags- und Fremdwasser. Wir verbrauchen in Deutschland rund 120 bis 123 Liter pro Person und Tag – davon werden aber nur anderthalb bis zwei Liter getrunken. Ergo: Die lebenswichtige Ressource Wasser muss effizienter genutzt werden. Muss dieses hochwertige Lebensmittel zum Beispiel für die Gartenbewässerung genutzt werden? Champagner wird auch nicht für die Rosenpflege genutzt. Dabei gibt es längst Möglichkeiten, wie wir die Ressource Wasser ohne Komfortverlust schützen können, z. B. durch ein intelligentes Regenwassermanagement.

Die Anlagentechnik in der Regenwassernutzung hat sich in den vergangenen Jahren standardisiert und viele Systeme liefern tagtäglich zuverlässig Betriebswasser für unterschiedlichste Anwendungen. Anfängliche Diskussionen über hygienische Bedenken sind dabei verstummt, da bis heute die Sicherheit der Anlagen und die Qualität des Regenwassers in den Anlagen und den Anwendungen nicht nur unbedenklich, sondern sehr gut geeignet sind. Innovative Planer:innen, professionelle Handwerker:innen und motivierte Betreiber:innen haben bewiesen, dass diese Systeme ohne Komfortverlust langfristig und sicher arbeiten.

Auch auf Seiten der Behörden haben sich viele Sachverhalte geklärt, die noch vor einigen Jahren zu leidigen Diskussionen geführt haben. Es war in der Vergangenheit durchaus häufiger der Fall, dass man in Diskussionen mit Behörden und Versorgern zuerst Vorbehalte ausräumen musste. Oft lagen in den Kommunen und Städten noch keine Regelungen zum Umgang mit Regenwassernutzungsanlagen vor oder es wurden sogar teilweise Verbote oder Einschränkungen ausgesprochen. Dies gehört nun jedoch der Vergangenheit an und man trifft immer wieder gut informierte und offene Ansprechpartner:innen an, die bereits über gute Erfahrungen mit Regenwassernutzungsanlagen verfügen.

Neben den klassischen Anwendungen für Regenwassernutzung in der Toilettenspülung und der Waschmaschine sind nun einige neue hinzugekommen. Immer häufiger werden die professionelle Grünflächenbewässerung, Wasserspiele, Waschanlagen und industrielle Prozesswässer mit Regenwasser gespeist.

Eine optimale Lösung ergibt sich zum Beispiel bei der Kombination von Regenwassernutzung mit der Feuerlöschtechnik. Hier kann das anfallende Regenwasser von Hofflächen, Parkplätzen und Hallendächern, das sonst entweder ungenutzt versickern würde oder gegen eine erhebliche Gebühr in die Kanalisation eingeleitet würde, in Tanks zwischengespeichert und das gesamte Jahr über in Toilettenanlagen genutzt werden. Im Regenspeicher bleibt jedoch stets ein definiertes Wasservolumen erhalten, das im Bedarfsfall die Hydranten zur Feuerlöschung versorgt. Doch durch die ständige Nutzung der Anlage für die Toiletten erzielt man somit auch mit der Investition in Feuerlöschtechnik, die sowieso erforderlich gewesen wäre, eine direkte Amortisation.

Die Speicherung des Regenwassers findet in den meisten Anlagen im Erdreich statt. Der Regenspeicher hat die Aufgabe, das gelagerte Wasser vor Licht, Wärme und neuer Verschmutzung zu schützen und da ist eben das Erdreich prädestiniert. Die Behälter können aus unterschiedlichen Werkstoffen beschaffen sein. Bewährt haben sich bei kleineren Behältern bis zu 10 Kubikmetern die Werkstoffe Beton und Kunststoff. Wenn die Regenspeicher dann für größere Anlagen Wassermengen zwischen 20 und 500 Kubikmetern speichern sollen, dann kommt in der Regel ein speziell beschichteter Stahltank oder eine Betonzisterne zur Anwendung. Je nach Platzverhältnissen und notwendigem Volumen können auch mehrere Behälter zu einem gemeinsamen Reservoir zusammengeschlossen werden. Wichtig ist, dass die Behälter später noch zugänglich sind und daher muss ein Domschacht mit einem ausreichenden Durchmesser die Höhe zur Geländeoberkante ausgleichen. Die Wartung des Regenspeichers hält sich in Grenzen. Eine regelmäßige Inspektion und die Reinigung des Behälters nach zehn Jahren ist absolut ausreichend.

Die intelligente Steuerung der Regenwassernutzungsanlage überwacht unter anderem den Füllstand im Regenspeicher. Sollte einmal mehr Regenwasser verbraucht worden sein, als Regenwasser gesammelt werden konnte, ist es erforderlich, dass die Versorgung mit Trinkwasser übernommen wird. Da das Trinkwasser nur über den »Freien Auslauf« in die Regenwassernutzungsanlage eingespeist werden darf, bedient man sich hier eines Zwischenbehälters, in den das Trinkwasser bedarfsorientiert zuläuft. Die Druckerhöhungsanlage kann dann das Wasser im Normalbetrieb aus dem Regenspeicher oder bei Trockenfallen der Zisterne aus dem Zwischenspeicher entnehmen. Bei größeren Anlagen dient der Vorlagebehälter auch gleichzeitig als Vorlage für das von der Zubringerpumpe geförderte Regenwasser. Die Umschaltung erfolgt durch die Steuerung in Abhängigkeit von dem Vorhandensein des Regenwassers im Regenspeicher.

Ein intelligentes Regenwassermanagement kann aber auch ein wichtiger Bestandteil zur Starkregenvorsorge sein. Über Wetterdatensteuerungen können vor Schlechtwetterlagen/ Regenzeiten die Speicher leer gefahren werden. Eventuell nachgeschaltete Versickerungen/Hydrauliken werden nicht überlastet. Werden in Siedlungsgebieten und Städten dieser Gedanke flächenmäßig umgesetzt, kann zurecht von einer Schwarmintelligenz gesprochen werden. Damit kann das eine oder andere Regenrückhaltebecken eingespart und Hochwasserschäden reduziert werden. Eine konsequente Regenwassernutzung kann die Nutzungsverbote zeitlich hinauszögern. Die Überbeanspruchung der Wasserressource wird entsprechend gedämpft.

Abbildung 1: Regenwassernutzung, Ressourcen- und Energieeffizienz [Quelle: Darstellung des fbr]

Dadurch entstehen weitere positive Effekte, Rohrquerschnitte für Druckleitungen können teilweise kleiner ausfallen, die Antriebsenergie für den Wassertransport entsprechend reduziert werden.

Denn Wasser ist nicht nur ein Versorgungsthema, sondern auch ein Energiethema.

Ca. 70 % der Trinkwasserversorgung Deutschlands basiert auf der Gewinnung von Grundwasser, welches z.T. aus sehr tiefen Brunnen zum Wasserwerk gepumpt werden muss. Aus dem Wasserwerk mit dem entsprechenden Versorgungsdruck gelangt es dann ins Verteilnetz. Nach Schätzungen von Versorgungsunternehmen geht allein in der Wassergewinnung etwa 50 % der eingesetzten Energie verloren.

Die Grundwasserspiegel sinken, demzufolge verlassen die Unterwassermotorpumpen ihren Bestbetriebspunkt, da sie größere geodätische Förderhöhen überwinden müssen und arbeiten in schlechteren Wirkungsgraden. Sind die Aggregate lange im Einsatz, verlieren sie von Haus aus schon an Wirkungsgrad, wie z.B. höhere Spaltverluste, rauere Oberflächen der Hydraulik bis hin zur Verockerung der Maschinen. Ein vorzeitiger Austausch von alten Unterwassermotorpumpen lohnt meist, da sich in den letzten Jahren die Wirkungsgrade ab Pumpen größer 8 Zoll, deutlich gesteigert haben. Eine weitere Wirkungssteigerung um ca. 2 % der Hydraulik erreicht man mit hocheffizienten Beschichtungen. Verbunden mit Synchronmotoren und dann notwendigen Frequenzumformern, hier erreicht man Gesamtwirkungsgrade von bis zu 79 %.

Betrachtet man ältere Unterwassermotortechnologien in Brunnen, arbeiten diese heute oft noch bei ca. 50 %, beim Einsatz neuer hocheffizienter Maschinen mit aktuell älter verbauten, können Steigerungen um bis zu 30 % Punkten erreicht werden. Mit den eingesetzten Frequenzumformern lassen sich die Maschinen zusätzlich leichter auf veränderte Bedingungen einstellen und dadurch kann der Wirkungsgrad der Anlage leichter angepasst werden. Energieeinsparmaßnahmen durch Steigerung des Wirkungsgrads werden seitens der Bundesregierung aktuell bis 31.Dezember 2027 sehr gut gefördert.

Zum Teil wird Trinkwasser über sehr weite Strecken über Fernleitung in die Versorgungsgebiete transportiert. Dies bedeutet einen großen Aufwand an Antriebsenergie. In Deutschland wird ein Trinkwassernetz mit einer Gesamtlänge von 540 000 Kilometern betrieben.

Wird der Volumenstrom in Rohrleitungen aufgrund der Regenwassernutzung reduziert, kann dadurch die Strömungsgeschwindigkeit im Rohrleitungssystem und damit der Widerstand verringert werden. Antriebsenergie wird eingespart, CO_2 reduziert.

Abbildung 2: Der Austausch von alten Trinkwassergewinnungspumpen ist eine hochwirksame Energieeffizienzmaßnahme [Quelle: WILO SE]

Ein weiteres interessantes, etabliertes Handlungsfeld bietet die Technologie im Wasserrecycling: In der Grauwassernutzung wird das Wasser aus Badewannen bzw. Duschen und Handwaschbecken wiederaufbereitet und kann zum Beispiel in den Toiletten für die Spülung genutzt werden. Vorher kann die Wärme im Grauwasser über einen Wärmetausch für weitere Anwendungen wie zur Trinkwasservorerwärmung oder Heizungsunterstützung genutzt werden.

Fazit

Im Grunde genommen ist es im Wasserbereich fünf **nach** zwölf, im Kontext Energie fünf **vor** zwölf.

Gesellschaftlich können wir es uns nicht mehr erlauben, beide Themenfelder zu vernachlässigen, sondern wir müssen jetzt konsequent lösungsorientiert agieren.

Regenwasser nutzen ist Ressourceneffizienz und Energieeffizienz zugleich.

Ein Lösungsweg wäre u. a. neben dem Gebäudeenergieausweis auch einen Wasserpass einzuführen. Oder beide Bereiche, Energie und Wasser, in einen Nachhaltigkeitspass für Gebäude zu integrieren. Zudem sollte im Energieaudit (wie nach DIN EN 16247) auch das Thema Wasser aufgenommen werden, um im Nachgang entsprechende Handlungsempfehlungen ableiten zu können.

Im Kommunalen Bereich werden Pumpen nicht nur für die Trinkwassergewinnung gefördert, sondern auch für den Abwassertransport. Eine Förderung im Regenwassernutzungsbereich würde auch dieses Thema gesellschaftlich stützen.

Gesellschaft nachhaltig gestalten

2.10 Tiny Houses

Aurèle Haupt (M. Sc) | Hauptsache Tiny GmbH

2.10.1 Einleitung

Tiny Homes oder Tiny Houses sind seit einigen Jahren in aller Munde. Dabei sind Tiny Homes und die dazu gehörende Bewegung recht jung. Einer der Ursprünge ist in den USA nach der Finanzkrise zu finden. Während dieser Zeit gerieten die zwei größten Baufinanzierungsunternehmen in Zahlungsschwierigkeiten und viele Menschen konnten ihre Immobilienkredite nicht mehr bedienen. Diese Menschen suchten zwangsläufig nach Alternativen und bauten sich kleine Häuser auf Anhängern.

Gleichzeitig entstand eine Gegenbewegung zu dem bis dato gelebten Grundsatz »mehr« beziehungsweise »größer ist besser«. Der steigende Ressourcenverbrauch und die Folgen der Konsumgesellschaft wie der Klimawandel, Ressourcenknappheit und endliche Rohstoffe wurden und werden immer deutlicher spürbar. Der bis dato gelebte Glaubenssatz wird zunehmend kritisch betrachtet. So veröffentlichte bereits 1997 die Architektin S. Susanka das Buch »The not so big house – A blueprint how we really live« und legte damit einen Grundstein für die »Small House«-Bewegung. Die Bewegung ist heutzutage in Deutschland angekommen. Immer mehr und mehr Leute sind von Tiny Homes begeistert. Der Ursprung der Tiny-House-Bewegung ist hierzulande, anders als in den USA, nicht durch eine Finanzkrise entstanden, sondern folgt zu großen Teilen dem Bedürfnis nach reduziertem Wohnraum und fußt auf einem neuen Ansatz der Nachhaltigkeit. Das entscheidende Element ist die Suffizienz.

Die Suffizienz (lat. *sufficere, dt. ausreichen*) ist neben der Effizienz und der Konsistenz eine von drei Nachhaltigkeitsstrategien und kann mit »das richtige Maß finden« übersetzt werden. In den letzten Jahrzehnten wurde im Bereich des Bauwesens insbesondere die Effizienz sowie die Konsistenz weiter vorangetrieben. Erstere beschreibt das Nutzen-Aufwand-Verhältnis. Durch technische Fortschritte wurde kontinuierlich die Effizienz gesteigert, wie beispielsweise bei Wärmeerzeugeranlagen wie Gas-Brennwertthermen oder Holzvergasern. Bei gleichem Brennstoffeinsatz steht somit durch effizientere Anlagentechnik mehr Raumwärme zur Verfügung. Die Konsistenz, als zweite Nachhaltigkeitsstrategie, wird im Energiesektor ebenfalls kontinuierlich gesteigert. Konsistenz steht für die Vereinbarkeit von Technik mit der Natur (Ökoeffizienz) und kann, übertragen auf den Gebäudeenergiesektor, damit übersetzt werden, dass umweltverträgliche Energiequellen wie erneuerbare Energien eingesetzt werden. Studien haben gezeigt, dass diese Strategien nicht zu einem deutlichen Rückgang der CO_2-Emissionen pro Kopf führten, da gleichzeitig der Raumwohlstand zunimmt. Im Jahr 2020 lag der Wohnflächenverbrauch pro Kopf bei 47,4 m² [1], während es 1991 im Schnitt 35 m²/Person waren [2]. Diese Entwicklung kompensieren zum Teil die Einsparungen durch die Effizienz und Konsistenz.

Hier greift die Suffizienz-Strategie. Suffizienz bedeutet, dass durch einen reduzierten Verbrauch an Ressourcen ein zufriedenstellendes Leben möglich wird. Somit ist die Suffizienz, anders als die Effizienz und Konsistenz, eine Strategie, die nicht auf technologischen Entwicklungen gründet, sondern durch einen Bewusstseinswandel umgesetzt wird. Dies ist einer der Grundgedanken der Tiny-House-Bewegung. Durch eine Reduktion auf einen ausreichend großen Wohnraum entstehen Freiheiten in anderen Bereichen des Lebens. Ein kleineres Gebäude führt unmittelbar zu einem geringeren Ressourcenverbrauch bei Bau- und Betrieb (Heizenergie) und somit zu deutlichen Kosteneinsparungen im Vergleich zu einem herkömmlichen Einfamilienhaus durchschnittlicher Größe. Durch geringere Kosten entsteht wiederum mehr finanzielle Freiheit und die Möglichkeit, in Teilzeit zu arbeiten. Die Reduktion des Wohnraums auf das Wesentliche beschränkt ebenfalls den zur Verfügung stehenden Raum. Weniger Gegenstände können angeschafft werden. Auch wenn das wie ein Nachteil klingt, wohnt in dieser Begrenzung auch eine Chance: Menschen in Tiny Homes suchen sich zwangsläufig sehr genau aus, was sie wirklich haben möchten. Sie »ertrinken« nicht in Büchern, in Erinnerungsstücken, CDs oder trendy Küchengeräten, die ungenutzt Platz und Aufmerksamkeit rauben. Sie entscheiden bewusst, was sie brauchen und was nicht, reflektieren über ihre Bedürfnisse. Das kann die individuelle Zufriedenheit erhöhen.

Darüber hinaus stehen Tiny Homes für mehr Lebensqualität auf kleinem Raum durch die Nähe zur Natur. Mit nur einem Schritt ist man vor seiner Haustür und in seiner Umwelt. Die Naturnähe (Stichwort: biophile Architektur) wirkt sich positiv auf die Gesundheit aus.[3]

---

1 Umweltbundesamt - UBA: Wohnfläche. URL: https://www.umweltbundesamt.de/daten/private-haushalte-konsum/wohnen/wohnflaeche [Zugriff am 03.05.2022]

2 statista: Wohnfläche je Einwohner in Wohnungen in Deutschland von 1991 bis 2020. URL: https://de.statista.com/statistik/daten/studie/36495/umfrage/wohnflaeche-je-einwohner-in-deutschland-von-1989-bis-2004/ [Zugriff am 03.05.2022]

3 Vgl. Brichetti, K.; Mechsner, F.: Heilsame Architektur: Raumquailtäten erleben, verstehen und entwerfen (Architekturen, Bd. 48), Bielefeldt: transcript Verlag, 2019

Ein weiterer Grund für ein Tiny Home ist eine (Teil-)Autarkie. Mit Hilfe von Photovoltaik- und Solarspeichern, Trockentrenntoiletten, Kreislaufduschen, Wasseraufbereitungssystemen und Holzheizungen entsteht eine weitere Unabhängigkeit von externen Ressourcen und somit ein erhöhter Freiheitsgrad. Diese Freiheit findet sich ebenfalls in dem Grundgedanken von mobilen Tiny Homes wieder. Auch wenn in der Praxis die wenigsten Tiny Homes mehr als einmal pro Jahr umgezogen werden, besteht prinzipiell die Möglichkeit dazu.

Wirft man einen Blick auf die zunehmende Flächenversiegelung, ist ebenfalls der Fußabdruck eines Tiny Homes deutlich geringer (in der Regel 16–30 m²) als bei einem Einfamilienhaus und die Rückbaubarkeit durch mobile oder semimobile Konzepte gegeben.

All die vorhergenannten Aspekte greifen selbstverständlich nur, wenn ein Tiny House als Erstwohnsitz genutzt wird. In der Praxis werden jedoch viele Tiny Homes oft als Wochenend- oder Ferienhaus gebaut und genutzt, wodurch ein zusätzlicher Ressourcenverbrauch entsteht.

Tiny Homes sind in erster Linie eine Lösung für den ländlichen Raum. Aufgrund der hohen Grundstückspreise und dem knappen Wohnraum in urbanen Gebieten ist es dort sinnvoller, in die Höhe zu bauen. Nichtsdestotrotz macht eine Lebensweise, die nicht auf ein »immer mehr, immer größer« setzt, die den Menschen dazu anhält, über seine wirklichen Bedürfnisse nachzudenken, natürlich auch in der Stadt Sinn. Auch da hat sie klimarelevante Konsequenzen und kann zu mehr Glück im Leben führen.

2.10.2 Grundlegendes zu Tiny Homes

Im Folgenden werde ich zeigen, welche gesetzlichen Einschränkungen eingehalten werden müssen, wie man diesen gerecht wird und welche Forderungen sich aus Sicht der Bewegung und mit Blick auf eine nachhaltige Lebensweise aus diesen Berechnungen ergeben.

Tiny-House-Typen und Größe

Nach Definition sind Tiny Homes Gebäude kleiner als 45 m². Mobile Varianten gibt es auf 3,5 t Basis auf PKW-Trailern (Tiny House on Wheels/ThoW), bis zu 10 t auf Bauwagen und Rangiergestellen (semimobil) und bis zu 16 t auf LKW-Wechselbrücken. Ortsfeste Tiny Homes werden oft auch als Modulhäuser bezeichnet. Die semimobilen Tiny Homes werden meist bei einem Hersteller in der Werkstatt gefertigt und dann mithilfe eines Tiefladers zu dem Kunden transportiert, wo sie mithilfe eines Krans oder einer temporären Bereifung aufgestellt werden. Bauwägen fallen heutzutage ebenfalls in die Kategorie Tiny House, auch wenn der Hintergrund von Bauwägen und Bauwagenburgen andere Ursprünge hat.

Mobilität

Die Mobilität ist, neben der bestehenden Gesetzgebung und der Grundstücksknappheit, eines der Haupthindernisse. Wird eine möglichst hohe Mobilität gewünscht, muss das Tiny House auf einem PKW-Anhänger gebaut werden. In diesem Fall gelten im Gegensatz zu Gebäuden die Anforderungen der STVO. Die Maximalhöhe inklusive Trailer beträgt 4,0 m, die Maximalbreite 2,55 m und das Maximalgewicht beträgt 3,5 t. Hiervon werden bereits 750–1000 kg für den Trailer benötigt, sodass 2,5–2,75 t für das Gebäude inklusive Inneneinrichtung übrig bleiben. Dies wirkt sich zwangsläufig auf die Bauweise und Einrichtung aus. Das Holzständerwerk beträgt meist nur 4×8 cm starkes KVH, wodurch die Vorgaben des GEG nicht erreicht werden können. Ebenfalls kann eine ganzjährige Stromautarkie aufgrund des Gewichts der Photovoltaikmodule und insbesondere der Batteriespeicher nicht umgesetzt werden. Eine wassergeführte Heizungsanlage ist ebenfalls nicht möglich.

Die Alternative sind Rangiergestelle, Wechselbrücken oder kranbare Konstruktionen. Bis zu einer Breite von 3,0 m kann das Tiny House von vielen Speditionen durch eine Dauergenehmigung ohne Begleitfahrzeuge transportiert werden. Die Grenzen des Gewichts hängen nun von der Spedition, der zulässigen Achslast der Rangiergestelle oder der Kranbarkeit ab. Ein Gesamtgewicht von bis zu 16 Tonnen ist möglich. Dadurch können die vorhergenannten Hindernisse in puncto Gewicht umgesetzt werden und GEG-konforme Tiny Homes gebaut werden.

Bauantrag

Die nächste rechtliche Anforderung ist die Baugenehmigung. Je nach Landesbauordnung sind mitunter Tiny Homes größer als 10 m² (LBO-MV) bereits genehmigungspflichtig. Soll das Tiny House zu einem späteren Zeitpunkt noch einmal versetzt werden, bedarf es eines weiteren Bauantrags. Der Aufwand für einen Bauantrag ist mit relativ hohen Kosten verbunden, da hierfür Fachplaner:innen für das Erstellen von Bauvorlageplänen, dem Standsicherheitsnachweis und gegebenenfalls einem Brandschutz- und Wärmeschutznachweis benötigt werden. Der Aufwand ist annähernd identisch wie bei einem Einfamilienhaus, wodurch prozentual auf die Bausumme gesehen hohe Kosten für die Kund:innen entstehen. Mit Blick auf das Voranschreiten der Klimakatastrophe und der zuvor dargestellten positiven Bilanz jener Wohnform müssten bürokratische Hürden hier abgebaut werden.

2.10.3 Wärmeschutz / GEG

Berechnungsmöglichkeiten

Wird ein Tiny House zum dauerhaften Wohnen benutzt (Nutzung mehr als 4 M/a) und ist genehmigungspflichtig, dann muss das Gebäudeenergiegesetz (GEG) eingehalten werden. Der Nachweis kann mithilfe einer Berechnung nach DIN 4108-2 oder DIN 18599 erbracht werden. In diesem Kontext ist auch die Regelung für kleine Gebäude relevant (§ 104 GEG). Kleine Gebäude sind im GEG Gebäude, die eine Maximalgröße von 50 m² nicht überschreiten. In diesem Fall gilt der Wärmeschutz als erfüllt, wenn die Wärmedurchgangskoeffizienten nach Anlage 7 eingehalten werden.

Nachfolgend werden energetische Berechnungen nach DIN 18599 mit für Tiny Homes typischen Aufbauten und Materialien erstellt.

Bauteil	U-Wert GEG Anlage 7	Wärmedämmung berechnet	Stärke Aufbau
Außenwände (1a + 1b)	0,24 W/m²K	18 cm WLG 040[4]	249 mm
Dachflächen mit Abdichtung (5c)	0,20 W/m²K	22 cm WLG 040[5]	293 mm (+ Dachdeckung)
Boden (gegen Außenluft) (6d + 6e)	0,24 W/m²K	18 cm WLG 040[6]	222 mm
Fenster + Fenstertüren (2 a)	1,3 W/m²K		

Tabelle 1: Berechnung der Wärmedämmung für Tiny Homes (Auszug Anlage 7 GEG für Wohngebäude und Zonen von Nichtwohngebäuden mit Raum-Solltemperatur ≥19 °C sowie eigene Berechnung)

Die Berechnungswerte in der Tabelle 1 führen zu großen Einbußen an Wohnfläche. Bei einem 3 m × 8 m großen Tiny House (Bruttogrundfläche (BGF) 24 m²) bleibt eine

---

[4] Aufbau von Außen nach Innen: 20 mm Lärchenschalung, 30 mm Hinterlüftung, 6 × 18 cm Ständerwerk mit Wärmedämmung WLG 040, Achsmaß 62,5 cm, 19 mm Dreischicht Fichte

[5] v. A. n. I.: Dachdeckung, Schalung (24 mm Rauspund Fichte), 30 mm Hinterlüftung, Holzweichfaserunterdeckplatte 60 mm WLG 050, 6 × 14 cm Ständerwerk KVH Fichte Achsmaß 62,5 cm, 19 mm Dreischicht Fichte: U-Wert 0,202 W/m²K

[6] v. A. n. I.: 24 mm Rauspund Fichte, 6 × 18 cm KVH FI, Achsmaß 62,5 cm mit WD WLG 040, 18 mm OSB: U-Wert 0,233 W/m²K. Der Feuchteschutz wurde bei den vorhergenannten Aufbauten vernachlässigt. Dampfbremsen und Unterspannbahnen sind ggf. einzuplanen.

Nutzfläche von 18,75 m² bestehen. Dies entspricht rund 22 % der BGF. Wird nun ein Mehrfamilienhaus von 10 m × 10 m betrachtet, liegt der Flächenverlust bei gleichen Aufbauten nur bei rund 10 % der BGF.

Die Wandstärken können weiter reduziert werden, wenn statt einer Wärmedämmung WLG 040 z. B. eine Wärmedämmung mit WLS/WLG 030, 032 oder 035 verwendet wird. Dies geht jedoch auf Kosten der Nachhaltigkeit. Dämmstoffe aus nachwachsenden Rohstoffen sind in der Regel nur mit Wärmeleitfähigkeiten von 040 verfügbar, Ausnahmen bilden einige Holzfaserdämmplatten mit WLS 038.

Eine weitere Möglichkeit der Reduktion der Wandstärken kann bei einer Berechnung nach DIN 4108-6 oder 18599 in Kombination mit einer Wärmebrückenoptimierung erreicht werden. Bei der Berechnung nach DIN 18599 ist der mittlere Transmissionswärmeverlust ausschlaggebend. Dies bedeutet, dass durch kleinere Fensterflächen und eine bessere Verglasung geringere Aufbauten möglich sind.

Das größte Optimierungspotenzial steckt in den Wärmebrücken. Hier ist jedoch zu beachten, dass der Gleichwertigkeitsnachweis nach DIN 4108 bei innenraumoptimierten Aufbauten nicht möglich ist, da die Rahmenbedingung von 160 mm Dämmstärke und das Überdämmen von z. B. Fensterlaibungen mit 6 cm nicht eingehalten werden kann. Ein detaillierter Wärmebrückennachweis ist in diesem Fall notwendig. Mithilfe einer Holzweichfaser-Unterdeckplatte können Wärmebrücken des Holzständerwerks entschärft und ein Wärmebrückenzuschlag von 0,0025 W/K [7] erreicht werden. In Kombination mit höherwertigen Dämmstoffen (Flexible Holzweichfaserdämmung WLS 038 + Holzweichfaser-Unterdeckplatten (Trockenverfahren, WLS 045) ist es möglich, ein GEG-konformes Tiny House mit einer Dämmstärke von 12 + 3,5 / 12 – 6 cm zu realisieren.

---

[7] Firmeninterne Berechnung durch Jan Perschke (M.Sc.)

Bauteil	U-Wert Anlage 7	U-Wert mit opt. WB	Aufbautiefe Anlage 7	Aufbautiefe mit opt. WB
Außenwände	0,24 W/m²K	0,27 W/m²K	249 mm	224 mm
Dachflächen	0,20 W/m²K	0,26 W/m²K	293 mm	228 mm
Boden (ggn. Außenluft)	0,24 W/m²K	0,32 W/m²K	222 mm	156 mm
Fenster + Fenstertüren	1,3 W/m²K	1,4 W/m²K		

Tabelle 2: Berechnung der Dämmstärke unter Berücksichtigung von optimierten Wärmebrücken (Anlage 7, sowie eigene Berechnungen)

Trotz der optimierten Aufbauten und Wärmebrückenoptimierung ist es mit den Aufbauten noch nicht möglich, ein Tiny House on Wheels (3,5 t Grenze) umzusetzen. Das Holzständerwerk sowie die Dämmstoffe führen zu einem zu hohen Gewicht. Dieses Vorgehen eignet sich daher ausschließlich für semimobile Tiny Homes.

Energieeffizienz

Nachfolgend wird untersucht, ob die Einsparungen eines Tiny Homes aufgrund des schlechteren A/V-Verhältnis (Oberfläche zu Volumen) und den geringeren möglichen Wandaufbauten bei Tiny Homes on Wheels einen geringen oder größeren energetischen Fußabdruck während der Betriebsphase aufweisen. Hierzu wird ein 7,2 m × 2,5 m großes semimobiles Tiny House mit einem 7 m × 7 m großen Einfamilienhaus (EFH)/ Bungalow verglichen. Das Tiny House wird einmal mit einem GEG-konformen Aufbau sowie Standardwandstärken berechnet. Die Größe des EFH wird mit 49 m² BGF gewählt, da dies in etwa dem durchschnittlichen Pro-Kopf-Flächenverbrauch entspricht (NGF 47,4 m² NGF 2020). Für beide Gebäude wird eine Wandhöhe von 3,2 m angesetzt. Der Fensterflächenanteil wird jeweils mit 25 % der BGF festgesetzt. Für den Vergleich wird eine energetische Berechnung nach DIN 18599 durchgeführt. Die Warmwasserversorgung erfolgt dezentral elektrisch (DLE), die Heizwärmeversorgung wird mithilfe einer Sole/Wasser-Wärmepumpe simuliert.

A/V Verhältnis

Das A/V–Verhältnis beträgt bei dem Tiny House 1,7 m^{-1} und bei dem EFH 1,46 m^{-1}. Die Außenfläche im Vergleich zu dem Volumen ist demnach bei dem Tiny House rund 15 % größer als bei dem simulierten EFH. Dies wirkt sich negativ auf die Energiebilanz aus.

Heizenergiebedarf

Die optimierten U-Werte mit verbesserten Wärmebrückenverlusten werden für das 49 m² EFH (Variante 1) sowie ein theoretisch GEG-konformes THoW (Variante 2) verwendet. Variante 3 ist das THoW mit in der Praxis üblichen Dämmstärken von 8 cm. Die U-Werte betragen in dem Fall zwischen 0,46 und 0,48 W/m²K.

Der ermittelte Heizenergiebedarf ist bei dem THoW im Vergleich zu dem EFH trotz des größeren A/V-Verhältnisses und der geringeren Wärmedämmung um rund 22 % geringer und beträgt 4220 kWh/a.

Bei einem theoretischen GEG-konformen, semimobilen Tiny Home beträgt der absolute Heizenergieverbrauch nur 50 % des Vergleichsgebäudes.

	V 1: 49 m² – EFH – GEG 2020	V2: 18 m² – TH – GEG 2020	V3: 18 m² – THoW – TH Aufbau	Einheit
U-Wert Dach	0,27	0,27	0,48	W/m²K
U-Wert Wand	0,26	0,26	0,46	W/m²K
U-Wert Boden	0,32	0,32	0,46	W/m²K
U-Wert Fenster	1,30	1,30	1,30	W/m²K
WB-Zuschlag	0,042	0,042	0,100	W/mK
Heizenergiebedarf	5380	2510	4220	kWh/a
Heizenergiebedarf	107	136	229	kWh/m²a

Tabelle 3: Berechnung der U-Werte für verschiedene beispielhafte Tiny Homes

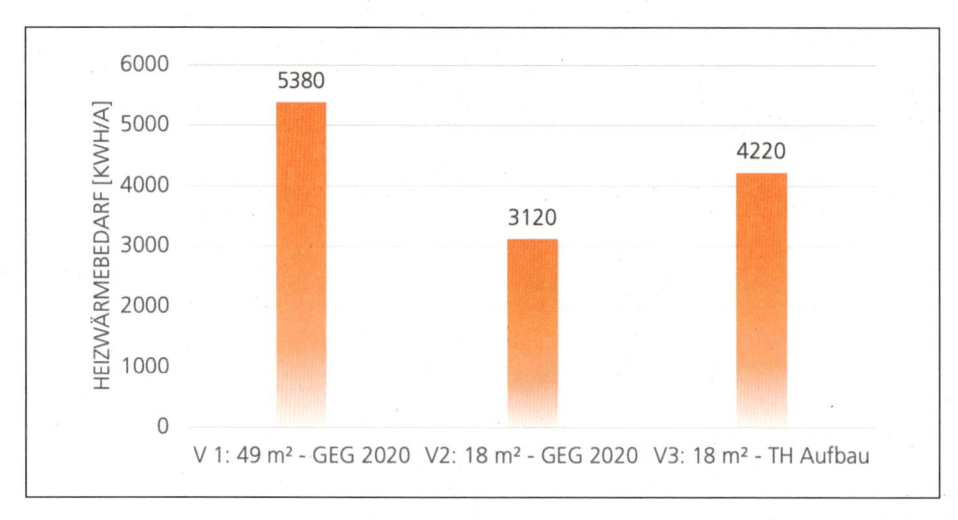

Abbildung 1: Heizwärmebedarf verschiedener beispielhafter Tiny Homes [Darstellung: Haupt]

Heizenergiebedarf pro Kopf statt pro Quadratmeter

Der geringere absolute Heizenergiebedarf bei dem THoW trotz des schlechteren A/V-Verhältnisses und den geringeren Wandstärken verdeutlicht die Einsparpotenziale, die durch eine suffiziente Lebensform zutage treten. Der relative Heizenergieverbrauch pro Quadratmeter und Jahr ist bei dem Tiny House um 29 kWh/m²a höher. Es wird ersichtlich, dass dieser Kennwert allein nicht ausreichend ist, um die Potenziale an Energieeinsparung zu definieren. Bei Neubauten nach GEG entsteht durch die Inanspruchnahme einer größeren Wohnfläche zwangsläufig ein höherer absoluter Heizenergiebedarf. Um die Klimaziele zu erreichen, gilt es, suffiziente Wohnformen zu fördern. Dies kann zum Beispiel mit der Einführung einer weiteren Vergleichsgröße umgesetzt werden, dem Heizenergiebedarf pro Kopf. Dadurch können im ersten Schritt Einsparpotenziale sichtbar gemacht und in einem zweiten Schritt gefördert werden.

Es ist wichtig zu betonen, dass die Einsparungen nur zum Tragen kommen, wenn ein Tiny House als Erstwohnsitz genutzt wird.

Konsistenz, Gebäudeheizung und Warmwasser

Der entstehende Wärmebedarf muss in einem zweiten Schritt durch erneuerbare Energien gedeckt werden. Sofern die Regelung für kleine Gebäude GEG genutzt wird, gelten keine Anforderungen an den Primärenergiebedarf. Oft kommen aufgrund der geringeren Investitionskosten und dem geringen Gewicht elektrische Fußbodenheizungen und Infrarotheizungen zum Einsatz. Dies wirkt sich negativ auf die

CO_2-Emissionen aus und die Einsparungen im Bereich des Primärenergieverbrauchs durch die geringere Nutzfläche werden kompensiert.

Mögliche Alternativen sind die Beheizung mit Luft/Luft-Wärmepumpen, dezentralen Einzelfeuerstätten (Holzofen) oder bei feststehenden Tiny Homes Luft/Wasser- oder Sole/Wasser-Wärmepumpen. Der Warmwasserbedarf wird bei dem nachfolgenden Vergleich nicht berücksichtigt.

2.10.4 Nachhaltigkeit und Tiny-House-Siedlungen

Die Nachhaltigkeit hat nach gängiger Definition drei Säulen. Soziales, Ökologie und Wirtschaft müssen sich im Einklang befinden. Durch die geringeren Investitions- und Betriebskosten ist die Wirtschaftlichkeit gegeben. Preise für vollausgebaute Tiny Homes fangen, bei konsequent nachhaltiger Bauweise, bei rund 65 000 € an. Je nach Ausstattung, Autarkiegrad und Größe kann der Preis ebenfalls die 150 000 € erreichen. Dies ist bei momentanen Baukosten noch deutlich günstiger als ein EFH, auch wenn der Quadratmeterpreis aufgrund des schlechteren A/V-Verhältnisses in der Regel höher ist. Die Ökologie eines Tiny Homes ist gegeben, wenn dieses mit nachwachsenden Rohstoffen gebaut, mit erneuerbaren Energien beheizt und als Erstwohnsitz genutzt wird. Die soziale Komponente ist zum einen dadurch gegeben, dass Tiny Homes für eine breite Gruppe von Personen erschwinglich sind. Zum anderen bietet es sich an, Tiny Homes in Tiny-House-Siedlungen zu integrieren, wodurch soziale Kontakte entstehen und gestärkt werden können.

Zusätzlich kann (und wird) in Tiny-House-Siedlungen weitere Infrastruktur gemeinschaftlich genutzt werden. Dies wird mithilfe eines Gemeinschaftsgebäudes/Versorgungsgebäudes umgesetzt. In diesem Versorgungsgebäude können zum Beispiel Sanitäranlagen, Vorratsräume, Waschmaschinen, Gartengeräte untergebracht und gemeinschaftlich genutzt werden, wodurch weitere Ressourcen geschont werden. Ebenfalls entsteht ein Treffpunkt für die Bewohner:innen, wo z. B. Mahlzeiten gemeinsam eingenommen werden können.

Durch integrale Planungen können mehrere Tiny Homes über eine zentrale Energieversorgung mithilfe eines Nahwärmenetzes gespeist werden. Dies wirkt sich positiv auf die Investitionskosten aus, da nicht jedes Tiny Home eine eigene Energieerzeugungsanlage benötigt. Zusätzlich entsteht eine bessere Auslastung sowie ein höherer Nutzungsgrad des Wärmeerzeugers.

Das Nadelöhr von Tiny Homes ist aktuell der Stellplatzmangel. Bauland ist ein knappes Gut und Tiny-House-Siedlungen benötigen idealerweise unbebaute und naturnahe Grundstücke. Erschwerend kommt hinzu, dass die meisten Baugrundstücke nur in erster Reihe bebaut werden dürfen, wodurch eine Anordnung der Tiny Homes in einem sinnhaften Ensemble nicht möglich ist. Gelöst werden kann dieses Problem mithilfe eines Bebauungsplans.

2.10.5 Fazit

Tiny Homes haben im Vergleich zu herkömmlichen Immobilien erhöhte Anforderungen in puncto Außenmaße und Gewicht durch die Vorgaben der StVO. Ein GEG-konformes Tiny House unter der Verwendung von Dämmstoffen aus nachwachsenden Rohstoffen ist nur bei semimobilen Tiny Homes möglich (Gewicht > 3,5 t). Hierzu kann der Nachweis über eine Berechnung nach DIN 4108 / 18599 oder durch Einhaltung der U-Werte aus Anlage 7 erbracht werden (Regelung kleine Gebäude GEG). Durch eine Wärmebrückenoptimierung kann die Stärke der Wand-, Dach-, und Bodenaufbauten reduziert und zusätzliche Wohnfläche gewonnen werden. Tiny Homes haben ein größeres A/V-Verhältnis. Dies wirkt sich auf die Baukosten sowie die Wärmeverluste aus. Der spezifische Heizenergieverbrauch bei einem THoW (3,5 t) ist in etwa doppelt so groß wie bei einem nach GEG gedämmten 49 m² großen EFH. Der absolute Heizenergiebedarf ist jedoch um 22 % geringer als bei dem 49 m² großen Vergleichsgebäude. Dies verdeutlicht die Einsparpotenziale. Um suffizientes Wohnverhalten zu fördern und das Einsparpotenzial durch Tiny Homes sichtbar zu machen, bedarf es der Einführung eines personenspezifischen Kennwerts: Heizenergieverbrauch pro Person & Jahr.

Gesellschaft nachhaltig gestalten

2.11 Die Zukunft des Wohnens

Nachhaltig denken und ein Zusammenleben neu organisieren

Sabine Mahl | Innenarchitektin

Die Klimakrise wird uns herausfordern. Mit einer Erderwärmung von mindestens 1,5 Grad, mit den damit verbundenen Starkregenereignissen, Hitzewellen und mit Wasserknappheit, auch in Deutschland, sehen wir uns einer unsicheren Zukunft gegenüber. Wie wir diese aktiv gestalten können, wie wir unser Leben so organisieren, dass wir möglichst ressourcen- und klimaschonend mit unserer Umgebung umgehen, das ist die große Frage. Wir sollten möglichst schnell umdenken, nicht nur theoretisch, sondern auch praktisch.

Doch diese Herausforderung ist nicht die Einzige, die uns in Deutschland erwartet. Unsere Gesellschaft wird zunehmend älter. Inzwischen sind fast 60 % der in Deutschland lebenden Menschen über 40.[1] Das hat Auswirkungen auf unser Zusammenleben, auf die Politik, auf soziale Sicherungssysteme, auf die Pflege. Wir müssen uns überlegen, wie wir unsere Lebensweise so entwickeln, dass sie diesen Veränderungen gerecht wird. Wie können wir der Vereinsamung von älteren Menschen entgegenwirken, wie können wir die allgemeine Gesundheit fördern, uns als Gesellschaft so organisieren, dass die Krise der Pflege aufgefangen werden kann?

In dem nun folgenden Beitrag möchte ich eine mögliche Antwort auf die beiden gerade gestellten Fragen geben und auch kritisch diskutieren: CoLiving ab 55+.

2.11.1 Was genau ist das?

Die CoLiving Bewegung nimmt ihren Anfang in den 60er Jahren. Damals organisieren sich nicht nur junge Leute, die ihr Leben in die Hand nehmen oder in eine Ausbildung wechseln, in Wohngemeinschaften. Gemeinschaftliches Wohnen wird attraktiv und insbesondere von reifen Persönlichkeiten neu gedacht. Co-Living ab 55+ ist dabei die

---

1 https://de.statista.com/statistik/daten/studie/1365/umfrage/bevoelkerung-deutschlands-nach-altersgruppen/#professional, letzter Zugriff am 24.05.

Idee, die dritte Hälfte des Lebens gemeinsam zu gestalten und bewusst zusammenzuleben. So ein Zusammenleben hat viele Vorteile. Man braucht nur ein Bügeleisen, nur eine Gießkanne. Wenn jemand Hilfe braucht, ist es möglich feste Strukturen so zu implementieren, dass gerade im Alter keiner allein bleibt und wenn möglich als Teil einer Gruppe eigene Interessen nicht auf der Strecke bleiben.

2.11.2 Ist »CoLiving 55+« ein nachhaltiges Lebenskonzept?

Die »Ressourcen zu schonen«, das ist leichter gesagt als getan. Stehen nicht vielmehr persönliche Interessen und individuelle Charaktere nun auf begrenztem Wohnraum sich scheinbar unvereinbar gegenüber und ist es womöglich ein irreales Wunschdenken, mit CoLiving 55+ eine Handlungsorientierung zu geben, die in Zukunft auf ein breites Interesse stößt? Welchen Mehrwert hat klug gedachtes Wohnen zu Beginn der dritten Hälfte des Lebens?

Den jungen Generationen auf diesem Planeten gehört klar die Zukunft. Natürlich müssen wir dabei fragen, welche es sein kann bei den Herausforderungen, die aktuell schon durch den Klimawandel zu spüren sind; Menschen im Alter von 55+ leben auch im Jetzt! Mit etwas mehr Lebenserfahrung können gerade sie mit neuen Lebensweisen Beispiele geben. Deshalb lautet meine Empfehlung den Worten von Alan Kay, einem einflussreichen amerikanischem Informatiker, zu folgen: »*Die Zukunft kann man am besten voraussagen, wenn man sie selbst gestaltet.*«

2.11.3 Lebenskonzepte der Zukunft?

Wie werden wir in Zukunft zusammenleben und zusammenwohnen?

Diese »Best-Ager« haben einen langen Lebensabend vor sich, wenn die Gesundheit mitspielt. Diese Phase bewusst zu planen und auch »Neues« zu wagen, trifft auf kulturellen Wandel und immer vielfältigere Lebenskonzepte in der westlichen Gesellschaft. Die Kinder sind aus dem Haus, die »nachelterliche Lebensphase« beginnt. Die Familien- und Versorgungsstrukturen lösen sich immer mehr aus den tradierten Rollenbildern, was nun? Warum nicht mit Freunden oder Gleichgesinnten zusammenwohnen und zusammen das letzte Drittel des Lebens planen? Warum nicht praktisch denken und dabei die Nachhaltigkeit in den Fokus stellen? Wie viel Platz brauche ich, welchen ökologischen Fußabdruck setzt mein Lebens- und Konsumverhalten? Brauche ich ein großes leeres Haus, kann ich im Alter das Grundstück überhaupt allein pflegen? Diese pragmatischen Fragen stellen sich tatsächlich und darüber hinaus kann man sich fragen, ob Vereinsamung zunimmt, wenn Beziehungen sich im

Alter wandeln oder enden. Es muss nicht immer so weiter gehen, dass ein Mehr an »Platz- und Ressourcen-Verbrauch« gleich Freiheit im Handeln und Leben bedeutet.

Die Entwicklung von neuen Lebens- und Wohn-Konzepten soll zukünftigen Nutzer:innen einen lebenswerten Mehrwert an einem Ort hinsichtlich Gemeinschaft, Service und passender Infrastruktur sowie Kultur bieten.

2.11.4 Im Alter besser vernetzt?

Die Digitalisierung, in Zusammenspiel mit innovativen und oft modularen Architekturkonzepten, verspricht zukunftsfähige Lösungen. Dieser Entwicklung stehen aber auch Projekte gegenüber, in denen der Fokus auf dem Wunsch der Menschen nach der Gestaltung einer sinnhaften und eher analogen Gemeinschaft liegt. Qualitäten, die im Zusammenleben und Zusammenwohnen derzeit fehlen, müssen für die Zukunft austariert und neu interpretiert oder womöglich erst installiert werden. Gleichzeitig wird Dezentralisierung großgeschrieben und in die Gedankenspiele um künftige Modelle mit einbezogen. Damit werden die Vorteile des sprichwörtlichen »ruhigen Lebens auf dem Lande« wiederentdeckt. Aufgrund der wachsenden digitalen Infrastruktur darf hier mutig weitergedacht werden. Elektromobilität und Onlinesprechstunden sind erst der Anfang. Einzelne Module dieser »Helfer im Alltag« lassen sich entsprechend der Gemeinschaft und Situation mit einbeziehen und bieten eine breite Basis für Versorgung und Austausch.

Abbildung 1: Wohnprojekt WagnisArt, München aus 2017, Fotograf Michael Heinrich

2.11.5 Was brauchen wir? Was gilt es zu tun?

Eine Handlungsempfehlung für eine lebenswerte Zukunft kann die Idee eines Gemeinschaftswohnprototyps sein, also einer interdisziplinären Neuinszenierung eines künftigen Zusammenlebens an einem exemplarischen Standort. Dieser Weg wird nur aus einer sinnvollen und effizienten Kombination von einem analogen sowie digitalen Umgang mit dem Thema möglich. Servicekultur und Kulturstiftung werden hierbei als zentrale Elemente in das »Geschäftsmodell« integriert. Solidarität und Gemeinschaft funktioniert, wenn die pflegenden, sozialen und finanziellen Strukturen im vornherein mitgedacht und angelegt sind. Soweit die höchst knappe Empfehlung, doch der aktive Prozess einer Gesamtlösung braucht ein fortwährendes »Sich-selbst-Befragen« aller beteiligten Parteien. Konstruktive Zusammenarbeit und offene Türen in den jeweiligen Bauämtern und bei den Stadtplaner:innen, aber insbesondere die fortwährende Kommunikationsbereitschaft der in den Wandel eingebundenen Nutzer:innen, ist die Basis aller Aktivitäten.

Dazu gibt es in den letzten 20 Jahren schon mannigfaltige Beispiele an Architektur- und Betreiberkonzepten. Genauer betrachtet handelt es sich um Eigentums- und Mietkonzepte, gleichermaßen in der Stadt und auf dem Land, gemischt mit alten und jungen Personen oder nach Altersgruppen sortiert, natürlich integriert mit technischen Features wie »Alexas« oder gar künstlicher Intelligenz. Diese Konzepte beginnen bei rudimentären und vor allem barrierefreien Ausstattungen, nehmen aber auch zunehmend die Bedürfnisse der Nutzer:innen in den Blick. So sind einige Anlagen mit einem »Toberaum« oder einem Schwimmbad für Kinder ausgestattet. Andere machen Raum für Laufhilfen oder Kinderwägen, organisieren gemeinschaftliche Gärten oder Kaffees für die Senior:innen. Der Fokus liegt auf Kostenteilung und vorrangig auf Gemeinschaft, immer mehr jedoch bei nachhaltiger Energienutzung und Niedrigenergiearchitektur.

Dazu kommen systematische Überlegungen zu Wasserspar- und Aufbereitungsmaßnahmen, zu Mülltrennung und grünen Dach- und Gartenanlagen sowie auch von Anfang an die Mobilität in das Gemeinschaftswohnen zu integrieren. Die passende Infrastruktur mit Anschluss an das öffentliche Nahverkehrssystem, Ladestationen für Autos und Fahrräder, Gemeinschaftsnutzung von Geräten und Reparaturwerkstätten sind hier Ausdruck einer Lebenseinstellung und kein reiner Freizeitspaß. Bewusst sich das Umfeld zu erschaffen, in dem man leben und altern kann, wird nicht mehr jedem Einzelnen überlassen. CoLiving 55+ nimmt hier eine zukunftsweisende Stellung ein bei der Neuorientierung, die das Wohnen zu einem Leben macht, welches bewusst Nachhaltigkeit und Sinnstiftung kombiniert.

> *Doch ist das in der Zeit, in der wir leben, an Transformation für eine lebenswerte Zukunft – eine Zukunft für Morgen – schon genug?*

Ein derartiges Umdenken bietet auf jeden Fall CHANCEN, wie Schutz vor vermehrt zu beobachtender Vereinsamung, aber auch Variantenreichtum an Organisationsmöglichkeiten, sowie Kostenteilung durch gemeinsame Nutzungen.

Dennoch erlöst eine solche Umorganisation nicht von den RISIKEN, die uns energetisch und ökologisch betrachtet mit Blick auf den Klimawandel erwarten. Wir werden lernen müssen, mit einer Erderwärmung von mindestens 1,5 Grad zu leben, mit daraus resultierenden Ressourcenknappheiten, mit unvorhersehbaren Wetterereignissen. Es wird unruhig.

Dass wir heute in einem ständigen Transformationsprozess leben, das zeigen uns schon seit Ende des letzten Jahrhunderts die massiven Auswirkungen des Anthropozän deutlich – anhand der nicht zu leugnenden Klimabilanzen. Und die Einschläge sind schon da: siehe Pandemien wie Corona und ganz aktuell Kriege, wie derzeit zwischen Russland und der Ukraine. Dies alles wirkt sich auf die Qualität und die Kosten unseres aktuellen Zusammenlebens ganz massiv aus. Die Idee eines »Weniger ist Mehr«-Prinzips lässt Menschen weniger Eigentum anhäufen. Die Konzentration auf ein »simpleres Dasein« und eine Mehrfachnutzung der Alltagsgegenstände sind fest im gesellschaftlichen Wandel verankerte Muster. Sogar die Weitergabe von Dingen, Nachbarschaftshilfe und weit mehr wird digital organisiert. Konzepte des Upcyling oder Recycling sind weitere Formen, die das CoLiving 55+ ebenso tangieren. Die Reduktion von Wohnraum und die neue Lust an Gemeinschaftnutzung von Arealen und Generationengärten sind Konzepte, nachhaltig gegen Versiegelung von Grünflächen vorzugehen. Der Wunsch nach frischer Luft und einem effektiven Umgang mit »geschlossener Fläche« gibt Anstoß das CoLiving 55+ mit den aktuellen Umweltfragen und der Diskussion zu mehr Nachhaltigkeit zu verknüpfen. Der Fokus von einem »Wie möchte ich leben?« verschiebt sich deutlich hin zu einer Verknüpfung mit Weitblick, dem »Wie wollen wir leben?«.

Um ressourcensparend und zukunftsbedacht zu leben und zu bauen, gilt es, auch über den Einsatz von nachwachsenden Rohstoffen, nachhaltigem Sanieren und Bauen nachzudenken, den Einsatz von wieder verwertbaren Materialien anzustreben oder geschlossene Lebenszykluskreisläufe wie z. B. Cradle to Cradle zu implementieren. Dazu gehört insbesondere ein wohl durchdachtes Energiekonzept.

Die Digitalisierung ermöglicht uns ein fast grenzenloses Spektrum an Einsatzmöglichkeiten. Die Feinsteuerung der Energie- und Heizkreisläufe, die intelligente Infrastruktur der Häuser und Wohnanlagen, sowie das Expertentum der einzelnen Gewerke sind bisher in ihren Kapazitäten nicht ansatzweise ausgeschöpft. Natürlich kann hier in jeglicher Hinsicht die Verzahnung zukunftsweisender Technologien und digitaler Vernetzung helfen.

2.11.6 CoLiving 55+ »now und nachhaltig: Packen wir's an«

Genau diese Balance aber gilt es durch neue Maßnahmen zu erfassen, zu erschaffen und zu erhalten, denn sie lassen die Stereotypie des Expertentums zu einem kreativen und innovativen Lebenskonzept werden und stiften gleichzeitig so durch zukunftsfähigen, adaptiven und agilen Umgang wertvolle Kultur. Die Lebenseinstellung ändert unsere Wahrnehmung und Interaktion mit der Umwelt und unserer Natur. Die reichen Erfahrungen der Best Ager bringen unser Zusammenwohnen auf ein anderes Niveau. Das CoLiving 55+ von heute kann den Blick auf die Nachhaltigkeit gerade für die jüngeren Generationen positiv beeinflussen.

Empfehlung

Erst die steigende Diversität der Lebensentwürfe und gesellschaftlich akzeptierte Lebens- und Wohngemeinschaften fördern die Ausrichtung auf nachhaltige und ressourcenschonende Architektur- und Wohnkonzepte. Der rege Ideenaustausch über Ländergrenzen hinweg durch digitale Vernetzung und Publikationstätigkeit bringt neue Ideen zu den interessierten Multiplikator:innen. Das eigene Wohnen wird als ein aktiver und sich wandelnder Prozess wahrgenommen, der weder statisch noch begrenzt ist. Die Systeme sind verhandelbar geworden und werden neu gedacht. Dieser kulturelle Sinneswandel zeigt, wie dynamisch Architektur- und Betreiberkonzepte aktuell reagieren müssen, um schon heute den Wünschen und Ansprüchen der Generation CoLiving 55+ gerecht zu werden!

Literaturhinweis

Masterarbeit Hochschule Coburg (FH), https://www.grin.com/document/590578

Gesellschaft nachhaltig gestalten

2.12 Klimaschutz: Wärmeversorgung mit flüssigen Energieträgern hat Zukunft

Dipl.-Ing. Adrian Willig, Geschäftsführer, en2x-Wirtschaftsverband Fuels und Energie (zuvor: Institut für Wärme und Mobilität)

In Anbetracht der Klimaschutzpolitik der Bundesregierung stellen sich viele Hausbesitzer die berechtigte Frage, was sie mit ihrer Ölheizung machen sollen. Grundsätzlich kann festgestellt werden: Auch Gebäude mit einer Ölheizung können die Klimaziele erreichen. Durch Effizienzsteigerungen bei der Heiztechnik und durch Gebäudedämmung, Hybridisierung und den künftigen Einsatz erneuerbar hergestellter flüssiger Brennstoffe, haben diese Häuser grundsätzlich eine treibhausgasneutrale Perspektive.

Deutschlandweit gibt es mehr als fünf Millionen Ölheizungen. Die meisten stehen in Ein- und Zweifamilienhäusern im außerstädtischen Raum. Keineswegs jedes dieser Gebäude lässt sich ohne Weiteres sofort auf eine rein erneuerbare Wärmeversorgung umstellen. Darüber hinaus liegen rund drei Millionen dieser Häuser abseits der Gas- und Wärmenetze. Dennoch können auch diese Gebäude die Klimaziele erreichen: schrittweise und unter Beibehaltung eines flüssigen Energieträgers. Möglich ist das durch den Einbau effizienter Brennwerttechnik und Maßnahmen zur Verbesserung der Gebäudedämmung, die Einbindung direkt verfügbarer erneuerbarer Energie – wie zum Beispiel Sonnenenergie durch Hybridtechnik – und den künftigen Einsatz treibhausgasreduzierter oder sogar treibhausgasneutraler flüssiger Brennstoffe.

2.12.1 Gebäude mit Ölheizung können die Klimaziele erreichen

Dass Häuser mit flüssigen Brennstoffen die Klimaziele meistern können und wie das erreicht werden kann, hat bereits 2019 eine Studie des Instituts für Technische Gebäudeausrüstung (iTG) Dresden gezeigt. Diese Untersuchung verdeutlicht jedoch auch: Um die ehrgeizigen Klimaziele zu erreichen, ist ein ambitionierteres Vorgehen als bislang notwendig. Dieses umfasst insbesondere deutlich mehr Heizungsmodernisierungen und Maßnahmen an der Gebäudehülle, sowie die Einbindung erneuerbaren Stroms in die Gebäudeenergieversorgung. Auch durch das Heben von Einsparpotenzialen mittels Digitalisierung im Gebäudebereich (»Smart Home«) sowie brennstoffseitige Treibhausgas-Minderungsoptionen können Beiträge geleistet werden. Zusätzlich gewinnt, gerade für den Zeitraum nach 2030, der Einsatz treibhausgasreduzierter flüssiger Energieträger, die das fossile Heizöl zunehmend ersetzen, immer mehr an Bedeutung.

2.12.2. Öl-Brennwerttechnik und Photovoltaik: Kombination mit viel Potenzial

Hybridsysteme sind vor diesem Hintergrund ein wichtiger Schritt zu mehr Klimaschutz. Eine weit verbreitete Variante ist heute schon die Kombination aus Ölheizung und Solarthermie – es gibt sie deutschlandweit mehr als 900 000-Mal. Aber auch die Kombination mit Photovoltaik (PV)-Anlagen bietet vielversprechende Möglichkeiten, das haben bereits mehrere Modellvorhaben gezeigt. Selbsterzeugter Solarstrom reduziert die Strombezugskosten und die Treibhausgasemissionen für die Gebäudeenergieversorgung. Power-to-Heat-fähige Öl-Hybridheizungen können zudem ansonsten ins Netz eingespeiste Solarstrommengen auch zur eigenen Wärmeversorgung verwenden.

Messergebnisse von Öl-PV-Hybridsystemen

Dass sich der Energieverbrauch und die CO_2-Emissionen im Gebäudebereich auf der Basis von Hybridsystemen mit vertretbarem Aufwand deutlich reduzieren lassen, zeigen nicht nur Berechnungen, sondern auch aktuelle Messergebnisse aus der Praxis. Ein Beispiel ist angebracht. In einem Gebäude im hessischen Alsfeld wurde bei einem aus zwei, 1956 und 1979 errichteten Gebäudeteilen bestehenden Zweifamilienhaus mit 245 m² Wohnfläche eine PV-Anlage installiert und ein in die Jahre gekommener Warmwasserspeicher durch einen hybriden Wärmespeicher ersetzt. Dieser kann sowohl von dem bereits vorhandenen Öl-Brennwertkessel, als auch von der ab Werk oben auf dem neuen Wärmespeicher montierten Warmwasser-Wärmepumpe beheizt werden. Diese Variante ermöglicht dank Öl-Brennwert-Back-up den ausschließlichen Betrieb der Wärmepumpe mit (ansonsten ins Netz eingespeistem) Solarstrom aus der hauseigenen PV-Anlage und damit eine besonders effiziente und ökonomisch attraktive Trinkwassererwärmung.

Die Ergebnisse aus dem ersten Betriebsjahr in Alsfeld können sich sehen lassen:

- Die PV-Anlage produzierte in diesem Zeitraum 9 706 kWh. Davon wurden 32 Prozent im Haus genutzt, allein 866 kWh durch die Warmwasser-Wärmepumpe (249 kWh im Winter, 617 kWh im Sommer).
- Da die Warmwasser-Wärmepumpe neben dem Solarstrom auch kostenlose Umweltwärme aus der Außenluft ins System einbindet, erzeugt sie mit jeder eingesetzten kWh Solarstrom rund 3 kWh Wärme. Für die Erzeugung der so produzierten Wärmemenge hätte das Ölheizgerät knapp 300 Liter Heizöl einsetzen müssen.
- Insgesamt konnte in dem Zeitraum der Stromzukauf von 6 119 kWh auf 3 912 kWh verringert werden.
- Es wurden 6 633 kWh Solarstromüberschuss ins öffentliche Stromnetz eingespeist, die so die fossile Stromerzeugung reduzierten.

CO_2-Einsparung von jährlich 5,8 Tonnen

Im Vergleich zum vorangegangenen einfachen Betrieb mit einem Brennwertgerät und rein externem Strombezug, sparte die Ergänzung um PV-Anlage und solarstrombetriebener Warmwasser-Wärmepumpe bei der Energieversorgung des Gebäudes in den zwölf gemessenen Monaten 5,8 Tonnen Treibhausgasemissionen (−38 Prozent) und 1 381 Euro bei den laufenden Energiebezugskosten ein. Solche Öl-PV-Hybridsysteme lassen sich mit heute bereits bewährter, marktgängiger Technik umsetzen. Die Installation ist ebenso einfach wie bei jeder klassischen Ölheizung mit normalem Warmwasserspeicher, denn die Warmwasser-Wärmepumpe ist bereits ab Werk betriebsfertig auf dem neuen Warmwasserspeicher montiert.

2.12.3 Flüssige Energieträger: Leicht zu speichern und zu transportieren

Durch den anteiligen Einsatz innovativer, treibhausgasreduzierter, flüssiger Brennstoffe lassen sich die CO_2-Emissionen heute ölbeheizter Gebäude zusätzlich reduzieren. Dabei handelt es sich um nachhaltige Energieträger, bei denen ganz oder zum großen Teil treibhausgasneutrale Rohstoffe eingesetzt werden und bei deren Herstellung und Verwendung keine oder nur sehr geringe Treibhausgasemissionen entstehen. Diese Defossilisierung kann auf unterschiedliche Weise erfolgen. Derzeit sind insbesondere biomassebasierte Produkte auf dem Markt erhältlich. Für die Zukunft geht es darum, Art und Anzahl der regenerativen Quellen zu erweitern.

Wer heute einen Heizöltank hat, verfügt über einen eigenen zuverlässigen Energiespeicher im Haus, der zumeist über viele Jahre zuverlässig und problemlos seinen Dienst verrichtet und einen sicheren Energievorrat von typischerweise zwischen 10 000 und 50 000 Kilowattstunden beinhaltet. Denn flüssige Energieträger verfügen über eine besonders hohe Energiedichte. Aus diesem Grund lassen sie sich auch ausgezeichnet transportieren und speichern. Dies ist im Hinblick auf das Erreichen der Klimaziele ein wichtiger, derzeit noch oft vernachlässigter Aspekt: Deutschland importiert derzeit rund 70 Prozent seiner Energie. Der notwendige Ausbau von Wind- und Solarkraftanlagen wird diese Zahl in den kommenden Jahren zwar möglicherweise sinken lassen. Energieautark wird Deutschland jedoch nicht werden. Dafür ist das Verhältnis zwischen dem Energieverbrauch der dicht besiedelten Industrienation und den nationalen Möglichkeiten zur Gewinnung erneuerbaren Stroms zu ungünstig. Deswegen wird auch eine zunehmend klimaneutrale Gesellschaft hierzulande weiter auf Energieimporte angewiesen sein.

Internationaler Markt für alternative Treibstoffe sinnvoll

Importierte alternative Kraft- und Brennstoffe bieten die Möglichkeit, auf diesem Wege die künftige Versorgung mit klimaschonender, beziehungsweise CO_2-neutraler Energie zu sichern. Mittels solcher Future Fuels (dazu gehört, neben seinen Folgeprodukten, auch grüner Wasserstoff) kann zum Beispiel erneuerbare Energie aus Ländern eingeführt werden, in denen sich diese deutlich leichter als hierzulande gewinnen lässt. Mögliche Erzeugerländer für wasserstoffbasierte Energieträger haben die Studie »Internationale Aspekte einer Power-to-X Roadmap« des Weltenergierats Deutschland und jüngst der globale »Power-to-X-Atlas« des Fraunhofer Instituts für Energiewirtschaft und Energiesystemtechnik IEE benannt. Ziel ist ein globaler Power-to-X-Markt. Ökonomisch würde dieser eine internationale Win-win-Situation schaffen. In Europa könnten etwa 1,2 Millionen neue Arbeitsplätze entstehen, wie zuletzt das Institut der deutschen Wirtschaft (IW) in dem Gutachten »Synthetische Kraftstoffe: Potenziale für Europa« festgestellt hat.

Während der Hochlauf eines globalen Power-to-X-Marktes noch Zeit in Anspruch nimmt, sind fortschrittliche Biofuels bereits heute eine wichtige Lösung, um flüssige Energie zunehmend CO_2-neutral einsetzen zu können. Umso wichtiger sind geeignete Rahmenbedingungen, um einen Markthochlauf und eine relevante Nachfrage nach diesen klimaschonenden Produkten zu forcieren – sowohl für solche aus inländischer Herstellung, wie auch für Importe.

Future Fuels als Ergänzung der Elektrifizierung

All diese Future Fuels sind nicht als Konkurrenz zu einer verstärkten Elektrifizierung zu sehen, sondern als Ergänzung. Stromanwendungen wie Batteriefahrzeuge oder Wärmepumpen werden künftig eine zunehmend größere Rolle für den Klimaschutz spielen. Doch sie können nicht sofort und überall zum Einsatz kommen – gerade dort, wo technische oder finanzielle Hürden entgegenstehen, ist der Einsatz von Future Fuels eine Lösungsmöglichkeit im Sinne des Klimaschutzes.

Die Anwendungstechnologie selbst ist nicht die entscheidende Herausforderung, denn die Emissionen kommen aus den Energieträgern – aus dem aktuellen Strommix, ebenso wie aus heutigen Kraft- und Brennstoffen. Deshalb müssen diese Energieträger CO_2-neutral werden. Dies gilt auch für den Gebäudebereich. Wie die genannte Studie des iTG Dresden gezeigt hat, ist eine Reduktion des Brennstoffbedarfs dabei eine entscheidende Voraussetzung für den Einsatz alternativer Brennstoffe.

Wärmeversorgung mit Future Fuels in der Praxis

Dass dies funktioniert, zeigen Praxistests, die wir in den vergangenen Jahren bei zahlreichen Hauseigentümern begleitet haben. Von Mitte 2017 bis Juli 2021 wurden dabei bereits 133 000 Liter treibhausgasreduziertes Heizöl an fast 40 Ein- und Zweifamilienhäuser ausgeliefert und dabei unterschiedliche Mischungsverhältnisse geprüft. Der Betrieb erwies sich dabei als ebenso zuverlässig, wie mit klassischem Heizöl. Zum Einsatz kamen und kommen dabei vor allem paraffinische Brennstoffe aus hydrierten Reststoffen, sogenannte abfallbasierte Biobrennstoffe der zweiten Generation, deren Herstellung nicht in Konkurrenz zum Nahrungsmittelanbau steht.

Bei 21 Heizungsanlagen, die über mindestens zwei Heizperioden mit alternativem Brennstoff betrieben werden, handelt es sich um eine gemeinsame Aktion mit verschiedenen Heizgeräte- und Tankherstellern, die im Bundesverband der Deutschen Heizungsindustrie (BDH) organisiert sind. Dabei kommt eine Brennstoffkombination zum Einsatz, die zu 26 Prozent hydrierte Reststoffe, wie Altfette oder Pflanzen- und Holzabfälle, sowie sieben Prozent veresterte Bioöle, Fatty Acid Methyl Ester, kurz: FAME enthält. Sollte sich auch diese Kombination in der Praxis bewähren, würde das die Bandbreite an ölheizungsgeeigneten, treibhausgasreduzierten flüssigen Energieträgern erweitern. Zudem soll damit auch der regulatorische Rahmen für den Einsatz im Wärmemarkt vorbereitet werden. Der Praxistest ist eng vernetzt mit einem länderübergreifenden Projekt des europäischen Dachverbands der Heizungsindustrie EHI (Association of the European Heating Industry) und des europäischen Heizölverbands Eurofuel.

2.12.4 Klimaschutz braucht Vielfalt

Um künftige Klimaschutzziele erreichen zu können, muss der Anteil der treibhausgasneutralen Heizölkomponente langfristig auf 100 Prozent ansteigen. Heizungstechnisch ist das auch machbar. Beispielsweise werben erste Hersteller bereits damit, dass verschiedene Öl-Brennwertkessel ab Werk auch mit 100 Prozent paraffinischem Heizöl betrieben werden können.

Erneuerbare Beimischungen biomasse- und strombasierter flüssiger Brennstoffe im Heizöl sollten zu einer Regel-Erfüllungsoption im Gebäudeenergiegesetz werden. Die Höhe der Beimischung sollte sich an der CO_2-Minderung anderer Minderungsoptionen, wie zum Beispiel der Solarthermie, orientieren. Eine massenbilanzielle Anrechnung sollte ermöglicht werden. Die politische und regulatorische Anerkennung erneuerbarer Kraft- und Brennstoffe ist von herausragender Bedeutung. Wichtig ist dabei auch die Gleichbehandlung mit anderen erneuerbaren Energien.

Es ist sinnvoll, in Sachen Klimaschutz einen möglichst vielfältigen Einsatz von Lösungsoptionen zu ermöglichen – gerade im Gebäudesektor. Die angestrebte Reduktion des CO_2-Ausstoßes ist eine riesige Herausforderung. Umso hilfreicher ist es, auf verschiedene Lösungen zu setzen und Hauseigentümern möglichst zahlreiche Optionen für das Erreichen der Klimaziele zu ermöglichen. Es geht nicht um ein »Entweder-oder«, sondern um ein »Sowohl-als auch«.

Weitere Informationen unter www.zukunftsheizen.de und www.futurefuels.blog

(Mit) Politik verändern

2.13 Schritte zur Gebäude-Klimaneutralität im Ordnungsrecht

Was kann, was soll, was muss das Energiesparrecht beitragen?

Winfried Schöffel (M.A.) | Dr.-Ing. Volker Drusche | Dr. Martin Pehnt | Peter Mellwig | Julia Lempik (M.Sc.) | Dr. Burkhard Schulze Darup

Die neue Bundesregierung kommt mit viel Schwung und Elan an die Hebel der Macht. Sie will mit Sofortprogrammen und nachhaltigen Gesetzesvorhaben den Kurs auf Klimaneutralität setzen. Im Gebäudesektor heißt das nicht weniger, als den Nachzügler der Klimawende aus dem Keller zu holen. Den gewaltigen Umfang dieser Aufgabe erkennt man erst auf den zweiten Blick: Im »Gebäudesektor« der Treibhausgasbilanzen taucht nur ein kleiner Teil der Emissionen auf, die durch Gebäude verursacht werden. Zu den Emissionen aus den Schornsteinen der Gebäude kommen diejenigen aus Heiz- und Kraftwerken (Sektor Energiewirtschaft), die die Häuser beheizen, hinzu. Mit den Emissionen, die bei der Herstellung von Bauprodukten, deren Transport, Verarbeitung und abschließenden Entsorgung (Sektor Industrie) zusammenkommen, umfasst der so erweiterte Gebäudesektor rund 40 % aller deutschen Treibhausgase.

Insofern ist es an der Zeit, die Stoßrichtung in Richtung Treibhausgasminderung zu ändern. Daran müssen sich ja alle Bemühungen und Erfolge messen lassen – das gibt schon das Klimaschutzgesetz vor. Die Größe »Primärenergie« ist hier nur ein mittelbarer und wenig genauer Gradmesser. Leider haftet der Ende 2021 vorgelegte Entwurf der europäischen Gebäuderichtlinie noch an der alten Größe fest. Eine Forscher:innengruppe, bestehend aus dem ifeu-Institut, dem Energie Effizienz Institut und dem Architekturbüro Schulze Darup[1], hat ein Konzept entwickelt, wie das Energiesparrecht konsequent auf das Ziel der Treibhausgasneutralität hin ausgearbeitet werden könnte. Einige zentrale Eckpunkte dieser Studie werden in diesem Artikel aufgegriffen und erläutert.

---

1 Institut für Energie- und Umweltforschung Heidelberg – ifeu: Neukonzeption des Gebäudeenergiegesetzes (GEG 2.0) zur Erreichung eines klimaneutralen Gebäudebestandes. URL: https://www.ifeu.de/publikation/neukonzeption-des-gebaeudeenergiegesetzes-geg-20-zur-erreichung-eines-klimaneutralen-gebaeudebestandes/ [Zugriff am 04.04.22]

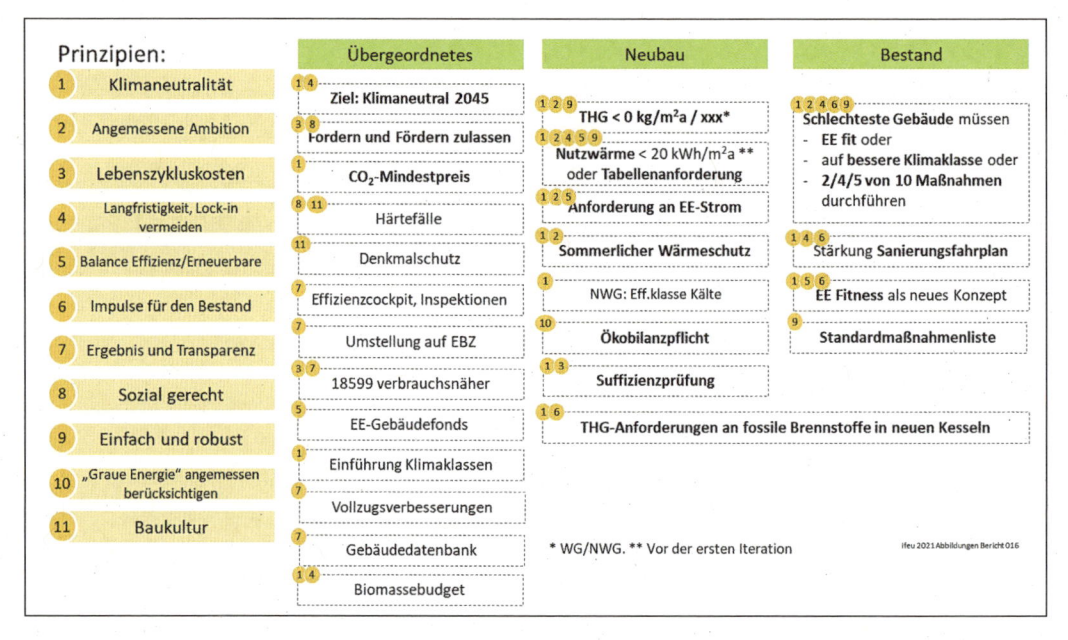

Prinzipien:		Übergeordnetes	Neubau	Bestand
1	Klimaneutralität	[1 4] Ziel: Klimaneutral 2045	[1 2 9] THG < 0 kg/m²a / xxx*	[1 2 4 6 9] Schlechteste Gebäude müssen - EE fit oder - auf bessere Klimaklasse oder - 2/4/5 von 10 Maßnahmen durchführen
2	Angemessene Ambition	[3 8] Fordern und Fördern zulassen	[1 2 4 5 9] Nutzwärme < 20 kWh/m²a ** oder Tabellenanforderung	
3	Lebenszykluskosten	[1] CO₂-Mindestpreis	[1 2 5] Anforderung an EE-Strom	
4	Langfristigkeit, Lock-in vermeiden	[8 11] Härtefälle	[1 2] Sommerlicher Wärmeschutz	[1 4 6] Stärkung Sanierungsfahrplan
5	Balance Effizienz/Erneuerbare	[11] Denkmalschutz	[1] NWG: Eff.klasse Kälte	[1 5 6] EE Fitness als neues Konzept
6	Impulse für den Bestand	[7] Effizienzcockpit, Inspektionen	[10] Ökobilanzpflicht	[9] Standardmaßnahmenliste
7	Ergebnis und Transparenz	[7] Umstellung auf EBZ	[1 3] Suffizienzprüfung	
8	Sozial gerecht	[3 7] 18599 verbrauchsnäher	[1 6] THG-Anforderungen an fossile Brennstoffe in neuen Kesseln	
9	Einfach und robust	[5] EE-Gebäudefonds		
10	„Graue Energie" angemessen berücksichtigen	[1] Einführung Klimaklassen		
11	Baukultur	[1] Vollzugsverbesserungen		
		[7] Gebäudedatenbank	* WG/NWG. ** Vor der ersten Iteration	ifeu 2021 Abbildungen Bericht 016
		[1 4] Biomassebudget		

Abbildung 1: Grundkonzept eines GEG 2.0 und Zuordnung zu den Zielen[1], S. 4

Durch den übergeordneten Blickwinkel der neuen Bundesregierung – Klimaschutz ist jetzt »Chefsache«, Klimaschutz eine Hauptaufgabe des Wirtschafts-(Super-) Ministeriums – ist es jetzt vielleicht auch einfacher, die verschiedenen Instrumente klug einzusetzen und ausgewogen zu kombinieren. Der massive Umbau der Energiewirtschaft in Richtung einer strombasierten, atom- und kohlefreien Versorgung ist hier sowohl Voraussetzung als auch Folge des Klimaschutzes am Gebäude. Der Markt hat eine zentrale Bedeutung, er muss fossile Energieträger systematisch verteuern und den Weg für den starken Ausbau erneuerbarer Energieanlagen freimachen. Dazu kann eine langfristig planbare jährliche Erhöhung der CO_2-Steuer um mindestens 30 €/t dienen, die beendet wird, wenn sich der erwartete Erfolg eingestellt hat.

Solange noch nicht alle volkswirtschaftlichen Kosten von Treibhausgasen bei Investitionsentscheidungen berücksichtigt sind, kann es vorkommen, dass Maßnahmen einzelbetrieblich nicht rentabel erscheinen. Diese Lücke kann Förderung schließen. Die bisherige Festlegung, dass nichts gefördert werden darf, was gesetzlich gefordert ist, muss in solchen Fällen aufgehoben werden. Sonst kann man das Ordnungsrecht nicht sinnvoll verschärfen.

Zum Kern eines erneuerten Energiesparrechts gehört also die Orientierung am Treibhauseffekt. CO_2-Faktoren und Klimaklassen haben deshalb eine große Bedeutung und sollten damit Ziel- und Anforderungsgröße sein. Bei fossilen Energieträgern ist der CO_2-Gehalt physikalisch definiert, bei anderen ist dies im Grunde auch so. Doch bei Fernwärme oder Biomasse muss politisch eingegriffen werden, um Fehlentwicklungen vorzubeugen. Fernwärme ist ausgesprochen sinnvoll und ermöglicht Dekarbonisierung in größeren Schritten. Aktuell jedoch sind die Heiz- und Heizkraftwerke noch zu sehr fossil getrieben, als dass sie im CO_2-Faktor mit Wärmepumpe und Biomasse konkurrieren könnten. Betreiber, die einen Zielpfad nachweisen, könnten einen Bonus (Vorschuss)[2] erhalten. Biomasse kommt bei CO_2-Vergleichen sehr gut weg, hat jedoch praktisch kein Wachstumspotenzial mehr. Über eine Effizienzklausel kann ein Fehlanreiz verhindert werden.[3]

2.13.1 Neubau

Heute neu gebaute Häuser sollen klimaneutral im Betrieb sein.[4] Anders ist das Klimaziel praktisch nicht zu erreichen. Das geschieht durch einen geschickten Entwurf (Kubatur, Orientierung, Fensterflächen, Dachneigung…), gut gedämmte Bauteile in sorgfältiger Ausführung, effiziente Anlagentechnik, Versorgung durch gebäudenahe erneuerbare Energien. So einfach ist das. Dies in eine Gesetzesform zu bringen, die immer und überall anwendbar ist, ist dann schon wesentlich verzwickter.

Es zeigt sich zum Beispiel, dass die alleinige Emissionsanforderung (0 kg CO_2) nicht zielführend sein kann. Damit wären Häuser baubar, die mit Biomasse beheizt werden und ansonsten sehr ineffizient sind, also viel Biomasse benötigen, ggf. sogar gekühlt werden müssen. Dem Wunsch nach Einfachheit folgend müssen zumindest noch zwei Anforderungen hinzukommen: eine Effizienzanforderung und eine Anforderung an den sommerlichen Wärmeschutz.

Letzterer ist bereits bekannt, wird aber vielfach nicht angewendet. Mit einer Nachweispflicht des Sonneneintragskennwertes wird dies vermutlich besser und verhindert zuverlässig »Glaspaläste«. Schwieriger ist die Effizienzanforderung. Das Forscher:innenteam hat sich auf den Heizwärmebedarf »vor der ersten Iteration« entschieden, weil hier weitere Nebenbestimmungen vermieden werden. Die Anforderung ist eine feste m²-bezogene Größe (20 kWh/m² Energiebezugsfläche), die solare Einträge und (z. B.) Lüftungswärmerückgewinne beinhaltet, nicht aber die ungeregelten Einflüsse aus der Anlagentechnik (daher »vor der ersten Iteration«). Diese Anforderung an den maximalen Nutzwärmebedarf für Raumwärme kann mit heute üblichen Bau-

---

2   Mit einem Sanierungsfahrplan für das Heizwerk kann ein Faktor von 150 g CO_2-Äquivalent/kWh angesetzt werden.
3   Unterhalb von 50 kWh Jahres-Endenergie/m² NGF wird ein Faktor von 20 g/kWh angesetzt, darüber 180 g/kWh.
4   In einer Übergangsfrist ist dies konkret <=5 kg CO_2,äq/m² Energiebezugsfläche, nach dem Übergang <=0 kg.

produkten bei den meisten Gebäuden gut erreicht werden, die folgende Tabelle zeigt mögliche U-Werte. Die resultierenden Dämmstoffstärken stellen ein Optimum aus Wirtschaftlichkeit, ökologischer Amortisation und der notwendigen Effizienz dar.[5]

Je kleiner das Gebäude ist, desto schwieriger kann das werden. Ersatzweise kann daher der Nachweis durch Einhaltung der Tabellenwerte geführt werden; die Voraussetzung ist dabei bei Wohngebäuden ein maximaler Fensterflächenanteil von 30 % an der wärmeübertragenden Gebäudehülle.

Bauteil		Neubau	Sanierung
Außenwand	U-Wert [W/(m²K)]	0,16	0,18**
Dach	U-Wert [W/(m²K)]	0,12	0,14
Kellerdecke, Boden geg. Erdreich Außenwand gegen Erdreich/ unbeheizt	U-Wert [W/(m²K)]	0,18	0,25
Fenster	UW [W/(m²K)]	0,80	0,80
Außentüren	U-Wert [W/(m²K)]	1,00	1,00
Oberlichter und Dachflächenfenster	U-Wert [W/(m²K)]	1,00	1,00
Wärmebrücken	ΔUWB [W/(m²K)]	0,03	0,05
Luftdichtheit, gemessen nach DIN EN ISO 9972	$n_{50} \leq$	0,6 h⁻¹	1,0 h⁻¹
Zu- Abluft mit WRG, Grundlüftung, effektiver Wärmebereitstellungsgrad		≥75 %	≥75 %

Tabelle 1: (Ersatz-) Effizienz-Anforderungen an Gebäude[1], S. 42

Im Gegenzug zu diesen beiden einfachen Anforderungen kann auf das Referenzgebäudeverfahren verzichtet werden. Dieses hatte ja den Nachteil, dass ungünstige Gebäudeentwürfe möglich waren und kaum Anreize zur Optimierung gesetzt wurden. Tatsächlich funktioniert diese einfache Mechanik weitgehend auch bei Nichtwohngebäuden. Meist schnellt bei gewissen Nichtwohnnutzungen in der Bilanzie-

---

5   Die künftig zu erwartende knappe Verfügbarkeit von erneuerbarem Strom gebietet eine sehr hohe Effizienz. Die erforderlichen Dämmstoffstärken sind wirtschaftlich (insbesondere unter Einbezug externer Kosten) und amortisieren sich ökologisch (abhängig vom gewählten Material) schnell. Das beteiligte Energie Effizienz Institut hat eine entsprechende Untersuchung dazu gemacht, die in Kürze veröffentlicht wird; URL: https://ee-i.de/index.php/referenzen/energieeffizienz/

rung der Wärme- und Kältebedarf mit den sehr hohen Bedarfswerten für die Lüftung in die Höhe. Solche Nutzungen hängen meist sehr direkt mit Prozessen zusammen, die in diesen Räumen stattfinden (Kantinen, Behandlungsräume, Labore). Solcherlei prozessbedingte Lasten sollten künftig besser isoliert werden und nicht mehr dem Gebäude zugeschlagen werden. Dann passen auch feste Anforderungen.

Ein klimaneutrales Gebäude entsteht mit den Anforderungen an die Gebäudehülle und effiziente Technik noch nicht. Erst wenn der verbleibende Bedarf durch die Erzeugung von Energie kompensiert wird, ist das möglich. Dazu, und um den notwendigen Ausbau der dezentralen PV-Stromerzeugung voranzutreiben, dient die Verpflichtung zur solaren Nutzung der Gebäudeflächen. 60 kWh PV-Strom pro m² sollen im Jahr erzeugt werden, bezogen auf die überbaute Fläche. Da je nach Ausrichtung, Neigung und Ort bis zu 200 kWh/m² erzeugt werden können, gibt es genug »Luft«, um ungünstigen Verhältnissen Rechnung zu tragen und/oder weitere Kompensationen vorzunehmen. Die folgende Grafik[6] zeigt, dass mit vielen Technologien das Ziel (Klimaneutralität bzw. 0 kg $CO_{2,äq}$/m², grüner Pfeil) erreicht werden kann; weniger erneuerbare Technologien wie Fernwärme und Gasheizung benötigen dazu größere PV-Flächen.

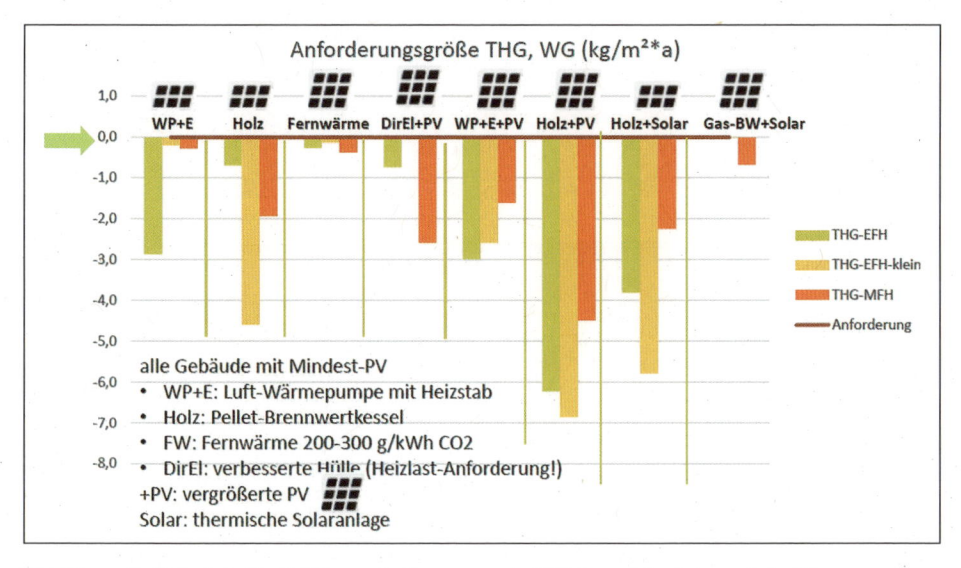

Abbildung 2: Beispiele für Erfüllungsoptionen an drei Wohngebäudetypen[1], S. 52

---

6   Es wurden verschiedene Modellgebäude berechnet (WG mit 1 bis 6 Wohneinheiten).

Die beteiligten Institute sehen es als notwendig an, dass künftig auch die graue Emission von Gebäuden betrachtet wird. Hier wissen sie sich mit der Bundesregierung einig, die im Förderrecht bereits einen Nachhaltigkeitsbonus eingeführt hat. Im Ordnungsrecht kann die dazu erforderliche Ökobilanz erst Anforderungsgrößen definieren, wenn die Verfahren allgemein eingeführt sind. Dazu soll im nächsten GEG ein erster Schritt geschehen. Die im Neubau vorgesehene Ökobilanz ist zu erstellen, bildet aber noch kein Nachweiskriterium.

2.13.2 Der schlafende Riese: Die Sanierung

Das künftige Gebäudeenergiegesetz muss sich sehr viel stärker dem Energiebedarf von Bestandsgebäuden widmen als bisher, um den »schlafenden Riesen« zu wecken. Förderung allein kann die notwendige Effizienzsteigerung nicht erreichen. Auflagen im Bestand sind jedoch sehr schwierig, weil sie in Besitzstände eingreifen. Sie sollen niemanden überfordern, keine sozialen Härten hervorrufen und dennoch zielgerichtet sein und schnell wirken. Daher muss Fördern und Fordern jetzt auch kombiniert werden. Insbesondere aber die knappe Verfügbarkeit von Handwerker:innen, Planer:innen, Energieberater:innen und von Material ist eine Engstelle, die bedacht sein will. Die eigentlich notwendige (Total-)Sanierungsquote von über 4 % ist definitiv nicht realistisch zu erreichen. Und hier kommen der Sanierungsfahrplan und die Strategie der First-Worst-Performer ins Spiel.

Der individuelle Sanierungsfahrplan ist eingeführt und kann mit zielgerichteten, abgewogenen Schritten nach dem Best-Möglich-Prinzip zu optimal gerüsteten Altbauten führen. Schwächen des derzeitigen Systems, insbesondere bei der Ausgestaltung, sollten verbessert und ins Ordnungsrecht integriert werden.

Die energetisch schlechtesten Gebäude (Klassen G und H, »Worst-Performer«, siehe Abbildung 3) sollten zuerst angegangen werden, um schnell große Wirkung zu erzielen und die Kräfte hier zu konzentrieren. Dies postuliert nun auch die Europäische Gebäuderichtlinie EPBD (Entwurf). Immerhin liegen 30 % in diesem Bereich, bei Ein- und Zweifamilienhäusern sogar 40 %. Das Expertenteam schlägt dazu ein abgestuftes System von Anforderungen vor:

    a. ab dem 1. 1. 2025 mindestens die Klimaklasse F erreicht oder zwei Erfüllungsmaßnahmen durchgeführt haben,
    b. ab dem 1. 1. 2032 mindestens die Klimaklasse D erreicht oder vier Erfüllungsmaßnahmen durchgeführt haben,
    c. ab dem 1. 1. 2039 mindestens die Klimaklasse B erreicht oder sechs Erfüllungsmaßnahmen durchgeführt haben.

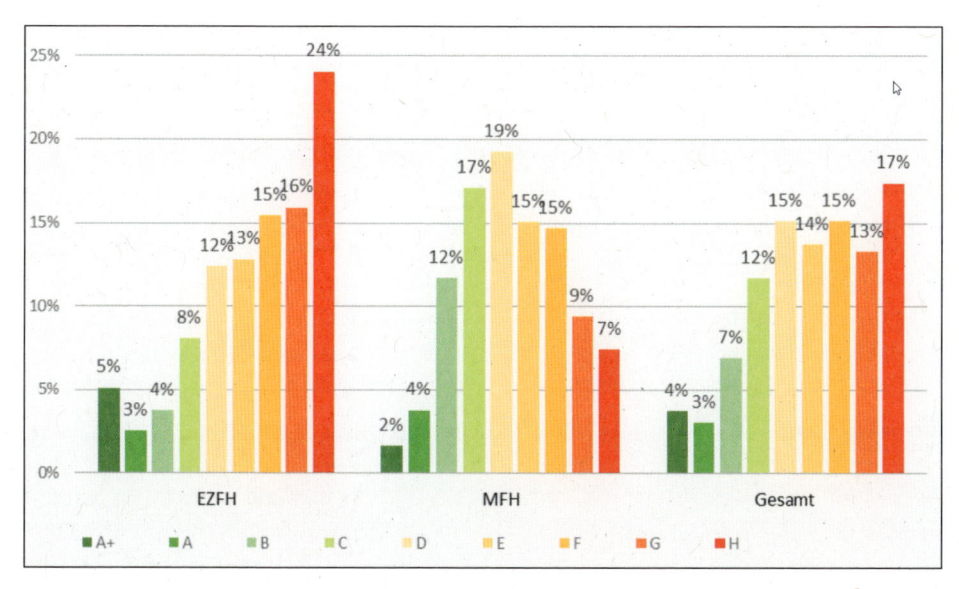

Abbildung 3: Verteilung der Effizienzklassen bei Wohngebäuden [Prognos/ifeu 2020][7]

Eine Klimaklasse (siehe Abbildung 3) kann mit einem Energieausweis (ersatzweise auch mit einem iSFP) nachgewiesen werden; liegt keiner vor, wird von Klasse H ausgegangen. Alternativ zur Berechnung der Klimaklasse können Erfüllungsmaßnahmen aus einem Katalog angewendet und nachgewiesen werden (siehe Abbildung 4).

Das Ende der fossilen Verbrenner in den deutschen Kellern soll nun ebenfalls Bestandteil des GEG-Instrumentariums werden. Fossil betriebene Kessel sollen nicht mehr installiert werden. Bestehende Wärmeerzeuger können mittelfristig in einem zunehmend dekarbonisierten Gasnetz weiter betrieben werden. Voraussetzung ist, dass es gelingt, den CO_2-Faktor durch Einspeisung nachhaltiger (grüner) erneuerbarer Gase (Power-To-Gas-Methan, Wasserstoff, Biogas) stark abzusenken.[8]

Damit Anlagen auch dauerhaft effizient betrieben werden, müssen sie gepflegt, inspiziert und fortlaufend optimiert werden. Dies sollen verschiedene Mechanismen sichern. Dazu gehören Messeinrichtungen und Soll/Ist-Vergleiche. Daten aus Energieausweisen, weiteren Nachweisen und Monitorings sollen in einer Datenbank/einem Kataster zusammenfließen, die/das Fortschritte sichtbar macht, Energieversorgung

---

7   Krieger, Oliver et al.: Vorbereitende Untersuchungen zur Erarbeitung einer Langfristigen Renovierungsstrategie nach Art. 2a der EU-Gebäuderichtlinie RL 2018/844 (EPBD). BMWi-Projekt Nr. 102/16-34. Endbericht. Berlin: 16.09.2019

8   Möglich wäre eine Absenkung von aktuell 240 g CO_2/kWh um 40 g alle zwei Jahre. Zu bedenken ist jedoch, dass vermutlich v. a. wegen der Konkurrenz zur Industrie und Mobilität nicht genug grüne Gase zur Verfügung stehen werden.

| **2** | Schritte zur Gebäude-Klimaneutralität im Ordnungsrecht

planbar und Quartiere vernetzbar macht. Kommunen können ihre Wärmeplanung darauf aufbauen.

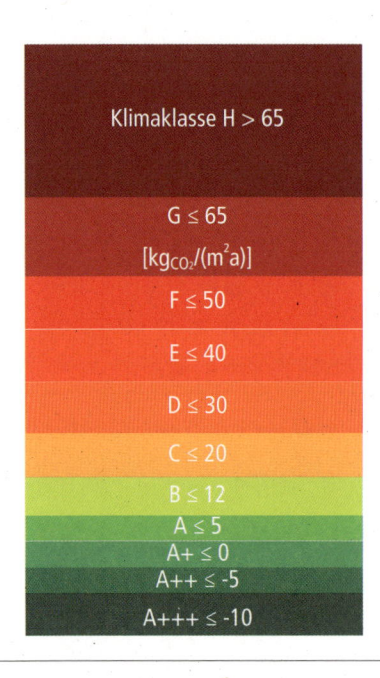

Erfüllungsoptionen

Klimaklasse H > 65
G ≤ 65
[kg_{CO_2}/(m^2a)]
F ≤ 50
E ≤ 40
D ≤ 30
C ≤ 20
B ≤ 12
A ≤ 5
A+ ≤ 0
A++ ≤ -5
A+++ ≤ -10

1. EE-Fit[9] (zählt als 2 Maßnahmen)
2. Wärmedämmung der Außenwände (50 % = 1 Maßnahme / 100 % = 2 Maßnahmen)
3. Wärmedämmung von Dachflächen oder obersten Geschossdecken
4. Wärmedämmung der thermischen Hüllabgrenzung nach unten
5. Erneuerung der Fenster und Außentüren (50 % = 1 Maßnahme / 100 % = 2 Maßnahmen)
6. Erneuerung oder Einbau einer Lüftungsanlage mit Wärmerückgewinnung
7. Erneuerung der Heizungsanlage
8. Einbau von digitalen Systemen zur energetischen Betriebs- und Verbrauchsoptimierung
9. PV-Installation

Abbildung 4: Klimaklassen (in kg CO_2-Äquivalent/m²),[1] S. 71

Energieausweise sollen künftig auf der Basis von Klimaklassen (siehe Abbildung 4) als Bedarfsausweise vorliegen, was die Vergleichbarkeit und die Transparenz erhöht. Der Vollzug wird gestärkt und durch das Kataster kontrollierbar. Neubau-Nachweise enthalten auch Angaben der Ökobilanz, sie entstehen als Planungserklärung vor und als Erfüllungserklärung nach dem Bau.

Die vollständige Studie kann eingesehen werden auf den Webseiten der beteiligten Institute[1]. Sie wurde auf den Energietagen 2021 einem größeren Publikum vorgestellt und in zahlreichen Expert:innenrunden diskutiert.

---

9 EE-Fitness ist ein vom beteiligten ifeu-Institut entwickeltes Konzept, das den Umstieg auf erneuerbare Energien vorbereiten soll, solange der bestehende Wärmeerzeuger noch funktioniert (z.B. Absenkung der Heizkreistemperatur).

(Mit) Politik verändern

2.14 Gebäude im Klimawandel

Auswirkungen auf das thermische und energetische Verhalten

Prof. Dr.-Ing. Anton Maas und **Mario Vukadinovic (M.Sc.)** | Universität Kassel

2.14.1 Einleitung

Seit der Mitte des 20. Jahrhunderts findet eine messbare globale Erwärmung der Troposphäre und der Ozeane statt, die in den letzten Jahrtausenden bis Jahrhunderten nicht aufgetreten ist. Dies stuft der Weltklimarat als praktisch sicher ein.[1] Laut Deutschem Wetterdienst (DWD) war das Jahr 2018 das bisher wärmste in Deutschland beobachtete seit Beginn regelmäßiger Aufzeichnungen im Jahr 1881.[2] Steigende Temperaturen verringern den Heizwärmebedarf von Gebäuden und führen im Sommer zu häufiger auftretenden Überschreitungen komfortabler Raumtemperaturen. Der vorliegende Beitrag zeigt klimatische Veränderungen auf, die sich in den letzten Dekaden ereigneten bzw. zukünftig zu erwarten sind. Dazu werden anhand bauphysikalisch relevanter Beispiele Klimadaten des DWD verwendet.

Das Wort »Klima« steht im Griechischen für »neigen«, was auf die veränderliche Sonnenhöhe abhängig vom Breitengrad bezogen ist. Im Kontext thermisch-energetischer Verhaltensweisen von Gebäuden taucht der Begriff »Klima« mit unterschiedlichen Bedeutungen auf. Man unterscheidet bei Klimadaten im Allgemeinen zwischen vergangen und zukünftig Prognostiziertem. Sie werden in Form von Testreferenzjahren (TRY) mit Temperatur- und Strahlungsdaten sowie weiteren Klimagrößen bereitgestellt. Für vereinfachte Energiebilanzen, z. B. in DIN V 18599, werden aus den TRY abgeleitete Monatswerte verwendet. Klimafaktoren finden bei der Erstellung von Energieverbrauchsausweisen nach dem Gebäudeenergiegesetz (GEG)[3] Anwendung.

---

[1] IPCC, 2013/2014: Klimaänderung 2013/2014: Zusammenfassungen für politische Entscheidungsträger. Beiträge der drei Arbeitsgruppen zum Fünften Sachstandsbericht des Zwischenstaatlichen Ausschusses für Klimaänderungen (IPCC). Deutsche Übersetzungen durch Deutsche IPCC-Koordinierungsstelle, Österreichisches Umweltbundesamt, ProClim, Bonn/Wien/Bern: 2016.

[2] Deutscher Wetterdienst – DWD, Abteilung Klimaüberwachung (Hrsg.); Friedrich, K.; Kaspar, F.: Rückblick auf das Jahr 2018 – das bisher wärmste Jahr in Deutschland. Offenbach/Main: 2019

[3] Weller, Bernhard et al.: Baukonstruktion im Klimawandel. Wiesbaden: Springer Fachmedien, 2016

Sie dienen einer vergleichenden Bewertung von unterschiedlichen Gebäuden zu verschiedenen Zeiten.

2.14.2 Klimadaten

Klimafaktoren des Deutschen Wetterdienstes

Die energetische Qualität von Gebäuden kann anhand von Energieverbräuchen beschrieben werden. Um Energieverbrauchsdaten überschlägig vergleichbar zu machen, müssen sowohl periodische Einflüsse der Witterung auf das Klima als auch die im Bundesgebiet örtlich unterschiedlichen Klimaverhältnisse mittels Klimafaktoren (teilweise auch Klimakorrekturfaktoren) korrigiert werden.

Zur Berücksichtigung der im zeitlichen Verlauf unterschiedlichen klimatischen Bedingungen (strenger Winter/milder Winter) wird eine Witterungsbereinigung vorgenommen. Damit resultiert eine Korrektur von Energieverbrauchsdaten auf das langjährige mittlere Klima an einem Standort. Mit der Klimakorrektur wird der Unterschied der klimatischen Verhältnisse an einem Gebäudestandort auf diejenigen Verhältnisse am »Referenzstandort« Potsdam umgerechnet. Beide Einflüsse – die Witterungsbereinigung und die Klimakorrektur – werden in den Klimafaktoren berücksichtigt.

Der Deutsche Wetterdienst ermittelt Klimafaktoren flächendeckend für ganz Deutschland und stellt diese für jede Postleitzahl monatsweise aktualisiert zur Verfügung.

Testreferenzjahre des Deutschen Wetterdienstes

Im Zuge von Energiebedarfsberechnungen mit Simulationsprogrammen kommen i.d.R. Klimadaten in Form von Testreferenzjahren zum Einsatz. Testreferenzjahre bilden klimatische Gegebenheiten für mehrere Jahre im Mittel ab. Diese Klimadaten enthalten realistische Witterungsabschnitte, welche für den betrachteten Zeitraum repräsentativ sind. TRY sind weltweit in verschiedenen räumlichen- und zeitlichen Auflösungen verfügbar. Für das Bundesgebiet werden TRY u. a. vom DWD zur Verfügung gestellt. DWD-TRY sind im Stundenzeitschritt aufgelöst, das heißt, jede Kenngröße enthält 365 d × 24 h/d = 8760 Werte. Klimatische Veränderungen sind aufgrund der zeitlichen Entwicklung der Testreferenzjahre darin enthalten.

Der Deutsche Wetterdienst stellt TRY seit 1986 zunächst nur für die alten Bundesländer zur Verfügung.[4] Innerhalb mehr oder weniger regelmäßig wiederkehrender Zeiträume werden die TRY aktualisiert und erweitert.

Seit dem Jahr 2004 sind neben den »mittleren« Testreferenzjahren auch »extrem« warme und kalte Jahre enthalten. Diese extremen Jahre sind allerdings weniger zur Bewertung klimatischer Veränderungen als vielmehr für spezielle Auslegungsfragen geeignet. In dieser Untersuchung werden somit ausschließlich mittlere Jahre betrachtet.

In der vorletzten TRY-Veröffentlichung im Jahr 2011 sind neben messtechnisch gewonnenen Vergangenheitsklimadaten erstmals Klimaprognosen mittels Zukunftsklimadaten enthalten. Diese TRY liegen wie die Jahre davor räumlich auf der Mesoskala für Gebiete in etwa der Größenordnung von Bundesländern vor.[4] Aufgrund der relativ groben Skalierung ist mit der TRY-Veröffentlichung im Jahr 2011 außerdem ein Tool zum Aufprägen der Stadtklimaeffekte und einer Höhenkorrektur enthalten. Das Aufprägen der beiden genannten Effekte kann in einigen Fällen sinnvoll sein, beispielsweise um Bewertungen innerhalb von Großstädten vornehmen zu können.

Die zurzeit aktuellste Veröffentlichung von TRY stammt aus dem Jahr 2017. Seitdem liegen TRY für das Bundesgebiet räumlich flächendeckend im 1 km²-Raster auf der Mikroskala vor.[5] Als bemerkenswertestes Mikroklima gilt das Stadtklima. Dabei sind es vor allem die Nachttemperaturen in der Stadt, die sich von denen des Umlands unterscheiden. Ein Aufprägen von Stadtklimaeffekt und Höhenkorrektur ist bei Verwendung der TRY aus dem Jahr 2017 obsolet.

Eine Übersicht über die Entwicklung der DWD-TRY-Datensätze ist mit Abbildung 1 dargestellt.

---

4   Deutscher Wetterdienst – DWD: Projektbericht. Aktualisierte und erweiterte Testreferenzjahre von Deutschland für mittlere, extreme und zukünftige Witterungsverhältnisse. Offenbach/Main: 2011
5   Deutscher Wetterdienst – DWD (Hrsg.); Bundesinstitut für Bau-, Stadt- und Raumforschung – BBSR (Hrsg.): Handbuch. Ortsgenaue Testreferenzjahre von Deutschland für mittlere, extreme und zukünftige Witterungsverhältnisse. Ein Gemeinsames Projekt im Auftrag des Bundesamtes für Bauwesen und Raumordnung (BBR) in Zusammenarbeit mit dem Deutschen Wetterdienst (DWD). Offenbach/Main: 2017

2 Gebäude im Klimawandel

DWD TRY 1985	DWD TRY 2004	DWD TRY 2011	DWD TRY 2017
• 1951-1967	• 1961-1990	• TRY 2010: 1988-2007 • TRY 2035: 2021-2050	• TRY 2015: 1995-2012 • TRY 2045: 2031-2060
• Klimastand 1959	• Klimastand 1976	• TRY 2010: Klimastand 1998 • TRY 2035: Klimastand 2035	• TRY 2015: Klimastand 2003 • TRY 2045: Klimastand 2045
• Mesoklima	• Mesoklima	• Mesoklima	• Mikroklima
		• Zukunftsdaten mit 5 Prognosemodellen	• Zukunftsdaten mit 12 Prognosemodellen
		• Stadtklima über Tool	• Stadtklima enthalten
• 12 Datensätze (alte Bundesländer)	• 3 × 15 Datensätze (mittlere und extrem warme und kalte)	• 2 × 3 × 15 Datensätze (mittlere und extrem warme und kalte)	• 2 × 3 × 333.321 Datensätze (mittlere und extrem warme und kalte)

Abbildung 1: Übersicht Entwicklung DWD-TRY-Datensätze; [3, 4, 5, 6]

Die Komplexität der TRY nimmt mit dem Voranschreiten der Zeit zu. Der innerhalb der nächsten Jahrzehnte zu erwartende Klimawandel ist mit den TRY 2015 und 2045 abbildbar.

2.14.3 Entwicklung im Winter

Klimatische Veränderungen im Winter können mittels der vom DWD bereitgestellten Daten für die letzte Dekade mit Klimafaktoren beschrieben werden[9]. Diese kennzeichnen, wie zuvor ausgeführt, die sich im zeitlichen Verlauf ergebenden relativen Unterschiede der Witterung und des Standorteinflusses. Das für Deutschland zu verwendende Referenzklima bezieht sich seit der Energieeinsparverordnung 2013 auf das TRY für den Standort Potsdam (TRY 2010 Nr. 4). Entsprechend ist mit Abbildung 2 die Entwicklung der Klimafaktoren für den Standort Potsdam und im Vergleich dazu für den Standort Kassel real und im Trend dargestellt.

---

6   Deutscher Wetterdienst – DWD (Hrsg.); Webs, M.; Deutschländer, J. Christoffer: Testreferenzjahre von Deutschland für mittlere und extreme Witterungsverhältnisse TRY. Klimastatusbericht 2004. Offenbach/Main: 2004

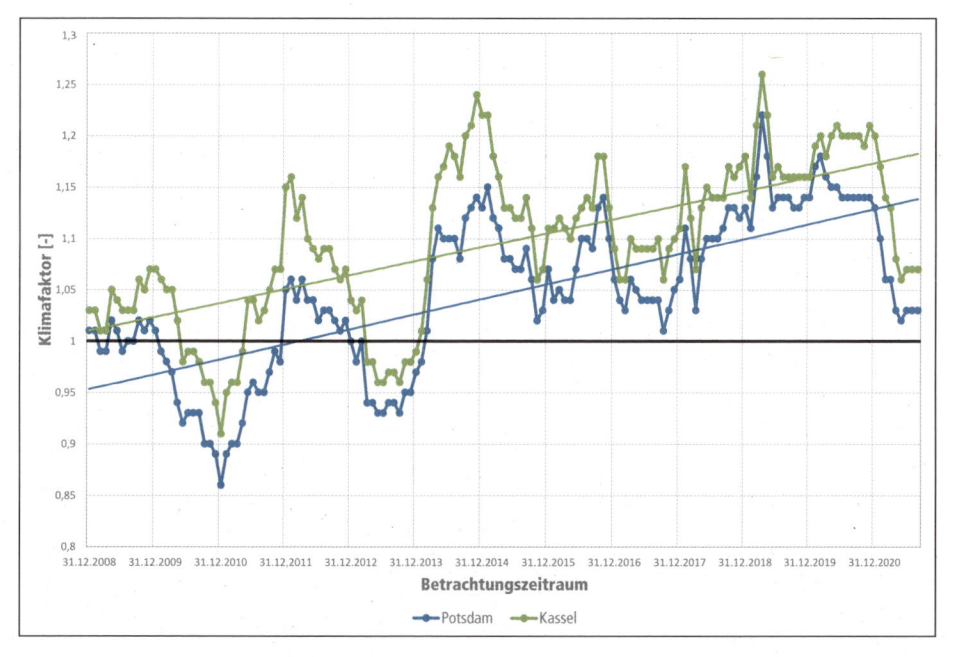

Abbildung 2: Entwicklung DWD-Klimafaktoren im zeitlichen Verlauf für Potsdam und Kassel; DWD[7]

Am Standort Kassel liegen im langjährigen Mittel die Energieverbräuche von Gebäuden um etwa 5 % niedriger als am »Referenzstandort«. Weiterhin ist zu erkennen, dass die Klimafaktoren im Verlauf der letzten Dekade tendenziell angestiegen sind. Die Winter sind also wärmer geworden.

Zukünftig prognostizierte klimatische Veränderungen können für Deutschland mit den TRY 2015 und 2045 beschrieben werden. Um eine deutschlandweite Darstellung zu ermöglichen, werden auf Basis von Simulationsrechnungen ermittelte Heizwärmebedarfe in kWh/a für das in Anlehnung an DIN EN ISO 13792:2012-08 (Abbildung 3) definierte Raummodell unter Zugrundelegung aller TRY 2015 und 2045 ermittelt.

---

7 Deutscher Wetterdienst – DWD: Klimafaktoren (KF) für Energieverbrauchsausweise. URL: https://www.dwd.de/DE/leistungen/klimafaktoren/klimafaktoren.html [Zugriff am 26.10.2021]

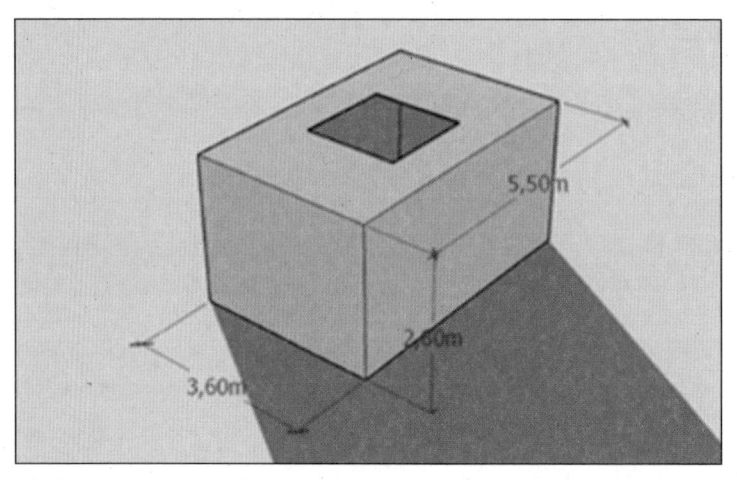

Abbildung 3: Raummodell in Anlehnung an DIN EN ISO 13792:2012-08;[8]

Das Wärmeschutzniveau der Außenbauteile des Raummodells entspricht dem Referenzgebäude nach GEG 2020[9]. Die Speichermasse der Innen- und Außenbauteile ist so gewählt, dass sich für die betrachtete Gebäudezone eine mittelschwere Bauart ergibt. Die Anordnung der transparenten Öffnung im Dach (Oberlicht) resultiert aus praktischen Erwägungen für die im Weiteren vorgestellten Untersuchungen zum sommerlichen Wärmeverhalten.

Abbildung 4 zeigt die sich für Deutschland ergebenden mikroklimatisch aufgelösten Unterschiede der Heizwärmebedarfe von Rot (geringer) nach Blau (höher). Die verwendete Farbskala gilt für über beide Reihen aufgetretene Extremwerte.

---

8   Vukadinovic, Mario; Kempkes, Christoph; Maas, Anton: Auswirkungen klimatischer Veränderungen auf die Überhitzung von Gebäuden. BauSIM 2020 23-25, Online Conference

9   Bundesregierung: Gesetz zur Einsparung von Energie und zur Nutzung erneuerbarer Energien zur Wärme- und Kälteerzeugung in Gebäuden (Gebäudeenergiegesetz – GEG). In Kraft getreten am 01. November 2020

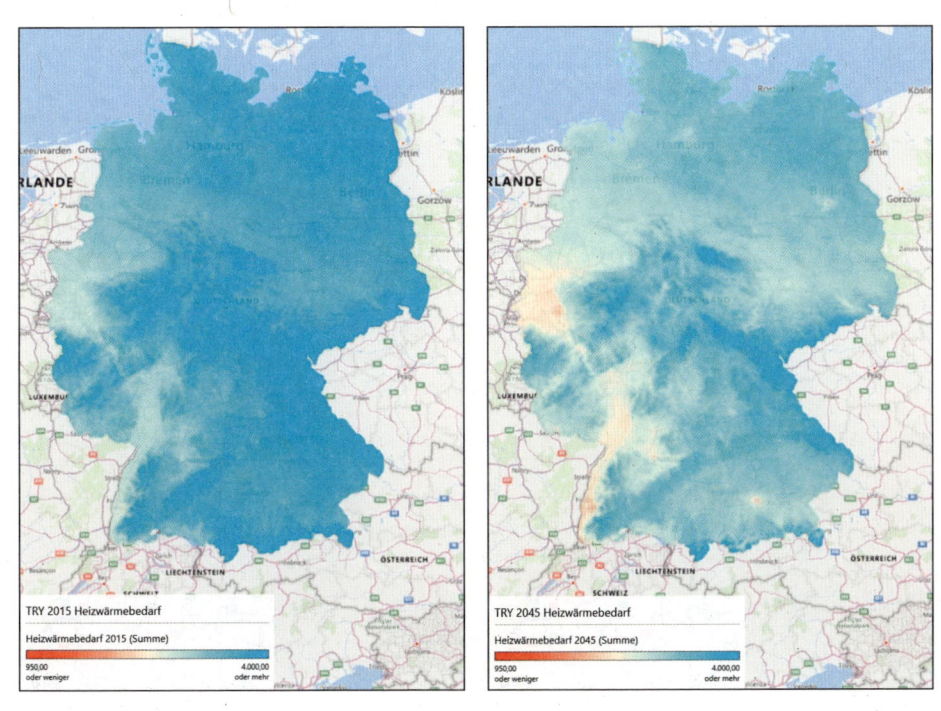

Abbildung 4: Heizwärmebedarfe in kWh/a für mittlere TRY 2015 (links) und 2045 (rechts) in mikroklimatischer Auflösung [Darstellung: Vukadinovic/Maas]

Die sich über Deutschland ergebenden Mittelwerte der Heizwärmebedarfe betragen 3700 kWh/a für die TRY 2015 und 3211 kWh/a für die TRY 2045 und nehmen somit um ca. 13 % ab.

2.14.4 Entwicklung im Sommer

Klimatische Veränderungen im Sommer können einerseits mithilfe von Temperaturmessreihen dargestellt werden. Vergleichsmöglichkeiten bieten Analysen der DWD-Testreferenzjahre. Für den Standort Kassel werden dazu exemplarisch mittlere Sommeraußenlufttemperaturen der letzten zwei Dekaden mit den TRY 2015 und 2045 aus dem Jahr 2017 verglichen. Die verwendeten Messdaten stammen von der Universität Kassel. Die Jahre 2011 bis 2016 und fehlende Werte aufgrund stunden- bis tageweiser Messausfälle wurden mittels Datensätzen vom Hessischen Landesamt für Naturschutz, Umwelt und Geologie (HLNUG) und dem Fraunhofer IWES ergänzt. Abbildung 5 zeigt für den Standort Kassel die entsprechenden mittleren Temperaturwerte.

2 Gebäude im Klimawandel

Das für einen innerstädtischen Standort in Kassel ortsgenaue TRY 2015 zeigt den Stand des Klimawandels zwischen 1995 und 2012 und beinhaltet eine stadtklimatologische Bewertung. Es zeigt sich, dass die mittleren Temperaturwerte des TRY 2015 (linke Säule) mit den tatsächlich gemessenen Werten aus diesem Zeitraum (zweite Säule von links) korrelieren. Eine vergleichbare Messung der zurzeit letzten, ebenfalls 18-jährigen Messperiode zwischen 2003 und 2020 ergibt Temperaturwerte, die zwischen den TRY 2015 und 2045 liegen (dritte Säule von links). Das ortsgenaue TRY 2045 sagt das zukünftige Klima voraus. Mit fortschreitendem Klimawandel ist zu erwarten, dass Temperaturwerte und die Dauer von Hitzeperioden in den TRY 2045 für den innerstädtischen Ort oberhalb aktueller Messwerte liegen (rechte Säule).

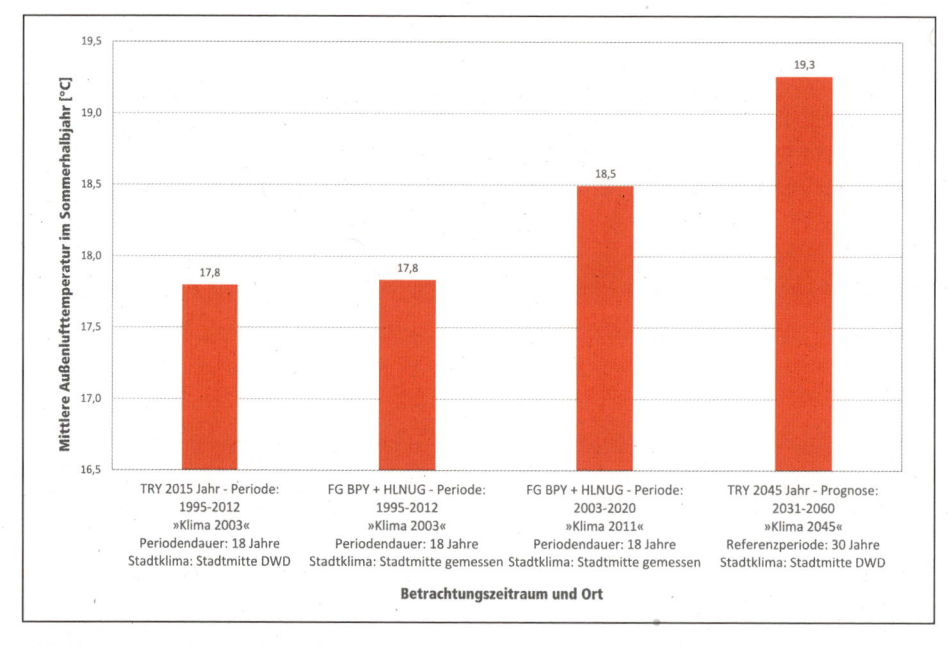

Abbildung 5: Mittlere Außenlufttemperaturen Sommerhalbjahr für verschiedene Perioden in Kassel; DWD TRY 2015 und 2045[5], FG-Bauphysik Universität Kassel und HLNUG

Vor dem Hintergrund klimatischer Veränderungen, verbunden mit steigenden Außenlufttemperaturen und länger anhaltenden Hitzeperioden, kommt dem sommerlichen Wärmeschutz von Gebäuden künftig ein noch höherer Stellenwert zu.

Für eine realistische Bewertung des thermischen Komforts im Sommer ist die ortsgenaue Erfassung meteorologischer Expositionen eine wesentliche Grundlage. Somit können mikroklimatischen Auswirkungen auf Gebäude zielgerichtet begegnet werden. Prognostizierte Auswirkungen auf das sommerliche Wärmeverhalten von Gebäuden im Klimawandel können mithilfe von thermisch-dynamischen Simulationen dargestellt werden. Dazu wird wieder das definierte Raummodell in Anlehnung an DIN EN ISO 13792:2012-08 untersucht. Der Raum wird mit einem horizontalen transparenten Bauteil (Oberlicht) mit einer Größe von rd. 5 m² modelliert, um klimatische Auswirkungen, insbesondere der Globalstrahlung, orientierungsunabhängig zu bewerten und das sogenannte »Ost-West-Problem« auszuschließen.[10] Die Simulationsrandbedingungen sind gemäß DIN 4108-02:2013-02 gewählt. Dabei wird eine Wohnnutzung mit erhöhter Nachtlüftung (n = 2 h⁻¹), ein g-Wert des transparenten Bauteils von 0,60 und ein variabler Sonnenschutz mit einem F_C-Wert von 0,75 betrachtet.

Es werden Übertemperaturgradstunden (Gh_{26}-Werte) für ein Jahr berechnet und die sich ergebenden Verteilungen der Sommerklimaregionen in den unterschiedlichen Zeiträumen 1995-2012 (TRY 2015) und 2030-2060 (TRY 2045) betrachtet.

$$Gh_{26} = \sum_{i=1}^{8760} (\theta_{operativ} - 26) \times 1h \quad wenn \quad \theta_{operativ} > 26 \left[\frac{Kh}{a}\right]$$

Erwartungsgemäß ergibt sich eine große Bandbreite an Gh_{26}-Werten für Deutschland. Um einen Vergleich zwischen den Klimadatensätzen anstellen zu können, ist die Anwendung eines einheitlichen Kriteriums zur Festlegung von Sommerklimaregionen sinnvoll. Die sich ergebenden Häufigkeitsverteilungen weisen eine auffallende Nähe zur Normalverteilung auf. Als ein mögliches Unterscheidungskriterium für Sommerklimaregionen bieten sich die Standardabweichungen der ermittelten Grundgesamtheiten an. Die Ergebnisse sind in Abbildung 6 dargestellt. Die Farbgebung der Bereiche ist analog zur DIN 4108-02:2013-02 gewählt: Blau Region A, Grün B und Gelb C (von kühler nach wärmer). Oben sind die Häufigkeitsverteilungen der Ergebnisse für die TRY 2015 (links) und 2045 (rechts) zu sehen. Die Ergebnisse der Berechnungen mit den TRY 2045 sind mit der Standardabweichung aus den 2015er-Daten dargestellt. Somit wird ein relativer Vergleich dazu möglich. Unten sind entsprechend die sich für Deutschland ergebenden mikroklimatisch aufgelösten Verteilungen zu sehen, vgl. auch.

---

10 Lam, J.; Hiller, M.: Schwierigkeiten bei der Verwendung der TRY Daten 2011 für Deutschland in der thermischen Simulation. BauSIM 2014 Human-centred building(s). 5th German-Austrian Conference oft he International Building Performance Simulation Association 22–24 September 2014. Aachen: 2014, S. 395–401

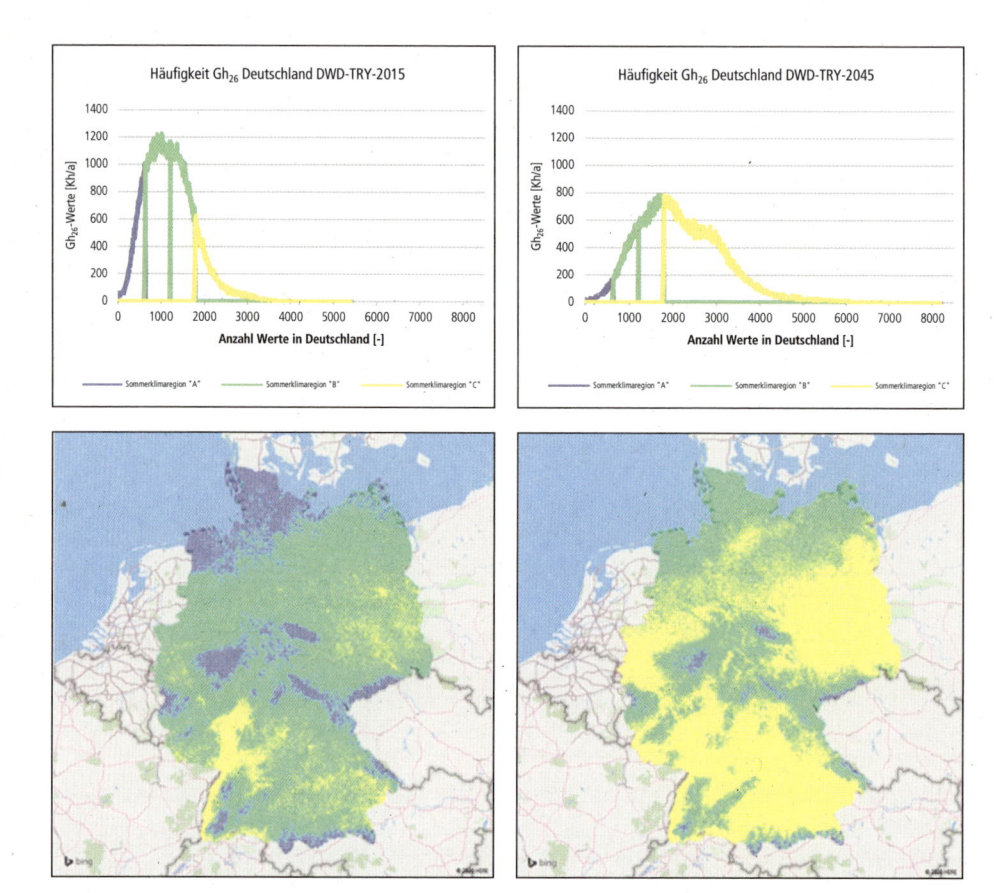

Abbildung 6: Häufigkeitsverteilungen Gh$_{26}$-Werte in Deutschland für mittlere TRY 2015 (oben links) und 2045 (oben rechts) in mikroklimatischer Auflösung (entsprechend unten links und rechts);[8]

Es ist zu erkennen, dass mit fortschreitendem Klimawandel, welcher in den TRY 2045 bereits berücksichtigt ist, die warme Klimaregion C deutlich mehr Fläche einnimmt und dass die kühle Klimaregion A nur noch vereinzelt in Höhenlagen wie beispielsweise dem Alpenvorland auftritt. Die Berechnungen zeigen, dass bei der Weiterentwicklung der planerischen und normativen Anforderungen eine ggf. weiter differenzierte Berücksichtigung von Klimaregionen erfolgen sollte. Bei näherer Betrachtung der Abbildung 6 (unten links) ergibt sich z. B. für die Region um das Stadtzentrum in Berlin überwiegend ein wärmeres Klima in Region C. Der Klimakarte der DIN 4108-02:2013-02 zufolge ist Berlin der Region B zugeordnet.

2.14.5 Stadtklimatologische Entwicklung im Sommer in Berlin

Mit den 2017 veröffentlichten DWD-TRY sind stadtklimatologische Effekte und die Abhängigkeit von Lufttemperatur und Höhenlage erstmals direkt in den Datensätzen implementiert[5]. Vorherige DWD-TRY enthalten im unkorrigierten Zustand weder Stadtklimaeffekt noch Höhenabhängigkeit. Laut DWD können Großstädte zeitweise 6–8 K wärmer sein als das Stadtumland. Im Jahresmittel sind Abweichungen von 0,5–2 K üblich[5, 8].

Um für die TRY 2015 und 2045 die Intensität des städtischen Wärmeinseleffekts vergleichen zu können, sind für Berlin die mittels thermischer Gebäudesimulation am Raummodell ermittelten Ergebnisse dargestellt. Es werden Übertemperaturgradstunden der operativen Innentemperatur über 26 °C (Gh_{26}-Werte) in Abbildung 7 dargestellt. Die verwendete Farbskala gilt für über beide Reihen aufgetretene Extremwerte. Die höchsten Gh_{26}-Werte stellen sich erwartungsgemäß mit den TRY 2045 im Innenstadtbereich ein.

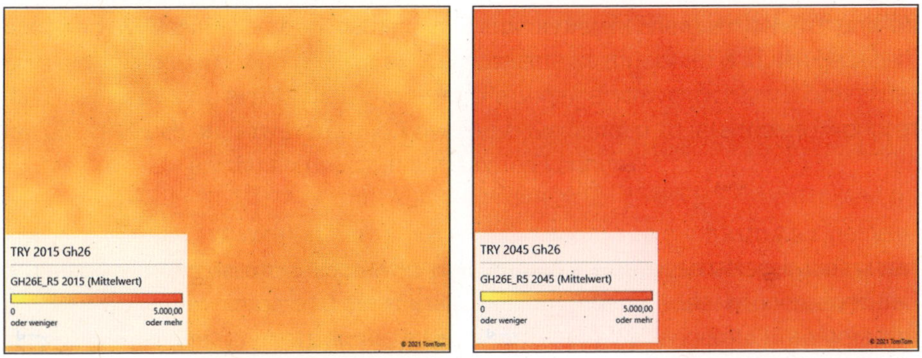

Abbildung 7: Vergleich des städtischen Wärmeinseleffekts für Berlin mit den mittleren TRY 2015 und 2045 [Darstellung: Vukadinovic/Maas]

Vergleicht man die beiden Abbildungen, fällt zuerst die große Bandbreite der Gh_{26}-Werte auf. Sowohl die Tiefstwerte als auch die Höchstwerte sind mit den TRY 2045 um ein Vielfaches angestiegen. Der Einflussbereich der städtischen Wärmeinsel hingegen hat sich wenig verändert, so sind in beiden Abbildungen die zu erkennenden Bereiche etwa gleich groß. Allerdings hat sich die Intensität innerhalb des zu betrachtenden Bereichs deutlich gesteigert.

Im Berliner Zentrum ergeben sich die Mittelwerte der Gh_{26}-Werte für die TRY 2015 zu 2545 Kh/a und für die TRY 2045 zu 5279 Kh/a. Diese Zunahme resultiert neben dem zu erwartenden Temperaturanstieg auch aus zu erwartenden, länger andauernden Hitzeperioden. Die hohen Werte ergeben sich durch das verwendete Raummodell i. V. m. den deutschlandweiten Berechnungen der TRY 2015 und 2045 Klimadaten.

2.14.6 Fazit

Vor dem Hintergrund der global zu beobachtenden Klimaveränderungen ergeben sich für die dargestellten Zeiträume bzw. Zeitpunkte unterschiedliche Situationen. Während im Winter tendenziell mit einer Verringerung der Heizenergieverbräuche zu rechnen ist, werden die Herausforderungen der Temperaturbegrenzungen im Sommer in Gebäuden künftig noch anspruchsvoller.

Bei Betrachtung der TRY 2015 stellt sich die Situation im Sommer im Vergleich zur Bewertung mit den TRY 2010 in der Nachweisführung gem. DIN 4108-2:2013-02 näherungsweise unverändert dar[8]. Jedoch lassen sich durch das Vergleichen der Ergebnisse der thermischen Kenngrößen der Testreferenzjahre mögliche Effekte aufgrund des Klimawandels erkennen. Bei einer Bewertung mit den zukünftigen TRY 2045 ist sowohl ein Temperaturanstieg als auch ein Anstieg der Dauer von Hitzeperioden zu erwarten. Dabei sind sowohl die ländlichen als auch die urbanen Standorte betroffen.

Im urbanen Raum werden sommerklimatische Einflüsse durch Siedlungsstrukturen verstärkt und dort sind, bedingt durch eine hohe Stadtbevölkerung, besonders viele Menschen von den negativen Folgen des Klimawandels betroffen. Ein Vergleich der Ergebnisse der mittleren TRY 2015 und 2045 zeigt eine deutliche Erwärmung für Berlin.

Daraus ergibt sich die grundsätzliche Frage, ob energetische Bewertungen im Winter und Sommer gemäß bisheriger Vorgehensweise – mit der Verwendung von Klimadaten aus der Vergangenheit – oder mit für die Zukunft prognostizierten Klimadaten sinnvoll sind.

(Mit) Politik verändern

2.15 Graue Energie als Entscheidungskriterium

Prof. Dr. Andreas H. Holm | Forschungsinstitut für Wärmeschutz e.V. München

2.15.1 Hintergrund

Effizienzsteigerungen, Energieeinsparungen und die Nutzung regenerativer Energien sind die wesentlichen Bausteine der nationalen und internationalen Klimaschutzpolitik zur Reduzierung des Energieverbrauchs im Gebäudesektor. Entsprechend richtet der normative Rahmen zur energetischen Bilanzierung von Gebäuden seinen Fokus auf die Betriebs- bzw. Nutzungsphase des Gebäudes, indem die Reduktion des nicht erneuerbaren Primärenergiebedarfs als wesentliche Zielgröße verwendet wird. Aufwendungen für die Herstellung der Bauprodukte, die Errichtung des Gebäudes und die letztlich notwendige Entsorgung sind darin nicht enthalten.

In diesem Zusammenhang fällt häufig auch der Begriff der sogenannten Grauen Energie. Darunter wird meist jener Energiebedarf verstanden, der nötig war, um die Materialien herzustellen, an die Baustelle zu transportieren und zu verbauen. Verbesserungen, die zur Einsparung von Energie führen sollen, sind meist mit einem höheren Materialeinsatz und damit auch einem höheren Input an Grauer Energie verbunden.

Im Laufe der Zeit haben sich durch die Verbesserung beim Primärenergiebedarf für Beheizung und Warmwasserversorgung im Gebäudebereich die Anteile von Herstellung und Nutzung verschoben. Der kumulierte Energieaufwand für die Herstellung, Errichtung und Entsorgung der Bauteile und die damit verbundenen Treibhausgasemissionen haben gegenüber der Nutzungsphase an Bedeutung gewonnen. Dadurch, dass der Primärenergiebedarf für den Betrieb immer geringer geworden ist, steigt der Anteil der Grauen Energie im Verhältnis zu den Primärenergiebedarfen für Nutzerstrom und Betrieb stetig an. Abbildung 1 zeigt qualitativ diese Entwicklung des Primärenergiebedarfs eines Gebäudes im Laufe der Zeit.

2 Graue Energie als Entscheidungskriterium

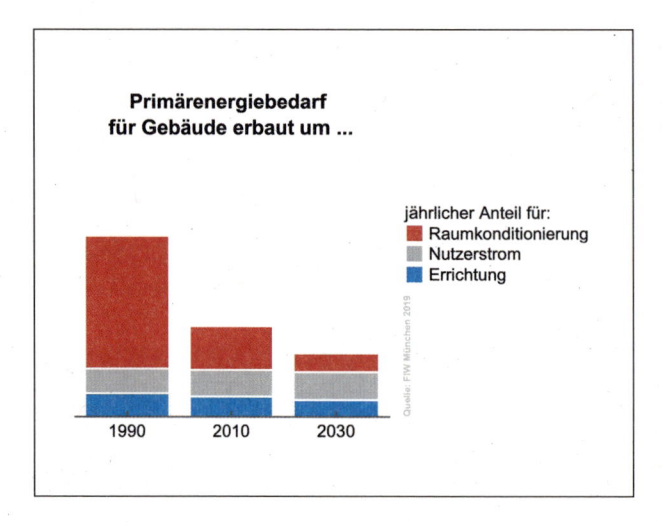

Abbildung 1: Qualitative Darstellung der Entwicklung des Primärenergiebedarfs eines typischen Gebäudes im Laufe der Zeit. Dargestellt sind die absoluten Anteile für Nutzerstrom, Raumwärme inklusive Warmwassererzeugung sowie der Primärenergieeinsatz des Gebäudes für die Herstellungsphase der verwendeten Bauprodukte. [Quelle FIW München]

Die Bundesregierung hat in ihrem Ende 2021 geschlossenen Koalitionsvertrag[1] folgendes Ziel formuliert: »*Wir werden die Grundlagen schaffen, den Einsatz grauer Energie sowie die Lebenszykluskosten verstärkt betrachten zu können. Dazu führen wir unter anderem einen digitalen Gebäuderessourcenpass ein. So wollen wir auch im Gebäudebereich zu einer Kreislaufwirtschaft kommen. Außerdem werden wir eine nationale Holzbau-, Leichtbau- und Rohstoffsicherungsstrategie auflegen. Innovativen Materialien, Technologien und Start-ups wollen wir den Markteintritt und Zulassungen erleichtern.*«

Das würde aber in der praktischen Konsequenz bedeuten, dass die von vielen heute schon häufig beklagte hohe Komplexität bei der energetischen Bewertung von Gebäuden um weitere relevante Phasen im Lebenszyklus von Gebäuden erweitert werden müsste. Erst eine Ausweitung der Bilanzgrenzen erlaubt mit jeder Stufe eine vollständigere Bewertung der Nachhaltigkeit von Gebäudekonzepten.

Im Rahmen dieser Arbeit soll, neben dem Vergleich der Kennwerte für verschiedene Außenwandkonstruktionen, auch der primärenergetische Mehraufwand, der durch höhere Anforderungen an die Energieeffizienz der Gebäudehülle entsteht, betrachtet werden.

---

1 SPD, Bündnis 90/Die Grünen, FDP (Hrsg.): Mehr Fortschritt wagen. Bündnis für Freiheit, Gerechtigkeit und Nachhaltigkeit. Koalitionsvertrag 2021-2025 zwischen der Sozialdemokratischen Partei Deutschlands (SPD), Bündnis 90/Die Grünen und den Freien Demokraten (FDP). Berlin: 2021.

2.15.2 Was versteht man unter »Grauer Energie«?

Der Begriff »Graue Energie« kommt ursprünglich aus der Schweiz. Inzwischen wird er vermehrt auch im gesamten deutschsprachigen Raum verwendet. Hierzulande ist er allerdings nicht eindeutig definiert und wird deshalb auch unterschiedlich verwendet bzw. interpretiert. Die Schweizer Definition, laut SIA (Schweizerischer Ingenieur- und Architektenverein) Merkblatt 2032[2], bezeichnet als Graue Energie »*die gesamte Menge nicht-erneuerbarer Primärenergie, die für alle vorgelagerten Prozesse, vom Rohstoffabbau über Herstellungs- und Verarbeitungsprozesse und für die Entsorgung, inkl. der dazu notwendigen Transporte und Hilfsmittel, erforderlich ist.*« Sie wird auch als kumulierter, nicht-erneuerbarer Energieaufwand bezeichnet[3]. Die Graue Energie für die Herstellung und für die Entsorgung wird separat ausgewiesen.

Die grundsätzliche Vorgehensweise zur Ermittlung der Kenndaten im Rahmen dieser Arbeit orientiert sich an der Durchführung von Ökobilanzen nach DIN 15804[4]. Die vollständige Bilanz (siehe Abbildung 2) untergliedert sich dabei in vier Phasen (Herstellung, Errichtung, Nutzung und Entsorgung) über den Lebenszyklus sowie einen Sonderbereich zur Wiederverwertung. Für den vollständigen Bilanzrahmen (A1-D) existieren für die meisten Produkte/Werkstoffe weder in den öffentlichen Datenbanken noch in Umweltproduktdeklarationen (EPDs) vollständige Datensätze. Die normativen Verfahren zur Erstellung von EPDs sahen bisher nur eine Ausweisung der Bilanzgrenzen A1-A3 verpflichtend vor. Dies entspricht einer Bewertung nach dem Prinzip »*Cradle to Gate – von der Wiege bis zum Werkstor*«. Ein Problem ist, dass derzeit die Datengrundlagen hinsichtlich ihrer Qualität (Datentyp) und Vollständigkeit (Bilanzmodule) äußerst heterogen vorliegen. Eine Berücksichtigung aller Module zur Bewertung von Bauteilen oder Gebäuden ist auf dieser Grundlage praktisch nicht möglich.

Das Bewertungssystem Nachhaltiges Bauen für Bundesgebäude (BNB)[5,6] beschreibt vor diesem Hintergrund eine vereinfachte Methode, um einen ganzheitlichen Ansatz zu ermöglichen, der nicht ausschließlich die Herstellungsphase betrachtet und damit dem Ansatz der SIA 2032 zu Grauer Energie am stärksten gleicht. Die Bilanzgrenzen werden hier um Module aus dem Gebäudebetrieb (B2, B4 und B6) und aus der

---

2 Schweizerischer Ingenieur- und Architektenverein Zürich SIA (Hrsg.): SIA Merkblatt 2032, Ausgabe 2010. Graue Energie von Gebäuden. Zürich: Verlag SIA, 2009.

3 DIN EN 15804/A2:2018-04. Nachhaltigkeit von Bauwerken – Umweltproduktdeklarationen – Grundregeln für die Produktkategorie Bauprodukte. (Entwurf zurückgezogen)

4 Hencky, Karl: Die Wärmeverluste durch ebene Wände unter besonderer Berücksichtigung des Bauwesens. München: Oldenbourg Wissenschaftsverlag, 1921.

5 Bewertungssystem Nachhaltiges Bauen (BNB). Berlin : Bundesministerium des Innern, für Bau und Heimat (BMI), 2011.

6 Bewertungssystem Nachhaltiger Wohngsbau (NaWoh). URL: https://www.nawoh.de/

»End of Life«-Betrachtung, also der Verwertung und Entsorgung von Baustoffen, erweitert (C3, C4). Auch hier gilt, dass die Datenlage nicht ausreichend ist, um jedes Produkt vollumfänglich entsprechend der genannten Module zu bilanzieren. Daher werden Vereinfachungen und Annahmen getroffen. So werden die Bilanzgrenzen B2 und B4 nicht gesondert ermittelt, sondern ersatzweise die mit dem Austausch einer Komponente verbundenen Werte aus der Herstellungs- und Lebensendphase (d. h. A1-A3 sowie C3 und C4) berechnet. Sind für C3 und C4 keine produktspezifischen Daten vorhanden, werden diese einer Stoffgruppe (z. B. Holzwerkstoffe, mineralische Stoffe) zugeordnet und die (generischen) Kennwerte der Stoffgruppe für die weiteren Kalkulationen verwendet. Das hat einen Einfluss auf die Genauigkeit der Berechnung.

Dennoch stellt das Bewertungssystem Nachhaltiges Bauen für Bundesgebäude (BNB) derzeit die praktikabelste Methode dar, um Gebäude über alle Lebensphasen hinweg weitgehend abzubilden. Die Berechnungen dieser Studie wurden daher auf Grundlage des BNB-Verfahrens durchgeführt. Die in der Bilanz berücksichtigten Module sind in Abbildung 2 farblich gekennzeichnet. Der Bilanzumfang für Graue Energie umfasst die Module A1-A3, B2 und B4 (Ersatzwerte) sowie je nach Baustoff C3 oder C4. Der betriebliche Energieeinsatz ist nicht Teil der Grauen Energie, ist aber zur vergleichenden Bewertung relevant und wird zusätzlich ausgewiesen.

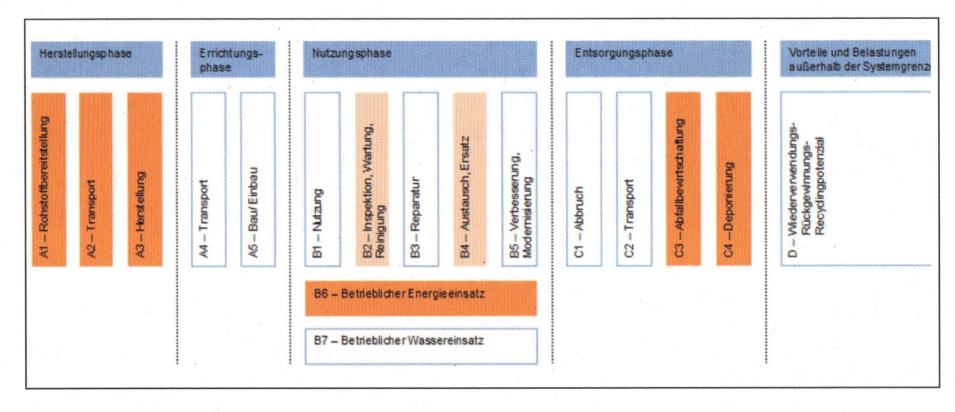

Abbildung 2: Bilanzgrenzen der Ökobilanzierung (DIN EN 15804) sowie die Bilanzierungsmodule nach dem Bewertungssystem Nachhaltiges Bauen (BNB) in farbiger Darstellung (orange)[3]

Es gibt noch keine Normierung, die einen zuverlässigen Vergleich der Werte erlauben würde. Die Systemgrenzen spielen eine maßgebende Rolle bei der Berechnung der Grauen Energie. Die Stoff- und Energieflüsse sind grundsätzlich offen. Die Festlegung von Systemgrenzen ist für die Berechnung von Kennwerten für Graue Energie notwendig.

Wichtig bei der Bewertung des Energieeinsatzes verschiedener Materialien bzw. Konstruktionen ist immer die Betrachtungsebene. Deshalb werden im Rahmen dieser Arbeit die Analysen nicht nur für das Bauteil selbst durchgeführt, sondern auch dessen Einfluss im Kontext von:

- Gebäudehülle,
- gesamtes Bauwerk,
- gesamtes Gebäude inkl. Versorgungstechnik untersucht.

Infokasten

Mit Grauer Energie wird der kumulierte Aufwand an nicht-erneuerbarer Primärenergie zur Herstellung und Entsorgung eines Baustoffes bezeichnet. Berücksichtigt werden alle vorgelagerten Prozesse, vom Rohstoffabbau über Herstellungs- und Verarbeitungsprozesse, und die Entsorgung, inklusive der dazu notwendigen Transporte und Hilfsmittel. In Anlehnung an das Bewertungssystem Nachhaltiges Bauen (BNB) gehen dazu in dieser Studie die Bilanzgrenzen A1-A3 (Rohstoffbereitstellung, Transport, Herstellung), B2 (Inspektion, Wartung, Reinigung) und B4 (Austausch, Ersatz) oder deren Ersatzwerte sowie C3 (Abfallbewirtschaftung) oder C4 (Deponierung) in die Berechnung mit ein.

2.15.3 Graue Energie und Treibhausgasemissionen für Dämmmaßnahmen

Ein wichtiger Schritt zur Minimierung des Primärenergiebedarfs und den damit verbundenen Treibhausgasemissionen ist die Dämmung der Gebäudehülle. Es wird oft behauptet, dass der Energieverbrauch zur Herstellung der Wärmedämmung sehr hoch ist und gar nicht oder erst nach langer Zeit eingespart wird.

Um die Aufwendungen für den **Primärenergiebedarf** (*gesamt*) und den Primärenergiebedarf aus nicht erneuerbaren Ressourcen, die sog. **Graue Energie** (*nicht erneuerbar*), sowie die entstehenden **Treibhausgasemissionen (THG)** für die Herstellung und den Rückbau von Dämmungen valide bewerten zu können, wurden die Umweltproduktdeklarationen (kurz: EPD für *Environmental Product Declaration*) verschiedener Dämmprodukte herangezogen. Damit wurden anhand unterschiedlicher Indikatoren die Einflüsse auf die Umwelt des jeweiligen Produkts über dessen gesamten Lebenszyklus bewertet. In Abbildung 3 sind die Werte wichtiger Datenquellen (Ökobaudat[7], Hersteller, Verbände) für die Herstellung und den Rückbau (Lebenszyklusphasen A1-A3, C3 und C4) für die Primärenergien sowie die Treibhausgasemissionen (Graue Emissionen) für etablierte Dämmstoffe aus EPS, PUR, XPS und Mineralwolle dargestellt. Die Daten wurden zur besseren Vergleichbarkeit auf einen Dämmwert R von 1 (m²·K)/W normiert.

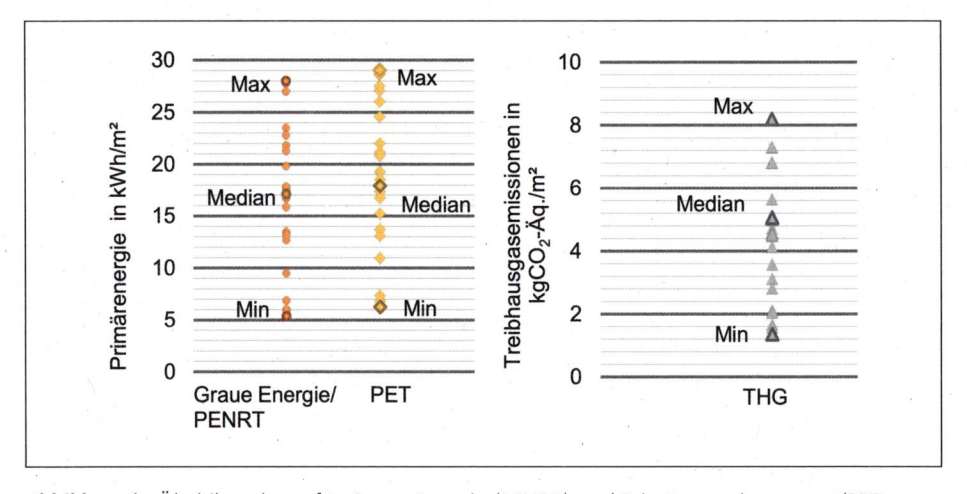

Abbildung 3: Ökobilanzdaten für Graue Energie (PENRT) und Primärenergie gesamt (PET, links) und Treibhausgasemissionen (THG, rechts) für die Herstellung und den Rückbau von Dämmmaßnahmen mit gleicher Dämmwirkung pro m² [Quelle FIW München]

Mithilfe dieser Auswertungen kann ein typischer Bereich für die drei zur Bewertung herangezogenen Umweltindikatoren definiert werden. Um diesen Bereich in den nachfolgenden Berechnungen abzubilden, wurde je Indikator der Minimal-, Maximal- und der Median-EPD-Datensatz ausgewählt. Neben den Auswirkungen der Dämmstoffe auf die Umwelt müssen die thermischen Eigenschaften eines Bauteils vor und nach der Dämmmaßnahme definiert werden, um die erforderliche Dämmstärke zu ermitteln. Diese hängt wiederum von der Wärmeleitfähigkeit des Dämmstoffs ab.

2.15.4 Einsparungen durch Dämmmaßnahmen

Im Folgenden sollen der Primärenergiebedarf (*gesamt*) und der Primärenergiebedarf aus nicht erneuerbaren Ressourcen (Graue Energie) sowie die entstehenden Treibhausgasemissionen (THG) für die Dämmschicht in Abhängigkeit von der Dämmqualität des Bauteils vor und nach der Sanierung sowie die dadurch erzielbaren Einsparungen in Abhängigkeit des Energieträgers ermittelt werden. Dabei werden drei

---

[7] Bundesamt für Bauwesen und Raumordnung – BBR; Bundesinstitut für Bau-, Stadt- und Raumforschung – BBSR (Hrsg.): ÖKOBAUDAT – Grundlage für die Gebäudeökobilanzierung. 2., überarb. Aufl. Bonn: 2019 (Zukunft Bauen, Forschung für die Praxis; 9).

verschiedene Bestandssituationen betrachtet sowie ein Sanierungsziel auf Gebäudeenergiegesetz (GEG)-Niveau mit einem U-Wert von 0,24 W/(m²·K). Nachfolgend sind die angenommen U-Werte für die Bestandsituationen und eine Zuordnung zur jeweiligen Baualtersklasse zusammengefasst:

- U = 1,4 W/(m²·K): Baujahr vor 1978
- U = 0,8 W/(m²·K): Baujahr zwischen 1978 und 1995
- U = 0,5 W/(m²·K): Baujahr ab 2002

In Abbildung 4 sind die Ergebnisse für die Primärenergie gesamt (PET) und die Graue Energie (PENRT) zusammengestellt.

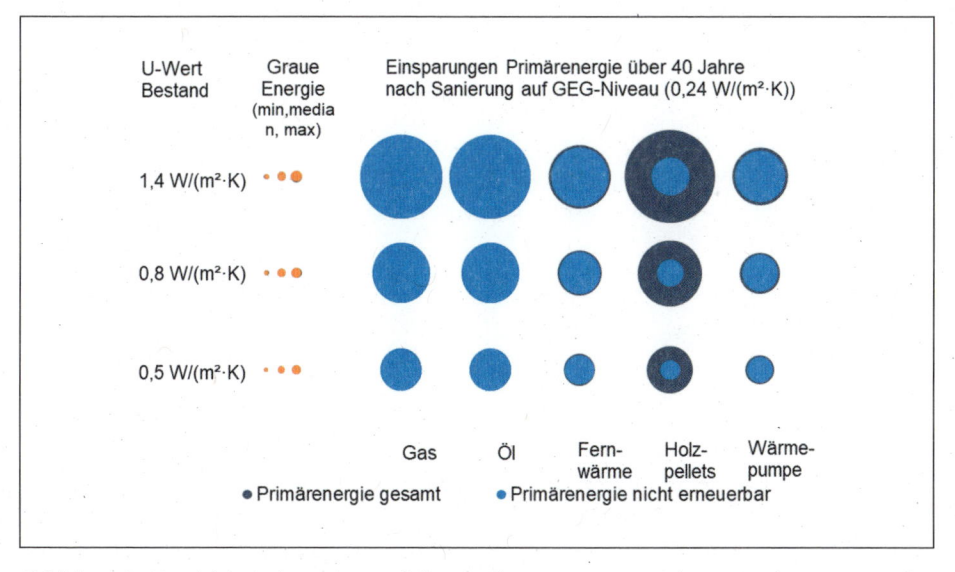

Abbildung 4: Vergleich Aufwand zu erzielbaren Einsparungen an Primärenergie gesamt und nicht erneuerbar über 40 Jahre bei Sanierung auf einen U-Wert von 0,24 W/(m²·K) für verschiede Bestandssituationen [Quelle FIW München]

Die Ergebnisse PET und PENRT sind für die einzelnen Varianten überlagert abgebildet. Die Aufwendungen für die Erstellung der Dämmschicht werden jeweils mit einem Minimal-, Median- und Maximal-Wert angegeben. So kann die Bandbreite der verschiedenen am Markt verfügbaren Dämmstoffe dargestellt werden (vgl. Abbildung 3). Aufgrund der Größenverhältnisse innerhalb dieser Darstellung sind die Unterschiede zwischen PET und PENRT bei den Aufwendungen für die Dämmung nicht erkennbar.

Dem gegenüber sind die über eine Nutzungsdauer von 40 Jahren erzielbaren Einsparungen für verschiedene Energieträger dargestellt. Generell lässt sich der Zusammenhang ablesen, dass **mit schlechterem Ausgangszustand höhere Dämmstärken und somit auch höhere Aufwendungen erforderlich** sind. Gleichzeitig sind dort aber auch größere Einsparungen erzielbar. Für alle betrachteten Bestandsvarianten sind die Einsparungen für alle Energieträger für PET sowie PENRT deutlich größer als die für die Erstellung der Dämmschicht erforderlichen Aufwendungen.

Die Energieträger Gas und Öl sind zu 100 % nicht erneuerbar, daher sind die Ergebnisse für die Primärenergie gesamt und nicht erneuerbar gleich groß. **Beim regenerativen Energieträger Holzpellets sind die Unterschiede am größten.**

In Abbildung 5 sind die Ergebnisse für die Treibhausgasemissionen dargestellt. Prinzipiell sind die Zusammenhänge und Verhältnisse mit den Primärenergiedarstellungen vergleichbar. Deutliche Abweichungen gibt es für die regenerativen Holzpellets. Aufgrund der deutlich geringeren Treibhausgasemissionen pro kWh Heizenergieeinsparung sind die Emissionseinsparungen für diesen Energieträger im Vergleich deutlich geringer. Doch auch hier überwiegt die Einsparung gegenüber den Aufwendungen deutlich.

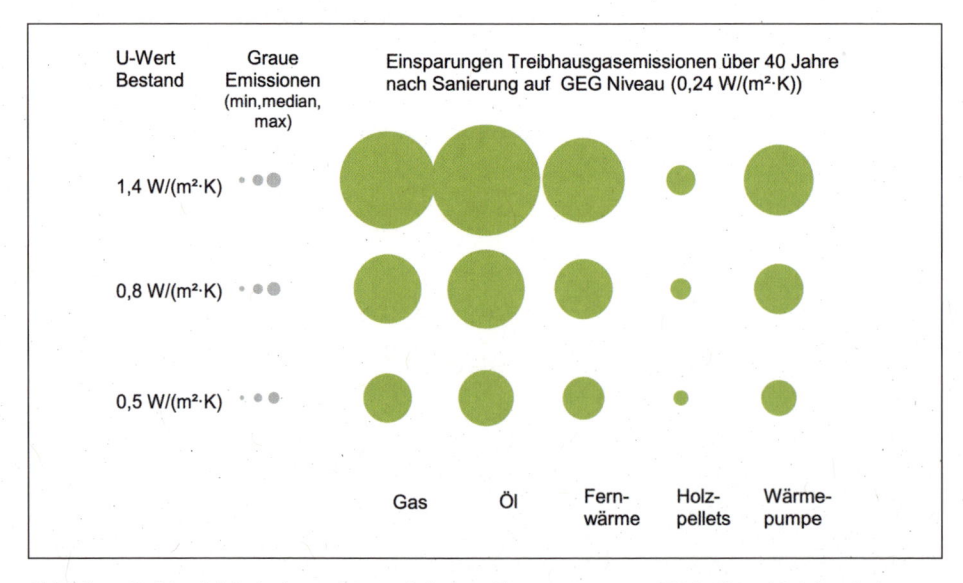

Abbildung 5: Vergleich Aufwand zu erzielbaren Einsparungen an THG über 40 Jahre bei Sanierung auf einen U-Wert von 0,24 W/(m²·K) für verschiedene Bestandssituationen [Quelle FIW München]

2.15.5 Zusammenfassung und Ausblick

Die beispielhaften Berechnungen im Rahmen dieser Studie belegen: **Dämmmaßnahmen sind aus nachhaltiger und gesamtenergetischer Sicht immer ein Gewinn.** Diese Aussage ist unabhängig vom energetischen Zustand des Bauteils vor und nach der Dämmmaßnahme sowie vom Energieträger, welcher für die Beheizung verwendet wird. Im Laufe einer typischen Lebensdauer einer Dämmmaßnahme von 40 Jahren und mehr sind die erzielbaren Einsparungen immer größer als die für die Dämmstoffherstellung notwendigen Aufwendungen. Dies gilt für alle etablierten Dämmstoffe, welche im Rahmen dieser Studie berücksichtigt wurden.

Mit der Ende Juni 2021 beschlossenen **Änderung des Klimaschutzgesetzes** will Deutschland bis zum Jahr 2045 treibhausgasneutral werden. Bereits bis zum Jahr 2030 sollen die Emissionen um 65 % gegenüber 1990 gesenkt werden. Um dieses ambitionierte Ziel zu erreichen, wurden die für den Gebäudebereich und andere Sektoren bislang geltenden CO_2-Minderungsziele angepasst.

Neben Effizienzsteigerung und Energieeinsparung ist auch die Umstellung auf hauptsächlich erneuerbare Energiequellen ein wichtiger Schritt zur Zielerreichung. Dadurch wird nicht nur der Verbrauch an Primärenergie und die dadurch entstehenden Treibhausgasemissionen für beispielsweise die Beheizung von Gebäuden eingespart. Diese Entwicklung der Dekarbonisierung der Energieversorgung wird sich auch positiv auf die Ökobilanz von Bauprodukten wie beispielsweise Dämmstoff auswirken.

Bei einer Nutzung von vermehrt regenerativen Energiequellen in der Produktion werden die Graue Energie und die Grauen Emissionen für die Herstellung von Dämmung gesenkt werden.

Es ist daher zu erwarten, dass auch in Zukunft die durch Dämmmaßnahmen erzielbaren Einsparungen größer sind als die Aufwendungen zur Herstellung (Graue Energie und Graue Emissionen) des Dämmstoffs.

(Mit) Politik verändern

2.16 Keine Energieberatung ohne Weiterbildung?

Über die zentrale Rolle der Weiterbildung in der Energieberater:innenbranche und die Verknüpfung mit der Förderlandschaft und dem Berufsbild

Dipl.-Päd. Pamela Faber | Geschäftsstellenleitung Deutsches Energieberater-Netzwerk

Nachhaltiges Bauen und energieeffizientes Sanieren rückt immer weiter in den Fokus und neben den politischen und gesetzlichen Rahmenbedingungen ändern sich auch im Allgemeinen die Anforderungen an Gebäudetechnik, Gebäudehülle oder Nutzerverhalten. Nicht nur aus diesen Gründen ist es speziell in der Branche der Energieberatung von enormer Bedeutung, dass qualifizierte Berater:innen ihr schon bestehendes Fachwissen mithilfe von Weiterbildungen weiter ausweiten. »Der Mensch lernt niemals aus« ist nicht nur im Bereich der Energieberatung, sondern im Hinblick auf lebenslanges Lernen und außerschulische Bildung ein wichtiges Stichwort.

Für viele ist die regelmäßige Weiterbildung als Energieberater:in eine Selbstverständlichkeit. Andere empfinden das Erfordernis der Fort- und Weiterbildung als notwendiges Übel. Tatsache ist, die Branche wird seit Jahren durch Auflagen verschiedener Institutionen mit Rahmenbedingungen zur Weiterbildung beherrscht.

Dieser Artikel soll einen kurzen Rück- und Einblick in die Weiterbildungslandschaft für Energieberatende geben und die zentrale Rolle der Weiterbildung darstellen. Wir werfen aber auch einen Blick auf die Verknüpfung zu den Themen Förderlandschaft und fehlendes Berufsbild. Und warum die Gesellschaft heute mehr denn je Energieberater:innen benötigt.

2.16.1 Ein Blick zurück: Energieberatung in der Geschichte und die Entstehung eines Berufszweigs im Kontext der Weiterbildungslandschaft

Nicht ohne Grund ist die Energieeinsparverordnung, kurz EnEV, genauso alt wie das Deutsche Energieberater-Netzwerk. 2001/2002 war eine Zeit des Umbruchs für das energiesparende, nachhaltige Bauen und Sanieren. Da Wärmeschutzverordnung und Heizungsanlagenverordnung zur Energieeinsparverordnung zusammengelegt wurden, sahen sich eine Vielzahl der Fachleute gezwungen, sich mit dem Thema auseinanderzusetzen. Die Gesetzeslage erlaubte es nun Personen aus unterschiedlichen Gewerken, aus den verschiedensten am Bau aktiven Berufszweigen, tätig zu werden. Gleichzeitig fokussierten sich aber auch eine Vielzahl an Fachleuten auf den Bereich der Energieberatung und entschieden, sich dem Thema vermehrt oder sogar ausschließlich zu widmen. Architekt:innen und Ingenieur:innen, aber auch Techniker:innen und Handwerksmeister:innen durften laut Verordnung Energieausweise ausstellen und wandten sich dem Thema Energieeinsparung vermehrt zu.

Die EnEV definierte schon damals, dass die Ausstellung der Energieausweise nicht ohne Weiterbildung gestattet ist (EnEV, §21)[1]. Auch das heutige Gebäudeenergiegesetz (GEG) sieht das vor. Um diesen Bedarf decken zu können und entsprechende Weiterbildungsangebote für die angehenden und in der Beratung tätigen Energieberater:innen bereitstellen zu können, hatten sich verschiedene Institutionen dem Thema gewidmet und Lehrgänge zur Energieausweisausstellung oder zur Energieberater:innen-Ausbildung angeboten. Es gab zunächst einen kleinen Boom für diese Lehrgänge. Aber schon 2008 ging die Nachfrage stark zurück. Der Markt war gesättigt und viele Lehrgänge konnten nicht mehr stattfinden. Das bedeutete aber auch für viele potenzielle Berater:innen, dass es viel schwerer wurde, einen Grundqualifizierungslehrgang zu finden und letztlich Energieberater:in werden zu können. Das Thema der regelmäßigen Weiterbildung rückt ab diesem Zeitpunkt stärker in den Fokus.

In Kammern gelistete Architekt:innen und Ingenieur:innen sind, wenn auch nicht bundesweit gleichermaßen, so jedoch in vielen Ländern auch schon damals zur regelmäßigen Weiterbildung verpflichtet gewesen. Als beim Bundesamt für Wirtschaft und Ausfuhrkontrolle (BAFA) gelistete/r Berater:in war die Frage der Weiter- und Fortbildung zunächst noch nicht etabliert. Erst später ist die regelmäßige Weiterbildungspflicht im Rahmen verschiedener Förderprogramme aufgenommen worden.

---

1 Seit 2020 ist das Gebäudeenergiegesetz (GEG) §88 maßgeblich.

2.16.2 Die einflussreiche Rolle der Förderlandschaft – der Förderdschungel und seine Auswirkungen

Die Förderlandschaft hat seit jeher die Weiterbildung von Energieberatenden maßgeblich beeinflusst. Mit jedem neuen Förderprogramm der jeweiligen Bundesregierung sind auch Auflagen an die Berater:innen verbunden gewesen. Nicht nur Berater:innen hatten sich um die Aktualität ihres Wissensstands zu bemühen. Auch die Weiterbildungsanbieter:innen mussten möglichst schnell Lehrgänge und Seminare anpassen oder neu auflegen. Mit Übernahme der BAFA-Listung der Energieberater:innen auf die 2012 eingerichtete Energieeffizienz-Expertenliste wurden ab 2013 beispielsweise Weiterbildungen zum energiesparenden Bauen verpflichtend. Das Regelheft besagte beispielsweise: »*...ausstellungsberechtigt nach § 21 EnEV sind und eine abgeschlossene Weiterbildung gem. Anlage 3 der Richtlinie über die Förderung der Vor-Ort-Beratung haben, die vor dem 1. Oktober 2007 begonnen wurde und eine Weiterbildung im Bereich energiesparendes Bauen und Sanieren mit einem Umfang von 16 UE nach dem 1. Oktober 2009 vorweisen können*« (EnEV 2012). Weiterhin wurde beispielsweise mit Einführung des individuellen Sanierungsfahrplans im Jahr 2017 dieser grundlegend verpflichtend für die Ausbildung von Energieberatenden und somit auch in der Weiterbildung als Thema relevant. Eine kostspielige und zeitaufwendige Sache für Teilnehmer:innen und Weiterbildungsanbieter:innen, die sich bis heute noch so darstellt. Relikte dieser wechselnden Anforderungen finden sich heute noch auf den verschiedenen Webseiten. Auf der Seite der BAFA wird nicht deutlich, dass im Bereich Energie viele Programme auslaufend zu 2018 oder 2020 markiert wurden. Ältere bzw. vorherige Programme und Anforderungen lassen sich den Seiten heute nicht mehr entnehmen. Gerade auch die späten Veröffentlichungen der Details von Förderprogrammen (teilweise erst Wochen vor Programmstart) und diverse unverknüpfte Medien von BAFA, Kreditanstalt für Wiederaufbau (KfW) und der Energieeffizienz-Expertenliste des Bundes (geführt von der Deutschen Energieagentur [dena]) sowie die ähnliche Benennung der Programme führen zu Problemen.

Mittlerweile hat sich die Förderlandschaft zu einem wahrhaften Dschungel entwickelt. Die Berater:innen sind gezwungen, sich für Förderprogramme zu registrieren um ihren Kund:innen die Förderungen zu ermöglichen. Oftmals sind für die jeweiligen Programme unterschiedliche Weiterbildungen erforderlich. Viele Berater:innen wissen nicht, welche Förderprogramme und Listungen es überhaupt gibt und verirren sich, gerade als Einsteiger:in in der Branche, im Förder- und Registrierungsdschungel. Es besteht eine regelrechte Abhängigkeit von den Förderungen und damit auch von Fort- und Weiterbildung. Die Abhängigkeit von Förderprogrammen macht sich insbesondere bei Beendigung solcher Programme bemerkbar, so wie beispielsweise die letzten Förderstopps der Bundesförderung für effiziente Gebäude (BEG) im Januar und April 2022.

Oftmals hat sich gezeigt, dass sich die Auftragslage stark verschlechtert, sei es durch fehlende Neuaufträge oder sogar durch das Zurückziehen von Aufträgen. Berater:innen sind im Rahmen der Förderprogramme nicht mehr für Kund:innen zu finden und müssen sich ggf. neu orientieren. Auch den Weiterbildungssektor treffen solche Einbrüche. Lehrgänge sind von heute auf morgen obsolet.

Problematisch wird es auch, wenn Bildungsangebote noch nicht oder ausreichend auf dem Markt sind, aber die Nachfrage durch neue Förderprogramme bereits bei Kundengruppen angekommen sind.

2.16.3 Was ist überhaupt ein/e Energieberater:in? Das Berufsbild von Energieberater:innen ist weiterhin unklar

Die Förderlandschaft ist also maßgeblich für die Aus- / Weiterbildung von Berater:innen. Damit ist sie aber auch für das Berufsbild der Energieberater:innen prägend. Ein einheitliches Berufsbild ist weiterhin nicht zu erkennen. Es gibt viele unterschiedliche Wege, Energieberater:in zu werden, aber auch sehr viele Ausrichtungen und Schwerpunkte in der Berufspraxis. Selbst der Begriff des/der Energieberater:in ist unklar und wird unterschiedlich betitelt. So wird zum einen von Berater:innen, wie in diesem Artikel, gesprochen, zum andern aber auch von Expert:innen. Teilweise spricht man sogar von Förderberater:innen. Das Selbstverständnis der meisten Berater:innen ist jedoch auch als zugelassene Person für die Energieberatung beim BAFA oder der Energie-Effizienz-Expertenliste allgemeinen in der Beratung tätigen, auch unabhängig von einer Förderung. Viele verstehen sich ihrer Grundqualifikation nach auch lediglich als Ingenieur:in, Architekt:in, Techniker:in, Handwerksmeister:in. Somit ist auch verständlich, warum das Berufsbild so unscharf bleibt. Die Berater:innen kommen aus völlig unterschiedlichen Grundqualifikationen und haben dementsprechend auch verschiedene Ansichten zu ihrem Selbstverständnis als Energieberater:in.

Wenn wir noch mal auf die unterschiedlichen Ausrichtungen zurückkommen, so sind auch hier völlig verschiedene Ansätze zu finden, obwohl sich alle Energieberater:in nennen würden. Detaillierungsbezeichnungen finden sich immer verstärkter in der Branche wieder. Waren es zu Beginn fast ausschließlich Energieberater:innen, so gibt es nun auch vermehrt Ressourcenberater:innen, Berater:in für Erneuerbare Energien, Auditor:innen, Thermograf:innen etc. Die Zielgruppen der Berater:innen werden ebenfalls immer stärker unterschieden: Wohngebäude, Nichtwohngebäude, Gewerbe, Industrie, Kommune, Baudenkmal.

Auf diese verschiedenen Richtungen und Ansprüche gilt es seitens der Weiterbildungsinstitutionen einen Blick zu werfen. Denn alle diese Berater:innen haben ihre Berufung gefunden und tragen einen entscheidenden Teil zur Energiewende bei. Damit verbunden ist die Herausforderung in der Weiterbildung auf diese unterschiedlichen Qualifikationen der Berater:innen einzugehen. Wichtig ist es, den Beratenden einen möglichst breit gestreuten Einblick in alle Themen zum energieeffizienten Bauen zu geben, aktuelle Entwicklungen und Neuerungen auf dem Markt zu berücksichtigen, um somit genug Hintergrundinformationen bereitstellen zu können, damit die Beratenden dann ggf. auf andere Gewerke zurückgreifen können. Eine weitere Herausforderung: Die Lehrgänge müssen aktuell die Vorgaben aus den Merkblättern von BAFA oder KfW und Regelheft der Expertenliste erfüllen. Viel Praxiswissen – gerade für die Neueinsteiger – bleibt aber auf der Strecke und muss in den Grundqualifizierungen nicht vermittelt werden. Sprich nach Abschluss eines Lehrgangs heißt das insbesondere, dass man direkt für die Förderprogramme gelistet werden kann, aber nicht, dass man zwingend alles Wissen für den Berufseinstieg hat. Auch hierfür wäre ein klares Berufsbild mit eindeutigen Anforderungen sinnvoll, also nicht mehr Weiterbildung für eine Listung, sondern Weiterbildung für einen anerkannten Beruf.

Es wird demnach ein anerkanntes Berufsbild in der Branche erforderlich. Der Beratende sollte als notwendiger Sachverständiger verstanden und gesetzlich bestimmt werden, sodass beispielsweise bei Sanierung und Neubau grundsätzlich ein Energieberatender einbezogen werden muss. Wir befinden uns in einem Professionalisierungsprozess; eine allgemein anerkannte Profession fehlt noch[2], aber auch der Vollzug des GEG in den Ländern.

Energiewende = Klimaschutz

Die Energiewende ist der entscheidende Teil im Klimaschutz und ist somit einer der wichtigsten Aufgaben unserer Gesellschaft vergangener, gegenwärtiger aber auch zukünftiger Generationen. Das zumindest ist mittlerweile in vielen Teilen der Bevölkerung angekommen. Fraglich ist jedoch nach wie vor, ob der Gesellschaft bewusst ist, welche wichtige Rolle die Energieberatenden hierbei spielen und damit verbunden auch die Weiterbildungsmöglichkeiten für diese Berufsgruppe. Der Bausektor gilt als der graue Riese der Energiewende. Hier werden ca. 38 % unseres CO_2- Budgets verbraucht[3]. Es besteht nach wie vor in Deutschland ein hoher Bedarf an Sanierung. Die unstrukturierte Berater:innen-Landschaft, der Förderdschungel, sowie die allgemein unübersichtliche Branche führen dazu, dass in Deutschland nach wie vor nicht

---

2 Es handelt sich um nur eine Zitation: vgl. Nittel, Dieter (2000).Von der Mission zur Profession?: Stand und Perspektiven der Verberuflichung in der Erwachsenenbildung. Bielefeld.

3 vgl. United Nations Environment Programme (2020). 2020 Global Status Report for Buildings and Construction: Towards a Zero-emission, Efficient and Resilient Buildings and Construction Sector. Nairobi, S. 11

ausreichend Berater:innen zur Verfügung stehen. Aktuell drängen erfreulicherweise viele Neueinsteiger:innen in die Branche. Grundausbildungslehrgänge erfahren einen Boom.

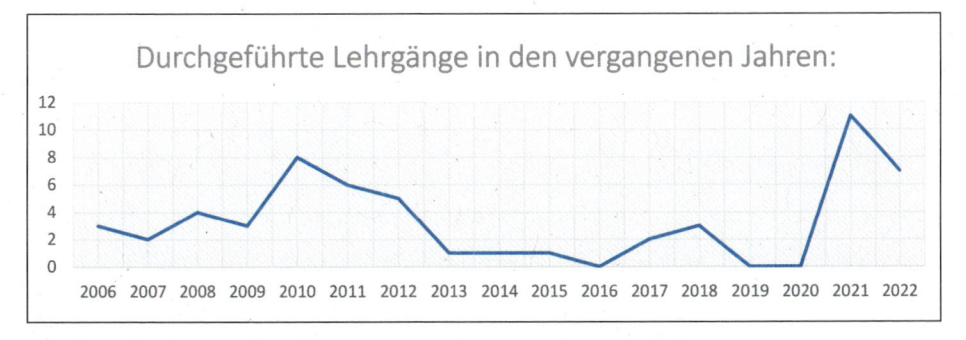

Abbildung 1: Bild Statistik Lehrgänge DEN-Akademie (Quelle: DEN)

Gleichzeitig stehen aber auch viele Berater:innen kurz vor der Rente oder geben die anstrengende Profession als zumeist Selbstständige wieder auf.

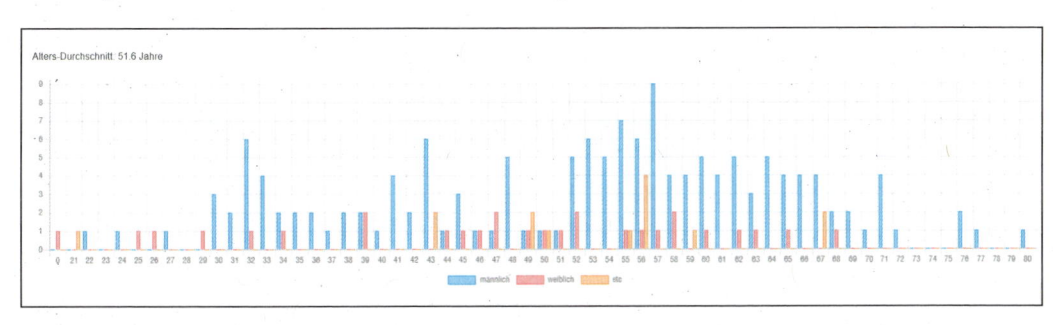

Abbildung 2: Altersverteilung Mitglieder Deutsches Energieberater-Netzwerk e.V. (Quelle: DEN)

Wie wir aus den Rückmeldungen zu Vereinsaustritten im Deutschen Energieberater-Netzwerk e.V. wissen, ist die Begründung oftmals die dauernde Abhängigkeit von den Änderungen in den Förderprogrammen als auch die immerwährende Forderung nach Weiterbildung. Langjährige erfahrene Berater:innen sind teilweise aufgrund ihrer lang zurückliegenden Weiterbildungen mit der Tatsache konfrontiert, dass sie nochmals Grundausbildungslehrgänge absolvieren müssen.

2.16.4 Weiterbildung muss dennoch sein

Trotz dieser Hürden, den Beruf als Energieberater:in auszuüben oder gar einzusteigen, muss die Weiterbildung auch in der Zukunft eine zentrale Rolle in der Energieberatung spielen. Es ist unumgänglich, sich mit Förderprogrammen, aber vor allem mit Innovationen, dem Stand der Technik und Erfahrungen anderer Kolleg:innen auseinanderzusetzen. Viel zu wichtig ist es, die effizientesten Lösungen im Neubau, in der Sanierung und in Prozessen zu finden und diese auch für die Energiewende umzusetzen.

Die Branche sollte neu strukturiert werden, ohne dabei alles Alte unberücksichtigt zu lassen. Ein Blick zurück auf die letzten 20 Jahre mit Erfolgen und Misserfolgen, Einflüssen sowie Problemen ist unumgänglich. Wichtig ist es hierbei aber auch, die Berater:innen und die Weiterbildungsinstitutionen mitzunehmen.

Was ist rückblickend wichtig?

1. Kontinuität in der Förderlandschaft – Fördereinbrüche haben die Branche immer stark negativ beeinflusst, wie beispielsweise die letzten Förderstopps im Januar und April 2022.
2. Eine zielgerichtete Förderung – es ist wichtig an den Sektoren und Bereichen anzusetzen, in denen am meisten erreicht werden kann. Im Bausektor ist das nach wie vor im Gebäudebestand.
3. Den GEG-Vollzug in den Ländern forcieren – ohne den Vollzug fehlt ein Teil der Basis für die Energiewende.
4. Die Berater:innen mitnehmen – dazu gehört auch, für einen transparenten Zugang zur Branche mittels eines Berufsbildes und einer klaren Ausbildung Sorge zu tragen.
5. Wert der Aus- und Weiterbildung von Energieberatenden erhalten – die Vergangenheit hat gezeigt, dass durch gezielte Kurse speziell auf Förderprogramme zugeschnitten der Wert dieser Weiterbildungen nicht auf Dauer erhalten bleibt. Berater:innen müssen oftmals komplett neue Lehrgänge belegen, um für neue Programme einen Zugang zu erhalten. Das schreckt die Expert:innen oftmals ab.
6. Die Qualität der Weiterbildungen durch ein klares Berufsbild sichern – Ziel ist es, nicht mehr die Inhalte an Listungen zu Förderprogrammen anzulehnen, sondern an die Praxis und den Beruf an sich.
7. Den Nachwuchs in der Branche gewährleisten – eine ganze Zeit lang sah es danach aus, als würden Energieberater:innen langsam aussterben. Die Branche hat sich langsam wieder im Griff und das Problem erkannt. Dazu gehört auch,
8. den Einstieg in die Selbstständigkeit als Energieberater:in erleichtern und fördern sowie

9. das Image der Energieberater:innen stärken – auch hier ist das Thema Berufsbild zu benennen, aber auch der Schutz des Begriffs. Nach wie vor kann sich jeder Energieberater:in nennen, gleich welcher Ausbildung und Qualifikation.
10. Und vielleicht der wichtigste Punkt: das Ziel der Energiewende und die Freude an der Weiterbildung trotz aller Auflagen nicht verlieren.

2.16.5 Exkurs: die Bedeutung der Weiterbildung für Netzwerke in der Energieberatendenbranche

Zum Titel dieses Buches passend sei an dieser Stelle ausdrücklich darauf verwiesen, dass für die Kontinuität von Netzwerken die Grundausbildung von Neueinsteiger:innen elementar ist. Es gilt, diese beständig zu fördern und zu fordern. Berufseinsteiger:innen benötigen insbesondere in dieser Branche aus den vorgenannten Gründen Unterstützung. Gegenseitige Unterstützung, ein starkes fachliches Netzwerk gehören genauso dazu, wie gezielte und aktuelle Weiterbildung.

Autor:innenverzeichnis

Dipl.-Ing. (FH) Jutta Maria Betz
Jutta Maria Betz hat Maschinenbau und Energietechnik studiert und ist seit 1995 selbstständige Energieberaterin, seit 2020 geschäftsführende Gesellschafterin der BK Energieberater GmbH. Als Gründungsmitglied des DEN engagiert sie sich als Landessprecherin Bayern, bei der Qualitätssicherung und ist Referentin bei der DEN-Akademie.

Dipl.-Päd. Pamela Faber
Dipl.-Päd. Pamela Faber arbeitet seit 2009 beim Deutschen Energieberater-Netzwerk e.V. und ist als Geschäftsstellenleiterin des Vereins tätig. Sie entwickelte zu Beginn ihrer Tätigkeit beim DEN den Lehrgang zum/r Klimaschutzberater:in im Rahmen des Projekts »Klimaschutz konkret« und leitete jahrelang die DEN-Akademie des Netzwerks. Als Erwachsenenbildnerin hat sie sich neben dem Thema Weiterbildung für Energieberatende unter anderem mit dem Thema Professionalisierungsprozesse beschäftigt.

Dr.-Ing. Arch. Volker K. Drusche
Volker K. Drusche hat Architektur studiert und an der Bauhausuniversität Weimar am Institut für Bauwirtschaft promoviert. Er ist Inhaber des Bausachverständigenbüros projektRAUM und Co-Leiter des Energie Effizienz Instituts. Neben seinen Tätigkeiten im Bereich Klimaschutz, Gebäude-Effizienz und Nachhaltigkeit ist Volker K. Drusche Fachbuchautor und Referent der DEN-Akademie.

Dipl.-Phys. Klaus Haars (M. Eng.)
Klaus Haars hat Physik und Ingenieurwissenschaften studiert. Er ist seit 35 Jahren selbstständiger Energieberater und begleitet in dieser Funktion Unternehmen und Kommunen. Seine Expertise im Bereich Energieeffizienz hat er in internationalen Projekten vertiefen können, unter anderem in Europa, Afrika, Asien und Lateinamerika.

Aurèle Haupt (M. Sc.)
Aurèle Haupt ist Ingenieur für energieeffizientes und nachhaltiges Bauen (M.Sc.) und eingetragener Energieberater. Seine Leidenschaft gilt neuen Wohnformen. Seit über fünf Jahren beschäftigt er sich mit den Themen Tiny Homes, erneuerbare Energien

und nachhaltiges Bauen. Hauptberuflich arbeitet er als Geschäftsführer bei Hauptsache Tiny GmbH und entwickelt naturnahe Tiny Homes zum Wohnen, als Arbeitsplatz oder für Feriengäste. www.hauptsachetiny.de

Dr. Simone Häußler
Dr. rer. pol. Simone Häußler ist eine national und international anerkannte Nachhaltigkeitswissenschaftlerin. Sie promovierte zum Themengebiet der Klimafolgenanpassung am Institut für Nachhaltige Unternehmensführung der Universität Ulm. Aktuell koordiniert sie an der Hochschule Aalen die Initiierung und die Implementierung des Nachhaltigkeitslabels »Green Technology and Economy«. Darüber hinaus ist Dr. Häußler Vorstandsmitglied des »Netzwerk Nachhaltige Unternehmensführung e. V.«. Ziel dieses Netzwerks ist es, Nachhaltigkeit bundesweit universitär und unternehmerisch zu fördern und Nachhaltigkeitsexperten zu vernetzen.

Prof. Dr.-Ing. Martina Hofmann
Prof. Dr.-Ing. Martina Hofmann leitet an der Hochschule Aalen den Lehrstuhl für erneuerbare Energien und verschiedene vom Umweltministerium BW geförderte Projekte, um die Klimatransformation in den Kommunen und Unternehmen in Ostwürttemberg zu ermöglichen. Ebenfalls in Aalen ist das von ihr geführte Steinbeis Transferzentrum Energiesysteme angesiedelt. Prof. Hofmann ist Vorsitzende des Ausschusses Studium, Beruf und Gesellschaft des Verbandes der Elektrotechnik, Elektronik und Informationstechnik (VDE) und Mitglied im Vorstand des NABU Baden-Württemberg.

Prof. Dr.-Ing. Andreas H. Holm
Andreas Holm studierte Physik an der Technischen Universität München sowie den Universitäten in São Paulo und Porto. Er startete seine berufliche Laufbahn 1996 als wissenschaftlicher Mitarbeiter am Fraunhofer-Institut für Bauphysik IBP. Von 2001 bis 2004 arbeitete er als Gruppenleiter in der Abteilung Hygrothermik. Anschließend leitete er die Abteilung Raumklima. Im Jahr 2001 promovierte er bei den Bauingenieuren an der Universität Stuttgart. 2009 erhielt er den Ruf für die Professur Bauphysik und Energieeffizientes Bauen an der Hochschule München. Seit 2011 ist er Leiter des Forschungsinstituts für Wärmeschutz e. V. München (FIW München). 2014 wurde er zum Vorstandsvorsitzenden der Gesellschaft für Rationelle Energieverwendung e. V. (GRE) gewählt; dieses ist inzwischen die wissenschaftliche Abteilung des Deutschen Energieberater-Netzwerks.

Dipl.-Ing. Annett Keith (M. Eng.)
Annett Keith studierte Architektur und Stadt- und Regionalplanung in Weimar, Paris und Berlin sowie Energie- und Ressourceneffizienz (M. Eng.). Sie ist seit 2015 gelistete Energieauditorin (BAFA) und Energieeffizienzexpertin des Bundes. Als Geschäftsführerin des B.E.I. – Berliner Energieinstituts mit Standort in Bonn liegt ihr Fokus auf der

Energieeffizienzberatung für Nichtwohngebäude sowie der Treibhausgasbilanzierung und der energetischen Auditierung von Unternehmen und Kommunen. Annett Keith lebt seit 2020 im Landkreis Ahrweiler.

Steffanie Koepsell und Jörg Geißler
Nach dem Umwelttechnik-Studium und einigen Auslandsaufenthalten in Spanien, England und Schweden leben Stefanie Koepsell und Jörg Geißler mit ihren vier Kindern in Leipzig. Im familiengeführten Ingenieurbüro versuchen sie Bauherr:innen und Eigentümer:innen vom energieeffizienten und nachhaltigen Bauen und vor allem auch Sanieren zu überzeugen. Stefanie ist zudem im DEN e. V. aktiv und versucht aktiv an der Verbesserung der gesetzlichen Rahmen- und Förderbedingungen mitzuwirken.

Julia Lempik (M. Sc.)
Julia Lempik hat Architektur studiert und ist wissenschaftliche Mitarbeiterin am ifeu – Institut für Energie- und Umweltforschung Berlin. Sie forscht zu erneuerbaren Energien, Energieeffizienz in Gebäuden und der Modellierung des Gebäudebestands. Sie promoviert im Bereich Architektur an der TU Berlin und untersucht die Potenziale der Energiewende im Gebäudesektor.

Univ.-Prof. Dr.-Ing. Anton Maas
Studium der Versorgungstechnik an der Fachhochschule Bochum und anschließend Studium des Maschinenbaus an der Ruhr Universität Bochum. Von 1990 bis 2004 wissenschaftlicher Mitarbeiter am Fachgebiet Bauphysik der Universität Kassel, 1995 Promotion an der Universität Kassel. Von 2004 bis 2007 Akademischer Oberrat am Lehrstuhl für Bauphysik der Technischen Universität München. Im April 2007 Übernahme der Professur für Bauphysik an der Universität Kassel. Seit 2015 Hauptgesellschafter des Bauphysik-Ingenieurbüros Prof. Dr. Hauser. Stellvertretender Obmann der Ausschüsse »Energetische Bewertung von Gebäuden« und »Wärmetransport« und Koordinator der Normenteile 2 und 10 der DIN V 18599

Sabine Mahl (M. A.)
Der Interessen- und Erfahrungsfokus der Innenarchitektin Sabine Mahl liegt schon zeitlebens in den Bereichen Innenarchitektur, barrierefreies Bauen, Altenpflege, Projekt- und Facility Management und dem Aufbau daraus resultierender Netzwerke. Im April 2020 schloss sie das Studium »Zukunftsdesign« ab und baute damit ihre interdisziplinären Kompetenzen aus. Mit der Veröffentlichung Ihres Titels »Ist ‚CoLiving 55+' ein Lebenskonzept für die Zukunft? Chancen und Risiken aktueller Wohnkonzepte« stellt sie einen umfassenden Überblick über aktuelle Entwürfe zum Thema gemeinschaftliches Wohnen vor. Das Buch ist im August 2020 im Grin Verlag erschienen.

Joachim Mahrholdt (M. A.)
Joachim Mahrholdt, Jahrgang 1956, studierte in Düsseldorf, Nantes und Konstanz Germanistik und Romanistik. An Staatsexamen und Magister schlossen sich Zeitungsvolontariat und Redakteurstätigkeit an, später ein Stipendium der Stiftung »Journalisten in Europa«. Von 1987 bis 2013 arbeitete Mahrholdt für das ZDF in vielen verschiedenen Funktionen, als Reporter und Moderator ebenso wie als Senderedakteur und Redaktionsleiter, zuletzt elf Jahre lang als Autor in der ZDF-Umweltredaktion. Heute ist Mahrholdt tätig als freier Journalist, Moderator und Medienberater.

Dipl.-Ing. (FH), Dipl.-Wirt.-Ing. (FH) Siegfried Mayr
Siegfried Mayr hat Bau- und Wirtschaftsingenieurwesen studiert und war lange im Gewerbebau sowie im Vertrieb von Kraftwerken und als budgetverantwortlicher Gesamtprojektleiter im internationalen Kraftwerksbau tätig. Heute nutzt er seine Erfahrung und Expertise als selbstständiger Energieberater. Er engagiert sich darüber hinaus im Verwaltungsrat des DEN und ist Leiter des Kompetenzteams Mieterstrom.

Matthias Meevissen
Matthias Meevissen ist als Leiter für Verbands- und Kooperationsmanagement für Wilo SE tätig. Er ist Experte für Wasser- und Energieeffizienz und setzt sich darüber hinaus mit nachhaltiger städtischer Infrastruktur auseinander. Er hält regelmäßig Vorträge zu den genannten Themen, schreibt Fachbeiträge und bemüht sich um eine Vernetzung von relevanten Akteuren.

Dipl.-Wi.-Ing. Peter Mellwig
Peter Mellwig hat Verfahrens- und Umwelttechnik sowie Wirtschaftsingenieurwesen in Berlin studiert. Zudem hat er ein Studium im Fach »Energie und Umwelt« abgeschlossen. Er ist Themenleiter am ifeu – Institut für Energie- und Umweltforschung Berlin und forscht zu Energieeffizienz in Gebäuden und erneuerbare Energien. Auch die Modellierung des Gebäudebestands fällt in seinen Arbeitsbereich. Er ist seit 11 Jahren am ifeu und war 13 Jahre lang Energieberater.

Dipl.-Ing. Aiko Müller-Buchzik
Als Inhaber des Beratungsbüros ReNOB mit dem Schwerpunkt Energieberatung erstellt Dipl.-Ing. Aiko Müller-Buchzik Energiekonzepte und begleitet Energieeinsparmaßnahmen für Kommunen, Gewerbe und Industrie. Er ist als Energieberater und -auditor bei der BAFA sowie als Ressourceneffizienzberater bei verschiedenen Energieagenturen gelistet. Darüber hinaus bringt er sein Fachwissen bei der DEN-Akademie in verschiedenen Schulungen zu den Themen Energieaudit gemäß DIN EN 16247, Nachhaltigkeit, Ressourceneffizienz und Ökobilanzierung sowie Contracting ein.

Autor:innenverzeichnis

Dipl.- Ing. Christina Patz, Architektin
Christina Patz ist seit 2011 als Architektin und Energie-Effizienz-Expertin mit eigenem Büro in München tätig. Davor hat sie internationale Erfahrungen in verschiedenen Architekturbüros gesammelt und sich mit dem Postgraduate Master 2009–11 »Klimahaus« auf Niedrigstenergiehäuser, ökologisches Bauen und energetische Sanierung spezialisiert. Neben ihrer praktischen Arbeit in der energetischen Sanierung, im Umbau und der Erweiterung von Bestandsgebäuden ist sie auch beratend tätig, u. a. 2011–13 an der TU München am Lehrstuhl für Bauphysik und am Lehrstuhl für Energieeffizientes Planen und Bauen und 2016–18 in der Beratungsstelle für Energieeffizienz und Nachhaltigkeit der Bayerischen Architektenkammer.

Seit Anfang 2020 ist sie aktiv bei Architects for Future e. V. als Beirätin und Koordinatorin für Bauen im Bestand. Der Verein setzt sich für die Einhaltung der Ziele des Pariser Klimaschutzabkommens und die Begrenzung der Erderwärmung auf maximal 1,5° ein. Die international aktive Initiative engagiert sich bereits seit 2019 für einen ganzheitlich nachhaltigen Wandel im Bauwesen. Freiwillige sind gern gesehen und herzlich willkommen. https://www.architects4future.de

Dipl.-Phys. Dr. Martin Pehnt
Martin Pehnt hat Physik, Philosophie und Energiemanagement studiert und seine Promotion im Bereich Energietechnik abgeschlossen. Seit 2015 ist er wissenschaftlicher Vorstand und Geschäftsführer des ifeu – Institut für Energie- und Umweltforschung Heidelberg. Als Leiter des Fachbereichs Energie setzt er sich mit erneuerbaren Energien, Energieeffizienz und dezentralen Energiesystemen auseinander. Seine Forschungen beziehen sich darüber hinaus auch noch auf Energie- und Verkehrssysteme sowie Strategien zur Förderung klimaschonender Energiesysteme.

Dipl.-Ing. (Univ.) Christiane Roth
Christian Roth hat Bauingenieurwesen studiert und ist seit 2009 Energieberaterin. Sie durchlief verschiedene Positionen als Expertin für Energieeffizienz und Energieberatung. Zwischen 2018 und 2022 war sie Referentin in der GEG Stichprobenkontrollstelle an der Bayerischen Ingenieurekammer-Bau. Seit 2017 ist sie Partnerin bei Herzog & Roth und berät neben Privatkunden auch Industrie, Gewerbetreibende und Kommunen. Darüber hinaus ist sie Dozentin an der Bayerischen Architektenkammer und der iba in Nürnberg. Ehrenamtlich engagiert sie sich in der Vertreterversammlung der Bayerischen Ingenieurekammer-Bau und u. a. im Arbeitskreis »Energieeffizienz und Nachhaltigkeit im Hochbau«. Darüber hinaus unterstützt sie die Arbeit der »Architects for Future«.

Winfried Schöffel (M. A.)
Winfried Schöffel hat Umweltinformatik, Politikwissenschaften, Philosophie und Psychologie studiert. Er ist Gründer und Geschäftsführer der ENVISYS GmbH & Co. KG in Weimar, die Software für Energieberater entwickelt. Darüber hinaus ist er Co-Leiter des Energie Effizienz Instituts. Winfried Schöffel engagiert sich beim DEN und ist Landessprecher für Thüringen.

Dr. Burkhard Schulze Darup
Burkhard Schulze Darup ist promovierter Architekt. Seit 1987 ist er selbstständig und führt Sanierungs- und Neubauprojekte im Sinne der Ressourceneffizienz und passiver Solararchitektur durch. Neben seinem Interesse für Plusenergie-Konzepte und die Übertragung innovativer Neubautechnik auf den Bestand, beschäftigt er sich in zahlreichen Veröffentlichungen mit der Frage, wie der Gebäudebestand bis zum Jahr 2050 Klimaneutralität erreichen kann.

Peter Streiff
Peter Streiff ist als freier Journalist tätig, er veröffentlicht unter anderem im BUND-Jahrbuch »Ökologisch Bauen & Renovieren« (https://www.ziel-marketing.de/Oekologisch_Bauen_Renovieren). Seine Arbeitsschwerpunkte liegen dabei im Bereich des ökologischen Bauens, in der Wärmedämmung und im Holzbau. Außerdem ist er im Bereich der solidarischen Ökonomie und der Genossenschaften aktiv.

Dipl.-Ing. Peter Uenning
Dipl.-Ing. Peter Uenning hat eine Bauzeichnerlehre und darauffolgend ein Architekturstudium an der Fachhochschule Münster abgeschlossen. Er ist seit 1988 Architekt und hat 1991 ein Architekturbüro gegründet. Im Jahr 2002 erlangte er die BAFA-Zulassung als Energieberater. Er gehört zu den Gründungsmitgliedern des DEN und ist Landessprecher für Nordrhein-Westfalen.

Mario Vukadinovic (M. Sc.)
Bachelorstudium an der Fachhochschule Frankfurt im Studiengang Bauingenieurwesen (2008-2011) und anschließend Masterstudium an der Technischen Universität Darmstadt im Studiengang Bauingenieurwesen mit dem Schwerpunkt Hochbau (2011–2015). Von 2015–2018 Projektingenieur im Bauphysik-Ingenieurbüro in Fulda. Seit 2018 Wissenschaftlicher Mitarbeiter am Fachgebiet Bauphysik der Universität Kassel mit Promotion in den Themenfeldern »thermische Gebäudesimulationen« und »sommerlicher Wärmeschutz«. Seit 2022 Projektingenieur im Bauphysik-Ingenieurbüro Prof. Dr. Hauser in Kassel.

Dipl.-Ing. Adrian Willig
Seit dem 1. November 2021 ist Adrian Willig Hauptgeschäftsführer des en2x – Wirtschaftsverbandes Fuels und Energie e.V. Der Diplom-Ingenieur für Luft- und Raumfahrttechnik engagiert sich für die Transformation der bisherigen Mineralölwirtschaft und begleitet ihren Wandel – hin zu einer neuen, klimaschonenden Energievielfalt. Willig, geboren 1966, war seit 1994 in verschiedenen Positionen für das Institut für Wärme und Mobilität (IWO) tätig, zusammen mit dem Mineralölwirtschaftsverband eine der Vorgänger-Organisationen von en2x. 2003 übernahm er die Leitung des Marketings und der Marktpartnerbetreuung. Seit 2008 trug er als Stellvertretender Geschäftsführer Verantwortung. Von 2014 bis Oktober 2021 war Willig Geschäftsführer des IWO.